Para conocer más sobre los reportajes en este libro y del trabajo periodístico de *La Raza* visita: / To know more about the features included this book and *La Raza*'s journalism visit:

www.LaRaza.com/tema/Clamor-Chicago
@LaRazaChicago

La investigación, reportería, escritura, edición, producción, publicación y difusión de este libro han sido posibles gracias al apoyo de la Fundación Field de Illinois a través de su programa Medios y Narrativas. / The research, reporting, writing, edition, production, publication, and dissemination of this book have been possible thanks to a grant from the Field Foundation of Illinois through its Media and Storytelling program.

Chicago, USA
La Raza
2020-2021

www.LaRaza.com
@LaRaza Chicago

Sp RA 644 .C67 C53 2021
Toro, Jesâus del,
Clamour Chicago

La Raza

CLAMOR CHICAGO

*Lucha, retos y éxitos de la comunidad
latina frente al covid-19 y otros asuntos*

*Fight, challenges and successes of the Latino
community facing COVID-19 and other issues*

**Reportajes publicados en Chicago en 2020
Features published in Chicago in 2020**

CLAMOR CHICAGO

*Lucha, retos y éxitos de la comunidad latina
frente al covid-19 y otros asuntos*
*Fight, challenges, and successes of the Latino
community facing COVID-19 and other issues*

Editor: JESÚS DEL TORO

**Autores / Authors:
BELHÚ SANABRIA, MARCELA CARTAGENA,
IRENE TOSTADO, ANTONIO ZAVALA,
STEVEN ARROYO, JESÚS DEL TORO**

La Raza
**Reportajes publicados en Chicago en 2020
Features published in Chicago in 2020**

CLAMOR CHICAGO

Título original / Original Title: Clamor Chicago. Lucha, retos y éxitos de la comunidad latina frente al covid-19 y otros asuntos / Fight, challenges, and successes of the Latino community facing COVID-19 and other issues.

Copyright © 2021 La Raza Chicago, Inc.

Editor: Jesús Del Toro
Autores / Authors: Belhú Sanabria, Marcela Cartagena, Irene Tostado, Antonio Zavala, Steven Arroyo, Jesús Del Toro

Todos los derechos reservados. Este libro no puede ser reproducido, en su totalidad o en parte, almacenado en un sistema de recuperación o distribuido en cualquier forma, medio o soporte mecánico, reprográfico, digital o electrónico sin el permiso previo y por escrito del autor, salvo en el caso de breves citas dentro de reseñas o artículos académicos. / All rights reserved. No part of this publication may be reproduced, distributed, stored or transmitted in any form or by any means, including photocopy, recording, or other electronic, digital or mechanical methods, without the prior written consent of the author, except in the case of brief quotations embodied in critical reviews or academic articles.

Traducción al inglés / Translation to English: Marcela Cartagena
Traducción al español / Translation to Spanish: Jesús Del Toro

Ilustración de portada basada en / Cover art based on: Eugenio Hansen, OFS, CC BY-SA 4.0 <https://creativecommons.org/licenses/by-sa/4.0>, via Wikimedia Commons.

ISBN: 978-0-578-82387-4
Library of Congress Control Number: 2021934099
Primera edición / First edition: April, 2021 (Artículos originalmente publicados en *La Raza* durante 2020 / Articles originally published in *La Raza* during 2020).

Publicado por / Published by:
Periódico *La Raza* / *La Raza* Newspaper (La Raza Chicago, Inc.)
605 N. Michigan Ave. 4h Floor, Chicago, IL 60611 USA
www.LaRaza.com / @LaRazaChicago

Este libro se publicó con apoyo del programa de Medios y Narrativas de la Fundación Field de Illinois. Agradecemos su apoyo al trabajo periodístico de *La Raza*.
This book was published thanks to a grant by the Field Foundation of Illinois through its Media & Storytelling program. We appreciate its support to *La Raza*'s journalism.

Impreso en Estados Unidos de América / Printed in the USA

No podemos buscar logros para nosotros mismos y olvidar el progreso y la prosperidad de nuestra comunidad… Nuestras ambiciones deben ser lo suficientemente amplias para incluir las aspiraciones y necesidades de otros, para bien de ellos y de nosotros mismos.
We cannot seek achievement for ourselves and forget about progress and prosperity for our community… Our ambitions must be broad enough to include the aspirations and needs of others, for their sakes and for our own.
CÉSAR CHÁVEZ

La pregunta más persistente y urgente en la vida es ¿qué estoy haciendo por los demás?
Life's most persistent and urgent question is, 'What are you doing for others?'
MARTIN LUTHER KING, JR.

Recordemos en todo momento que todos los ciudadanos estadounidenses son hermanos de un mismo país y han de morar juntos en el lazo del sentimiento fraternal.
Let us at all times remember that all American citizens are brothers of a common country, and should dwell together in the bonds of fraternal feeling.
ABRAHAM LINCOLN

Entre los individuos, como entre las naciones, el respeto al derecho ajeno es la paz.
Among individuals, as among nations, respect for the rights of others is peace.
BENITO JUÁREZ

Contenido / Contents

Reportajes publicados por *La Raza* en Chicago en 2020
Features published by *La Raza* in Chicago in 2020

La Raza y 'Clamor Chicago': un periódico histórico con reportajes que hacen historia	13
La Raza and 'Clamor Chicago': a Historic Newspaper with Stories that Make History	20
por / by JESÚS DEL TORO	
Chicago en tiempos del covid-19: luchas, saldos y perspectivas	29
Chicago in times of COVID-19: Fights, effects and perspectives	55
por / by BELHÚ SANABRIA	
Pobreza y mujer latina, un duro ciclo en Chicago	79
The harsh cycle of poverty for Chicago's Latina women	102
por / by MARCELA CARTAGENA	
Vender en las calles: vendedores ambulantes hispanos de Chicago se adaptan al covid-19	124
Selling on the streets: Hispanic street vendors in Chicago adapt to COVID-19	132
por / by BELHÚ SANABRIA	
Reclamando identidad con el Censo 2020	140
Reclaiming Identity with the 2020 census	147
por / by STEVEN ARROYO / Latino Policy Forum	

Menú contra la pandemia: la lucha
   de los restaurantes latinos de Chicago — 153
A menu against COVID-19:
   Chicago's Latino restaurants fight back — 166
      por / by IRENE TOSTADO

El muralismo hispano en Chicago: paredes que hablan — 178
Chicago's hispanic murals: the walls that talk — 186
      por / by ANTONIO ZAVALA

Lightfoot incrementó la protección a inmigrantes en Chicago
   pero persistió la colaboración con ICE en casos penales — 194
Lightfoot boosted protection for immigrants in Chicago,
   but collaboration with ICE continued in criminal cases — 204
      por / by BELHÚ SANABRIA and JESÚS DEL TORO

Trabajan para ampliar los limitados servicios
   de salud mental en comunidades hispanas en Chicago — 214
Advocates push for expansion of mental healthcare
   to Latino communities in Chicago — 222
      por / by BELHÚ SANABRIA and JESÚS DEL TORO

La cruda realidad de los robos de salarios: trabajadores
   del Condado de Cook siguen siendo engañados — 229
The grim reality of wage theft: Cook County
   workers continue to be misled — 242
      por / by MARCELA CARTAGENA

Pequeños empresarios hispanos de Chicago
   se reinventan para enfrentar la crisis del covid-19 — 254
Hispanic small-business owners in Chicago
   reinvent themselves to face the COVID-19 crisis — 273
      por / by BELHÚ SANABRIA

Contenido / Contents

Temen que ola de desalojos de vivienda aumente
   la población desamparada de Chicago   291
Wave of housing evictions will increase
   Chicago's homeless population, advocates fear   301
      por / by BELHÚ SANABRIA

Grupos culturales latinos de Chicago encaran al covid-19
   con contenido digital y experiencias en línea   310
Chicago Latino cultural groups face COVID-19
   with digital content and online experiences   328
      por / by IRENE TOSTADO

Justicia, fin al racismo e igualdad de oportunidades:
   tres grandes retos estadounidenses   345
Justice, end to racism and equality:
   three enormous challenges for the U.S.   351
      por / by JESÚS DEL TORO

Elecciones 2020: tensión, acción y celebración en Chicago   357
2020 Elections: tension, action and celebration in Chicago   368
      por / by BELHÚ SANABRIA

Sobre los autores   378
About the authors   383

La Raza y 'Clamor Chicago': un periódico histórico con reportajes que hacen historia

La Raza fue fundada en 1970 en Chicago específicamente para servir a la creciente y dinámica comunidad hispana de la ciudad. Desde entonces, con más de 50 años de servicio, La Raza es la publicación en español más reconocida y prestigiosa de la ciudad, siempre dedicada a informar con independencia, profesionalismo, ética, balance, equidad y competencia intercultural sobre los principales problemas que afectan a la comunidad latina de la región.

El periodismo de La Raza's está dedicado a informar, empoderar y educar a nuestra comunidad, la población latina, hispanohablante e inmigrante de Chicago, además de sus familias y sus organizaciones. La comunidad hispana de Chicago es fuerte, activa y resiliente, y tiene una larga historia de luchar contra la injusticia, la desigualdad y la discriminación. Mucho más se requiere y será conseguido, y durante nuestras tareas de reporteo y publicación nosotros también nos hemos inspirado y motivado por ella.

La Raza coloca la voz de la gente y de sus organizaciones comunitarias en la primera línea de su actividad editorial, con foco en asuntos como la inmigración, los derechos civiles y electorales, el empoderamiento cívico, la educación, la atención médica, la vivienda, el empleo y los derechos laborales, la cultura y las tradiciones y las relaciones de nuestras comunidades con sus países de origen.

Durante los últimos 50 años, La Raza ha acompañado a la comunidad hispana de Chicago y ha compartido sus esperanzas, luchas y éxitos, aportando ánimo y crítica cuando ha sido necesario y pertinente.

Podemos decir que La Raza ha contribuido con su grano de arena en el progreso general de la comunidad latina de Chicago en las últimas décadas. Hemos publicado historias, con foco en la gente, que abordan los problemas importantes que afectan a nuestras comunidades. Hemos cubierto los problemas pero también las luchas y los éxitos de nuestra gente, hemos denunciado la injusticia y contribuido al empoderamiento comunitario.

El periodismo de *La Raza* está inequívoca y orgullosamente comprometido con el progreso de nuestra comunidad y al ejercerlo mantiene los valores de integridad, veracidad, balance, verificación e independencia.

Al hacerlo, *La Raza* es hoy un factor clave para el bienestar y el avance de nuestra comunidad, para prevenir la expansión de los desiertos de información y para incrementar la información y las oportunidades disponibles para la población latina del área metropolitana de Chicago. Desde el comienzo de la pandemia de covid-19 al principio de 2020, la cobertura sobre salud, economía y asuntos relacionados con la recuperación se convirtieron en una parte crucial de las actividades editoriales y de divulgación de *La Raza*.

En tanto periódico comunitario local, las historias de *La Raza* abordan específicamente la vida, problemas, retos, oportunidades y éxitos de la comunidad hispana de Chicago (a veces de individuos, a veces de grupos más amplios) y cubren el trabajo y las demandas de sus organizaciones cívicas. Al asignar, reportear, editar y publicar contenidos locales, siempre presentamos y destacamos el espíritu y la perspectiva de nuestra comunidad, que es la protagonista de nuestro periodismo.

La declaración de principios de *La Raza* explica su misión, compromiso y perspectiva editorial: "Informar, defender, educar y empoderar a la comunidad hispana de Chicago mediante periodismo en español, actividades de divulgación y oportunidades de negocio, y promover ante nuestra audiencia los valores de democracia, libertad, justicia, diversidad y oportunidades para todos". Nuestra visión y objetivos son "ser la voz periodística en español de la comunidad latina de Chicago para su empoderamiento, progreso y bienestar, con un fuerte compromiso con la democracia, la justicia social, la transformación y la herencia cultural".

Una historia de servicio, calidad y éxito

Por más de medio siglo, nuestro andar ha sido prolífico e intenso, y tenemos un fuerte compromiso de continuarlo en el futuro.

En sus primero años, *La Raza* creció de ser una publicación pequeña para convertirse en un sólido semanario con el trabajo entusiasta de varios pioneros. *La Raza* fue fundada en 1970 por el editor Alfredo Torres de Jesús. El periódico fue adquirido en 1972 por César Dovalina y a finales de 1983 por Luis Heber Rossi.

Rossi fue una figura mayúscula en la historia del periodismo y el entretenimiento en Chicago y su trabajo como promotor musical, productor de conciertos y, también, propietario y líder de La Raza fue exitoso e influyente. Bajo su liderazgo, en las décadas de 1980, 1990 y principios de 2000, La Raza floreció y se convirtió una de las mayores publicaciones en español en Estados Unidos, la más importante del Medio Oeste, con periodismo de alta calidad y una audiencia leal y creciente.

En 2004, La Raza fue adquirida por Impremedia, una red de varias de las más importantes publicaciones en español de Estados Unidos (La Opinión en Los Ángeles y El Diario en Nueva York, entre otras). Al ser parte de Impremedia, La Raza ha tenido acceso a recursos adicionales y desarrolló una plataforma digital significativa. Con todo, La Raza opera de modo independiente, su redacción decide directamente su cobertura y actividades editoriales, y se sostiene a sí misma vía sus ventas e ingresos.

De 1999 a 2014, el compositor Elbio Rodríguez Barilari, Jorge Mederos, Vicente de la Cruz y Fabiola Pomareda sirvieron como editores en jefe de La Raza.

Jesús Del Toro es actualmente el editor en jefe de La Raza, puesto que desempeña desde 2014 (con un periodo interino entre 2011 y 2012), y desde finales de 2016 Del Toro es el director y gerente general de La Raza. Antes, Robert Armband, Rubén Keoseyán y Jimena Catarivas sirvieron como gerentes generales de La Raza.

Hoy, La Raza mantiene y amplía su historia de calidad, éxito y compromiso comunitario. Es un periódico en español de distribución gratuita y un medio informativo digital que alcanza decenas de miles de hogares latinos cada semana, distribuido directamente en barrios hispanos de Chicago y suburbios, y cuenta con una importante audiencia en la web y redes sociales.

Docenas de premios de la Asociación Nacional de Periodistas Hispanos y reconocimientos de la revista Editor & Publisher y organizaciones son pruebas de la excelencia del periodismo de La Raza.

En meses recientes, La Raza ha sido reconocida y apoyada por varias fundaciones y organizaciones clave, entre ellas la Fundación Field de Illinois, el

Fideicomiso Comunitario de Chicago (Chicago Community Trust), la Fundación Robert R. McCormick, el Proyecto de Periodismo de Facebook (en colaboración del Instituto Lenfest de Periodismo y el Centro Internacional para Periodistas), y la Iniciativa de Noticias de Google.

Además, *La Raza* es actualmente integrante de la Alianza de Medios Independientes de Chicago (Chicago Independent Media Alliance), coordinada por el *Chicago Reader*, y del colaborativo 'Resolviendo para Chicago' ('Solving for Chicago') dirigido por la Asociación de Medios Locales (Local Media Association, LMA). *La Raza* fue parte del proyecto 'Lente en Lightfoot' ('Lens on Lightfoot'), una colaboración de siete redacciones para cubrir el primer año de la administración de Lori Lighfoot, alcaldesa de Chicago, coordinada por el Instituto de Medios No Lucrativos (Institute for Nonprofit News, INN).

Durante todos estos años, *La Raza* ha sido hogar de varias generaciones de periodistas dedicados a cubrir y servir a la comunidad en español, con alta cualidad y competencia intercultural. Nuestra redacción ha contribuido por décadas al desarrollo de un importante y único grupo de periodistas hispanohablantes que ha sido también fuente de profesionales calificados para otros medios, entidades y empresas.

La historia de éxito y relevancia en términos de contenido ha tenido un desarrollo paralelo en sus actividades publicitarias y de divulgación: el periódico ha sido por muchos años un socio y aliado de pequeños negocios y organizaciones locales, a los que ha ofrecido publicidad a bajo costo y oportunidades de desarrollo.

Durante sus 50 años de servicio, *La Raza* ha sido leal a sus objetivos clave: servir a la comunidad latina de Chicago con periodismo de alta calidad y proveer una amplia plataforma de comunicación para promover a los pequeños negocios locales y apoyar a nuestras organizaciones cívicas y comunitarias.

Periodismo en tiempo de crisis

La Raza está dedicada a informar y empoderar a la comunidad latina de Chicago con noticias, reportajes, análisis, opinión y eventos con una perspectiva hispana, en español y con un fuerte compromiso con la justicia social, la democracia y la preservación de los valores hispanos y estadounidenses.

La Raza y 'Clamor Chicago': un periódico histórico con reportajes que hacen historia

Este libro bilingüe, titulado 'Clamor Chicago. Lucha, retos y éxitos de la comunidad latina frente al covid-19 y otros asuntos' es un ejemplo del compromiso de La Raza para cubrir a la comunidad hispana con periodismo de profundidad, alta calidad y basado en hechos y datos. Este libro muestra la fuerza, resiliencia, coraje e ingenio de las latinas y los latinos de Chicago, una comunidad que aunque ha sufrido de modo severo y desproporcionado los impactos del covid-19 continúa luchando para apoyar a sus familias, defender sus derechos e incrementar sus oportunidades.

La pandemia de covid-19 ha sido dura y trágica, con demasiada muerte, sufrimiento y caída económica. Pero en medio de todo ello, la comunidad latina de Chicago tiene también historias inspiradoras, destacados éxitos individuales y colectivos y una creciente influencia en asuntos locales, regionales, nacionales e internacionales. 'Clamor Chicago' presenta alguna de esas dinámicas, más otras relacionadas con las elecciones presidenciales de 2020, el Censo de 2020, la lucha por la igualdad racial y los continuos esfuerzos por preservar y acrecentar la herencia cultural hispana.

Las historias compiladas en este libro fueron reporteadas, escritas y publicadas en 2020 en la edición impresa y en el sitio web de *La Raza*. Algunos eventos y circunstancias presentadas en estas páginas ya han cambiado, algunas incluso se han resuelto o están en transformación. Pero muchas son aún punzantes y requieren acción y atención. Muchas de las desigualdades e injusticias subyacentes, reportadas por periodistas y denunciadas por muchos chicagoenses entrevistados por *La Raza*, persisten y deben ser atendidas y corregidas.

Además, el talento, la vitalidad y la tenacidad de la comunidad hispana continúan y este libro es un ejemplo singular de la fuerza, resiliencia, solidaridad y trabajo rumbo a un futuro mejor que la comunidad latina de Chicago muestra cada día.

Las historias de nuestra gente que este libro bilingüe comparte también reafirman que la comunidad hispana de Chicago, sus individuos y sus organizaciones son un componente vital de la ciudad y el país y una fuerza creciente para el bien común.

Este libro tiene también un valor educativo significativo para estudiantes y padres, maestros e investigadores, profesionales y funcionarios, activistas y periodistas, la comunidad en general y cualquier persona interesada en conocer más de la vida y dinámica de la comunidad hispana de Chicago durante 2020, en medio de la pandemia de covid-19.

Muchas gracias a la Fundación Field de Illinois por apoyar este proyecto de periodismo vía su programa de subvenciones Medios y Narrativas. Ese respaldo ha permitido a *La Raza* producir los contenidos de este libro y ha ayudado a reportearlos, escribirlos y publicarlos (en medio impreso y en línea) con formatos nuevos, extensos y en profundidad.

El impulso de la Fundación Field también contribuyó a que *La Raza* participara en proyectos colaborativos en Chicago dirigidos en 2020 por el Instituto de Medios No Lucrativos (INN) y la Asociación de Medios Locales (LMA). Algunos de los artículos incluidos en este libro son en parte resultado de ese esfuerzo.

El apoyo de la Fundación Field fue además una aportación significativa para incrementar las oportunidades para nuestros reporteros y colaboradores (¡gracias y felicitaciones a todos ellos!). Podemos decir con orgullo que los artículos incluidos en este libro son de los mejores que *La Raza* ha producido en sus 50 años de existencia. Este libro es un logro histórico.

La Raza: 50 años y más

La Raza está transformándose para ajustarse a un entorno mediático cambiante, con muchos retos económicos, tecnológicos y organizacionales, para seguir sirviendo a la comunidad latina de Chicago con el mejor periodismo en español. Rigor e innovación, alta calidad y competencia intercultural y compromiso con la democracia, la libertad, los derechos, la igualdad y la preservación de la herencia cultural son partes claves del compromiso pasado, presente y futuro de *La Raza*.

Para continuar con ello, *La Raza* invita a negocios, fundaciones, organizaciones, gobiernos y la comunidad misma a apoyar al periodismo independiente de Chicago y a sus medios locales. La ayuda y las contribuciones de nuestros lectores, usuarios, fuentes, clientes, patrocinadores, instituciones y amigos han sido cruciales y muy necesarias para permitirnos continuar nuestro recorrido y preservar nuestro periodismo y sus valores. Por favor, continúen leyendo y participando con nosotros en nuestros medios impresos y en línea, continúen colocando anuncios y comprando nuestros otros productos y servicios, sigan ofreciendo subvenciones y apoyo. Al hacerlo, ustedes contribuyen a la preservación de medios de comunicación que, como *La Raza*, proveen un servicio de importancia crítica para el bienestar, los derechos y las oportunidades de las comunidades de Chicago. *La Raza* y todos los otros medios comunitarios locales son componentes indispensables de la democracia.

Este libro es parte de las celebraciones que *La Raza* hace de su medio siglo de periodismo en español y queremos usar este espacio para agradecer a todos los reporteros, editores, gerentes, directivos y personal de ventas, administrativo, de producción, distribución y tecnología que han contribuido a nuestro éxito y han sido parte de nuestra historia común durante todas estas décadas. Gracias a nuestra comunidad, a todos nuestros lectores, usuarios, clientes, impulsores y amigos. Ustedes son la razón de nuestro viaje periodístico. Estamos orgullosos de ello y continuaremos nuestra travesía.

Durante nuestros más de 50 años de servicio, *La Raza* ha sido parte de la comunidad hispana de Chicago y nuestra trayectoria y éxitos están, en múltiples formas, en el corazón de la asombrosa experiencia colectiva de los latinos en nuestra ciudad.

JESÚS DEL TORO
Director, *La Raza*
Chicago, 2020-2021

La Raza and 'Clamor Chicago': a historic newspaper with stories that make history

La Raza was founded in 1970 in Chicago specifically to serve the growing, dynamic Hispanic community in the city. Since then, with more than 50 years of service, *La Raza* is the most recognized and prestigious Spanish publication in Chicago, always devoted to inform with independence, professionalism, ethics, balance, fairness and cultural competence about the main issues that affect the Latino community in the region.

La Raza's journalism is devoted to inform, empower and educate our community, the Hispanic, Spanish speaking, immigrant population in Chicago, plus their families and organizations. The Latino community in Chicago is strong, active and resilient, and has a long history of fighting against injustice, inequality and discrimination. A lot more is still needed and will be achieved, and while reporting and publishing about our community efforts we are also inspired and motivated by them.

La Raza places the voice of the people and their community organizations on the front row of its editorial activities, with focus in issues such as immigration, civil and voting rights, civic empowerment, education, health care, housing, employment and labor rights, culture and traditions, and the relations of our immigrant communities with their countries of origin.

During the last 50 years, *La Raza* has accompanied the Chicago Hispanic community and has shared its hopes, fights, and achievements, with encouragement and criticism when pertinent and needed.

We can proudly say that *La Raza* has contributed its grain of salt to the overall progress of the Hispanic community during the last decades. We publish local community oriented stories (print & online) to address important issues affecting our communities. We cover the problems but also the struggles and successes of our people; we denounce injustice and contribute to community empowerment.

La Raza's journalism is unequivocally and proudly committed to our community's progress, always based in the values of integrity, veracity, balance, verification, and independence.

In doing so, *La Raza* is today a key factor for the wellbeing and advancement of our community, to prevent the expansion of news deserts and to increase the information and opportunities available for the Latino population in the Chicago metropolitan area. Since the start of the COVID-19 pandemic in early 2020, the coverage of health, economic, and recovery issues have become a critical part of *La Raza's* editorial and outreach activities.

As a local community newspaper, *La Raza* stories are specifically focused to address the lives, issues, challenges, opportunities, and successes of the Chicago Hispanic community (sometimes of specific individuals, other times of wider groups), and also cover the work and demands of its civic organizations. When assigning, reporting, editing and publishing local content, we always present and highlight the spirit and perspective of our community, which is the protagonist of our journalism.

La Raza's mission statement explains the newspaper commitment and editorial perspective: "To inform, defend, educate and empower the Hispanic community in Chicago through Spanish journalism, outreach activities and business opportunities while promoting among our audience the values of democracy, freedom, justice, diversity, equality and opportunity for all." Our vision and objective is to be "the Spanish journalism voice of the Chicago Latino community for its empowerment, progress and well being with a strong commitment to democracy, social justice, transformation and cultural heritage."

A history of service, quality and success

For more than half a century, our journey has been prolific and intense, and we have a strong commitment to continue it in the future.

During its first years, *La Raza* grew from a small publication to a solid weekly with the enthusiastic work of several pioneers. *La Raza* was founded in 1970 by editor Alfredo Torres de Jesús. The newspaper was purchased in 1972 by César Dovalina, and in late 1983 by Luis Heber Rossi.

Rossi was a paramount figure in the history of journalism and entertainment in Chicago, and his work as music promoter, concert producer and, also, publisher of *La Raza* was successful and influential. Under his leadership, during the 1980s, 1990s and early 2000s, *La Raza* bloomed to become a major

U.S. Spanish publication, the most important in the Midwest, with high quality journalism and a loyal and growing audience.

In 2004, *La Raza* was purchased by Impremedia, a network of some of the top Spanish publications in the USA (*La Opinión* in Los Angeles, and *El Diario* in New York, among them). As part of Impremedia, *La Raza* gained access to additional resources and developed a significant digital platform.

However, *La Raza* operates independently, its newsroom directly decides its editorial coverage and activities, and sustains itself through its own sales and revenues.

From 1999 to 2014, Elbio Rodríguez Barilari, Jorge Mederos, Vicente de la Cruz, and Fabiola Pomareda served as managing editors of *La Raza*.

Jesús Del Toro is *La Raza*'s current Editor in Chief. Del Toro's tenure started in 2014 (with an interim period from 2011 to 2012) and since late 2016 Del Toro is also *La Raza*'s Director and General Manager. Before, Robert Armband, Rubén Keoseyán, and Jimena Catarivas served as publishers of *La Raza*.

Today, *La Raza* maintains and enlarges its history of quality, success and community commitment. It is a free Spanish newspaper and digital news outlet that reaches tens of thousands of Latino homes every week, distributed directly to Hispanic neighborhoods in Chicago and its suburbs, and has an important web and social media audience.

Dozens of awards by the National Association of Hispanic Publications, and recognitions by *Editor & Publisher* magazine and other organizations are proof of *La Raza*'s excellence in journalism.

In recent months, *La Raza* has been also recognized and supported by several key foundations and organizations, among them the Field Foundation of Illinois, the Chicago Community Trust, the Robert R. McCormick Foundation, the Facebook Journalism Project in collaboration with the Lenfest Institute for Journalism and the International Center for Journalists, and the Google News Initiative.

Also, *La Raza* is currently a member of the Chicago Independent Media Alliance led by the *Chicago Reader*, and of the 'Solving for Chicago' news collaborative lead by the Local Media Association. *La Raza* was also part of the 'Lens on Lightfoot' project, a collaboration of seven Chicago newsrooms to cover the first year of Mayor Lori Lightfooot Administration, coordinated by the Institute of Nonprofit News.

During all these years, *La Raza* has been home to several generations of journalists devoted to cover and serve the community in Spanish with high quality and cultural competent journalism. Our newsroom has contributed for decades to the development of a unique and important pool of Spanish journalists that has been also a source of qualified professionals for other media outlets, entities and companies.

The history of success and relevance of *La Raza* in terms of content have a parallel development in its advertising and outreach activities: the newspaper has been for many years a partner and ally to local small business and local organizations, providing low cost advertising and development opportunities.

During its 50 years of service, *La Raza's* has been loyal to its key objectives: to serve the Latino community in Chicago with high quality journalism and to provide a large communication platform to promote local small businesses and support our community and civic organizations.

Journalism in times of crisis

La Raza is devoted to inform and empower the Chicago Latino community with news, stories, analysis, opinion and events with a Hispanic oriented perspective, in Spanish and with a strong commitment to social justice, democracy and the preservation of the Hispanic and American values.

This bilingual book, titled 'Clamor Chicago. Fight, challenges and successes of the Latino community facing COVID-19 and other issues', is a testament of *La Raza's* commitment to cover the Chicago Hispanic community with in-depth, high quality, fair and fact-based journalism. This book also showcases the strength, resilience, courage and ingenuity of the Latinas and Latinos of Chicago, a community that while heavily and disproportionately suffering the impacts of COVID-19 keeps fighting to support their families, defend their rights and increase their opportunities.

The COVID-19 pandemic has been harsh and tragic, with so many deaths, suffering and economic downfall. But amid all of that, the Chicago Latino community also has inspirational stories, remarkable individual and collective achievements, and a growing influence in local, regional, national and international affairs. 'Clamor Chicago' showcases some of those dynamics, plus other related with the 2020 presidential election, the 2020 census, the fight for racial equity, and the continuing effort to grow and preserve the Hispanic cultural heritage.

The stories compiled in this book were reported, written and published in 2020 in *La Raza*'s print edition and also in *La Raza*'s website, LaRaza.com. Some of the events and circumstances presented on these pages already changed, some were even solved or are in transformation. But many are still pungent and require action and attention. Many of the subjacent inequalities and injustices, reported by our journalists and denounced by many Chicagoans interviewed by *La Raza*, persist and must be addressed and corrected.

Also, the resourcefulness, vitality, and tenacity of the Hispanic community continue, and this book is a singular example of the strength, resilience, solidarity, and work towards a better future that the Latino community in Chicago shows every day.

The stories of our people shared in this special bilingual book also reaffirm that the Chicago Hispanic community, its individuals, and its organizations are a vital component of our City and Country, and a growing force for the common good.

This book also has of significant educational value for students and parents, teachers and scholars, professionals and officials, activists and journalists, the community in general, and anybody interested in knowing more about the life and dynamics of the Chicago Hispanic community during 2020 amid the COVID-19 pandemic. Available in English and Spanish, 'Clamor Chicago' offers information, data, testimonials, opinion, debate, and perspective to a wider audience.

Thanks a lot to the Field Foundation of Illinois for supporting this journalism project through its Media & Storytelling grant program. Its support allowed *La Raza* to produce the contents of this book, and also helped *La Raza* to report, write and publish (print and online) in new in-depth and long-form ways.

The impulse provided by the Field Foundation also contributed to *La Raza*'s participation in Chicago collaborative projects led in 2020 by the Institute of Nonprofit News and the Local Media Association.

The support provided by the Field Foundation was also a significant contribution to increase opportunities for our reporters and contributors (thanks and congratulations to all of them!). We can proudly say that the articles included in this book are among the best ever produced by *La Raza* in its more than 50 years of service. This book is a historic achievement.

La Raza: 50 years and more

La Raza is transforming itself to adjust to a changing news media environment, plenty of economic, technological and organizational challenges, to keep serving the Chicago Latino community with the best Spanish journalism. Rigor and innovation, high quality and cultural competence, and a commitment to democracy, freedom, rights, equality, and the preservation of cultural heritage are critical parts of *La Raza's* past, present and future commitment.

To keep doing that, *La Raza* invites businesses, foundations, civic organizations, government entities, and the community itself to support Chicago independent journalism and its local media outlets.

As readers, users, sources, clients, sponsors, grantors, and friends, your support and contributions are critical and much needed to allow us to continue our journey and to preserve our journalism and its values.

Please keep reading and engaging us in print and online, keep placing ads and buying our other products and services, keep providing grants and support. By doing that, you contribute to the preservation of local news media outlets, such as *La Raza*, that provide a service of critical importance to the wellbeing, rights and opportunities of the Chicago communities. *La Raza* and all the other local community media outlets are indispensable components of democracy.

This book is part of *La Raza's* celebration of half a century of Spanish journalism in Chicago, and we want to use this space to thank all of our reporters, editors, managers and directors, sales executives, and administrative, production, distribution, and technology personnel that contributed to our success and have been part of our common story during these many decades. Thanks to our community, to all our readers, users, clients, supporters and friends. You are the reason of our journalism journey. We are proud of it and we will keep sailing on.

During our more than 50 years of service, *La Raza* has been part of the Hispanic community in Chicago, and our trajectory and achievements are, in many ways, at the heart of the amazing collective Latino experience in our city.

JESÚS DEL TORO
Director, *La Raza*
Chicago, 2020-2021

CLAMOR CHICAGO

Reportajes publicados por *La Raza* en Chicago en 2020
Features published by *La Raza* in Chicago in 2020

Algunas de las historias, datos y hechos incluidos en este libro han cambiado desde que se publicaron por primera vez en *La Raza*. Algunas actualizaciones se han realizado pero los artículos mantienen su forma original. / Some of the stories, data and facts included in this book had changed since its first publication in *La Raza*. Some updates have been provided but the articles retain its original form.

Chicago, USA
La Raza
2020-2021

www.LaRaza.com
@LaRaza Chicago

Chicago en tiempos del covid-19: luchas, saldos y perspectivas

Desde que en marzo de 2020 se anunció en Illinois la orden de permanecer en casa para frenar el covid-19, la pandemia ha golpeado severamente la salud de la población de Chicago pero también al sector económico, la educación, la vivienda y el empleo con especial rigor en la comunidad hispana. Promotores de la paz aseguran incluso que ha provocado un aumento de la violencia en las calles. La Raza exploró la actividad y la valoración de organizaciones y autoridades locales para enfrentar el covid-19 y sus impactos en la comunidad latina de Chicago

por BELHÚ SANABRIA   Publicado en noviembre de 2020

Nadie imaginó que el año 2020 sería completamente trastocado por una pandemia. China informó a la Organización Mundial de la Salud sobre el coronavirus el 31 de diciembre de 2019, luego de que la enfermedad, después llamada covid-19, se originó en la ciudad de Wuhan a finales de 2019.

Cuando Estados Unidos reportó su primer caso, el 20 de enero de 2020 en el estado de Washington, se encendieron las alarmas. El coronavirus estaba en casa y poco después comenzó a cobra la vida de sus primeras víctimas.

En Illinois, el gobernador JB Pritzker anunció el 16 de marzo la primera muerte por covid-19 en el estado. Se trató de Patricia Frieson, una enfermera jubilada afroamericana del barrio de Auburn Gresham al suroeste de Chicago. Frieson, de 61 años, con antecedentes de problemas respiratorios, tuvo contacto con otra persona contaminada por el coronavirus, dijeron las autoridades. La mujer murió en el Centro Médico de la Universidad de Chicago.

El pasado 21 de marzo, Pritzker emitió la orden de permanecer en casa para los residentes de todo el estado, medida que duró hasta el 29 de mayo cuando comenzó un proceso de reapertura por fases de la actividad económica.

Hasta el 27 de noviembre de 2020 se han registrado 156,625 casos y 3,394 fallecimientos por covid-19 en Chicago. El 36.1% de los enfermos registrados y el 33.2% de los muertos por esa enfermedad han sido latinos. En el verano de 2020, la proporción de casos entre latinos llegó a superar el 45%.

La alcaldesa de Chicago, Lori Lightfoot, estableció cinco fases para reabrir la economía de la ciudad durante la pandemia. Al final de 2020, la ciudad estaba en la fase cuatro, denominada "reanudar gradualmente". Lightfoot dijo que el plan complementa el plan del gobernador Pritzker para reabrir el estado.

Chicago continúa librando la batalla contra el coronavirus propagado en diferentes vecindarios siendo los afroamericanos y latinos los más vulnerables en esta pandemia.

El Racial Equity Rapid Response Team (RERRT o Equipo de Respuesta Rápida de Equidad Racial) de la ciudad fue creado en abril a raíz de las altas tasas de contagios de covid-19 en la comunidad afroamericana de Chicago. Después de que los latinos se vieron afectados se expandió el enfoque hacia esa comunidad. El equipo busca abordar el impacto desproporcionado de la pandemia de coronavirus en comunidades de minorías.

En Chicago, barrios del suroeste como La Villita, Brighton Park, Gage Park, y Chicago Lawn además de Belmont Cragin, en el noroeste, todos vecindarios predominantemente latinos han registrado gran parte de los casos de coronavirus en el estado, según el Departamento de Salud Pública de Illinois.

Los latinos son la población más afectada por la pandemia en Chicago en cantidad de casos. Por ejemplo, el código postal 60623 tiene una de las tasas más altas de infecciones y muertes por covid-19 en Chicago. Esta área abarca La Villita y el vecindario mayoritariamente afroamericano de North Lawndale.

Investigadores y residentes locales señalan que la alta incidencia de contagios del coronavirus en las comunidades latinas tiene que ver con la exposición al virus, ya sea porque en dichas áreas se concentran un gran número de trabajadores esenciales o porque viven hacinados en viviendas. También consideran que las condiciones crónicas que prevalecen en las comunidades latinas y afroamericanas como diabetes, asma o hipertensión hacen que estas personas sean más vulnerables al covid-19.

La alcaldesa Lori Lightfoot señaló a mediados de octubre que la ciudad enfrentaba ya la segunda ola del covid-19 y que podría aplicar nuevas medidas restrictivas para frenar la pandemia.

Ante el alza de casos y hospitalizaciones, el gobernador Pritzker estableció nuevas restricciones, vigentes en Chicago a partir del 30 de octubre de 2020, a la operación de restaurantes y bares: se suspende el servicio en interiores, el servicio en exterior puede continuar hasta las 11 am, hora en la que también se deberá suspender la venta de bebidas alcohólicas.

Luego, la Ciudad de Chicago estableció nuevas medidas, vigentes a partir del 16 de noviembre: se pidió a la población quedarse en casa salvo para ir a la escuela o al trabajo o para realizar actividades esenciales como ir al médico, al supermercado o a la farmacia o para recoger comida para llevar o recibir pedidos a domicilio. Se pidió también no realizar reuniones con personas que no vivan en la misma vivienda, practicar distanciamiento social y llevar mascarilla en todo momento fuera de casa, entre otras recomendaciones.

Y a partir del 20 de noviembre, el gobernador Pritzker estableció que museos, teatros y casinos cierren, que la capacidad de personas dentro de tiendas se reduzca al 25% (supermercados y farmacias pueden seguir operando al 50%) y que actividades bajo techo que requieren retirar el retiro de mascarillas (como tratamientos faciales o afeitado de barbas) y deportes bajo techo queden suspendidos.

Ahora que la ciudad enfrenta una segunda y difícil ola de covid-19, lo hecho en las comunidades hispanas previamente para enfrentar y frenar el coronavirus cobra nueva relevancia.

Presupuesto 'pandémico'
La ciudad de Chicago proyectó una brecha presupuestaria de $1,200 millones en el presupuesto del año fiscal 2021, debido al impacto económico provocado por la pandemia, que provocó una disrupción financiera generalizada en muchos sectores de la economía de la ciudad.

Lightfoot llamó a su plan de gastos para 2021 un presupuesto "pandémico" y dijo inicialmente que la brecha podría equilibrarse a través de asistencia federal, entre otros ingresos. Con todo, ante la incertidumbre por la aprobación de ayuda federal, Lightfoot mencionó el 19 de octubre de 2020 que se buscará paliar ese déficit con recursos locales y por ello se podría aumentar el impuesto a la propiedad y a la gasolina, recortar el personal del ayuntamiento y agencias de la ciudad y refinanciar la deuda municipal.

La mitad de hogares de Chicago, entre ellos familias afroamericanas y latinas, informaron que han enfrentado problemas financieros debido al covid-19, según una encuesta hecha a más de 3,400 personas de cuatro ciudades importantes de Estados Unidos. En esa muestra se incluyó a 529 adultos que viven en Chicago.

El informe 'The Impact of Coronavirus on Households in Major U.S. Cities' ('El impacto del coronavirus en los hogares de las principales ciudades de Estados Unidos')[1], realizado por la Fundación Robert Wood Johnson, la Escuela de Salud Pública T.H. Chan de Harvard y NPR en las ciudades de Nueva York, Los Ángeles, Houston y Chicago del 1 de julio al 3 de agosto, encontró que el 69% de los hogares afroamericanos, el 63% de los latinos y el 59% de los que tuvieron un ingreso de menos de $100,000 al año en Chicago reportaron serios problemas financieros durante la pandemia covid-19.

La mitad de hogares en Chicago reportó pérdida de empleo o reducción de salarios y horas de trabajo desde que comenzó la pandemia.

Falta de pago de facturas, atrasos en el pago de alquiler o hipoteca de casa y de servicios públicos han sido los problemas que han enfrentado muchos residentes de Chicago durante la pandemia. Muchos han agotado sus ahorros, detalló la encuesta, y han enfrentado también problemas para acceder a servicios de atención médica y cuidado infantil.

Autoridades estatales y locales han indicado que en la medida en que se reduzcan los casos de covid-19 se aflojarán las restricciones destinadas a mitigar la propagación del coronavirus y se darían pasos a una mayor reapertura de la economía en Chicago. Con todo, al llegar el otoño los casos han comenzado a repuntar y se teme una mayor agudización durante el invierno 2020-2021. Por ello, medidas como el distanciamiento social y el uso de mascarillas son imperativas, han indicado expertos de salud y autoridades.

I. Las diferentes caras de la pandemia

Desde que se anunció en marzo de 2020 la orden de permanecer en casa para prevenir contagios de covid-19, la pandemia ha golpeado no sólo a la salud de la población sino también a la actividad económica, el empleo, la educación y

---

[1] media.npr.org/assets/img/2020/09/08/cities-report-090920-final.pdf

la vivienda en Chicago. Grupos promotores de la paz aseguran que incluso ha provocado un aumento de la violencia en las calles.

'Hay que estar preparados para las dificultades'

Cuando el sobrino de Alma Gómez le dijo que la Ciudad de Chicago estaba otorgando subvenciones a microempresas, ella no quiso perder la oportunidad de participar. Llevaba ya tres meses sin trabajo a causa de la pandemia.

Alma Gómez es dueña de la peluquería Salón Zoey, en el barrio de Rogers Park en el norte de Chicago. La empresaria recibe asistencia para su negocio de la Rogers Park Business Alliance, organización que le ayudó en el proceso para solicitar la subvención.

El apoyo Chicago Micro Business Recovery Grant (Subvención de Recuperación de Microempresas de Chicago) fue otorgado por la Ciudad a microempresas mediante un sistema de lotería en un esfuerzo por ayudarlas a sobrevivir al impacto de la pandemia. Los que resultaron ganadores recibieron $5,000 y Gómez fue una de ellas.

"Recibí un correo electrónico felicitándome que me había ganado una beca de $5,000, no lo podía creer, no lo esperaba. El dinero me sirvió para pagar tres meses de renta del local del negocio y algunos servicios públicos", cuenta Gómez entusiasmada mientras le pintaba el cabello a una clienta en su peluquería, que opera siguiendo las regulaciones contra el coronavirus que la ciudad ha determinado para esos negocios.

Su salón de belleza ha operado desde hace seis años y ella cuenta que anteriormente trabajó como cosmetóloga por 20 años.

No hay bodas, no hay matrimonios ni fiestas y ahora todo es con cita y tampoco tiene una sala de espera en su peluquería, dice Gómez, quien está trabajando duro para mantener su negocio. "Esto es mi vida, esto es mi trabajo, ésta es mi profesión, yo no sé hacer otra cosa más que esto, estoy luchando por tener mi negocio abierto y con la esperanza de que todo vuelva a la normalidad", comentó.

En Rogers Park hay más de 600 negocios de diferentes nacionalidades. Y a lo largo de la calle Clark, entre Devon y Howard, hay 450 negocios de los cuales 150 son negocios latinos, según la Rogers Park Business Alliance

(RPBA), organización de ese vecindario que asiste a personas que buscan iniciar o mejorar su negocio.

El 25% de la población en Rogers Park es hispana y en esa área se hablan 10 idiomas, incluido el español, según RPBA.

Rebeca Fernández, gerente de programa bilingüe de Rogers Park Business Alliance, dice que la pandemia ha afectado a los negocios porque han perdido o bajado sus ventas. Destaca también que la comunidad de negocios ha sido afectada por falta de conocimiento sobre finanza y sobre cómo encontrar capital, por no tener recursos o la educación para el manejo de tecnología, por ejemplo cómo abrir una cuenta de e-mail o de Facebook para promover su negocio o cómo hacer llegar sus productos a las personas vía el comercio por internet.

En respuesta al desconocimiento en el proceso de crecimiento de un negocio surgió el programa Business Accessibility Toolkit (BAT), el cual nació de la necesidad de los negocios locales de poder fortalecerse para salir adelante en medio de la pandemia. Además de en inglés y español, se planea impartir ese programa en otros idiomas. Fernández señala que también hay otros programas que se ofrecen de forma distinta en grupo y con periodos más largos de tiempo y sesiones de entrenamiento para negocios.

Algunos negocios se abrieron justo cuando se dio la orden de quedarse en casa, lo fue muy doloroso y devastador para ellos, pero otros están surgiendo en plena pandemia. "Nos están buscando para asesorarles con todo lo que van a necesitar para salir adelante", explicó Fernández a *La Raza*. "Me sorprende que nuestra comunidad latina de negocios se haya visto resiliente, se ha adaptado y algunos de ellos se están reinventando".

El covid-19 ha enseñado que siempre hay que estar preparados para las dificultades, enfatiza Fernández: "Hay que buscar estrategias para reinventarse, asesorarse o buscar información, siempre hay que tener un plan de salida, un plan de emergencia".

'Donde hay crisis, hay oportunidades'

La Ley de Ayuda, Alivio y Seguridad Económica de Coronavirus (Coronavirus Aid, Relief and Economic Security Act, CARES) creó un paquete de ayuda económica federal destinado a ayudar a trabajadores y empresas afectadas por la pandemia que resultó un alivio para quienes lograron beneficiarse.

La ley CARES estableció el Programa de Protección de Nóminas (Payroll Protection Program, PPP) diseñado para ayudar a los propietarios de pequeñas empresas a mantener su actividad y el pago a sus empleados durante este periodo de incertidumbre económica.

Organizaciones y cámaras de comercio locales asistieron a empresarios con el proceso para solicitar el PPP y después de que se agotaron los préstamos les han ofrecido asistencia técnica y otros servicios.

Jaime di Paulo, presidente y director ejecutivo de la Cámara de Comercio Hispana de Illinois (IHCC), dijo que ahora que se agotaron los fondos del PPP están brindando asistencia técnica, efectiva y personalizada a los negocios para que puedan sobrevivir durante la pandemia en temas como manejo de sus finanzas, reinvención y uso de redes sociales como medio para promover su negocio.

Desde que inicio la pandemia y hasta el momento, la IHCC a través de su centro de negocios ha asistido a unas 8,000 empresas. El objetivo es tratar de ayudar y salvar a la mayoría de los negocios latinos en el estado de Illinois, destacó di Paulo a *La Raza*.

Di Paulo dice que hay más 120,000 negocios latinos en Illinois y se estima que un 40% de ellos van a cerrar sus puertas debido a la pandemia. "Somos una comunidad con resiliencia, que luchamos por lo que tenemos, la gente está perdiendo dinero y sigue con los negocios abiertos por ese orgullo que tenemos, por esas ganas de no sentirnos derrotados como empresarios latinos", dijo di Paulo, quien añadió que la reinvención es un factor clave a considerar en esta crisis financiera.

"Donde hay crisis hay oportunidades, sólo hay que identificarlas, hay que pensar fuera de la caja, uno tiene que ser creativo y tomar riesgos. Un empresario es una persona que toma riesgos, para todo hay riesgos, pero hay que reinventarse", aseguró di Paulo.

En microempresas de menos de 20 empleados, explicó di Paulo, los dueños de negocio no tienen a una persona monitoreando internet todo el tiempo, a veces pierden muchas oportunidades porque están muy ocupados atendiendo su negocio y no se informan de lo que sucede a escala mayor.

Di Paulo destacó la importancia de aliarse con las cámaras de comercio locales ya que juegan un papel esencial en informar y asistir a los dueños de pequeños negocios: "Podemos ser los oídos de las cosas que están sucediendo para poderles informar correctamente y vincularlos sobre los programas correctos".

La alcaldesa Lori Lightfoot dijo en un comunicado a *La Raza* que "durante la pandemia, la Ciudad ha impulsado programas de asistencia financiera que apuntan a revertir años de inversión inequitativa en nuestros barrios y dan prioridad a áreas de bajos ingresos y de minorías. Por ejemplo, el Fondo de Resiliencia de Pequeños Negocios de Chicago, el destacado programa de créditos creado en respuesta al covid-19, ha asignado 48% de sus préstamos a negocios en comunidades de bajos recursos. Adicionalmente, el Programa de Subvenciones de Recuperación de Micronegocios distribuyó $5 millones en subvenciones a negocios de áreas de bajos ingresos, y el Fondo Juntos Ahora (Together Now Fund) también ha dado prioridad a negocios de esas áreas. Estamos orgullosos de nuestros esfuerzos de asumir nuestros valores como ciudad al priorizar a los pequeños negocios de vecindarios minoritarios".

Pandemia y desplazamiento urbano

Para sobrevivir en esta pandemia, el gobierno tiene que asegurar que las familias puedan permanecer en sus hogares e incluso deberían extender los programas de ayuda financiera, enfatizó Christian Díaz, director de vivienda de la Asociación de Vecinos de Logan Square (Logan Square Neighborhood Association, LSNA).

Díaz destacó la importancia de que las familias conozcan sus derechos y sepan que se ha establecido una moratoria a los desalojos de vivienda.

El gobernador de Illinois JB Pritzker ha venido extendiendo la moratoria a los desalojos desde que emitió la orden de quedarse en casa, por lo que ahora esa protección está vigente al menos hasta el 14 de noviembre de 2020.

La dificultad que enfrentan los inquilinos para pagar su renta en áreas conocidas con mayor desplazamiento urbano, como es el barrio de Logan Square en el noroeste de Chicago, es algo que ya venía ocurriendo antes del covid-19, aseguran los defensores de vivienda asequible.

"Antes de la pandemia ya estábamos en crisis porque en la comunidad hispana bastante gente paga más del 50% de sus ingresos para la renta. Eso ya pone un estrés en la familia porque los padres tienen que decidir o voy a pagar renta este mes o voy a pagar por comida", explicó Díaz a *La Raza*.

Estudios han mostrado que hay más probabilidad de que en los hogares de inquilinos haya una persona que ha perdido su trabajo por culpa de la pandemia, dijo Díaz citando el análisis preliminar 'Examining the Neighborhood-Level Housing Impact of COVID-19 in Chicago' ('Examinando el impacto del covid-19 en la vivienda a nivel de vecindario en Chicago')[2], realizado por la Universidad DePaul y publicado el 30 de abril de 2020.

Este análisis preliminar exploró las tendencias y los patrones geográficos de los trabajadores en mayor riesgo durante la primera ola de despidos masivos relacionados con el covid-19.

De los aproximadamente 300,000 hogares de Chicago con un trabajador en una ocupación en riesgo, más de 183,000 o más del 60% son hogares de inquilinos, reportó el análisis.

También se destaca que el 41% de los hogares de inquilinos y el 33% de los hogares de propietarios tienen al menos un trabajador probablemente afectado. Los hogares de inquilinos de bajos ingresos se ven especialmente afectados, ya que el 53.6% de los hogares de inquilinos que ganan menos de $30,000 anuales tienen un trabajador en riesgo.

"El 53.6% de inquilinos que ganan menos de $30,000 por año ya tienen sus ingresos bajos y están en una situación difícil. Con la pérdida de trabajo por la pandemia, esas familias se encuentran en una situación más grave", explicó Díaz a *La Raza*.

Según se indica en el análisis, casi la mitad de los hogares de inquilinos con un trabajador en riesgo ya tenían una vivienda insegura, lo que significa que estaban cargados de costos y pagaban más del 30% de sus ingresos en alquiler.

La pandemia ha dejado ver la desigualdad que hay entre etnicidades y comunidades, aseguran organizaciones locales.

---

[2] www.housingstudies.org/blog/Examining-the-Neighborhood-Level-Impact-of-COVID/

"En la comunidad hispana 41% de los hogares tienen una persona que ha perdido ingresos, para una familia angloamericana sería el 20%. Entonces vemos que los impactos son diferentes a partir de la raza y es porque vivimos en una ciudad donde por mucho tiempo han existido desigualdades y por lo mismo se siente la desigualdad en la respuesta a la pandemia", mencionó Díaz.

También hay temor y preocupación en los propietarios de vivienda porque no saben cómo van hacer para pagar su hipoteca en vista de que sus inquilinos han perdido su trabajo y no han podido pagar su renta. Díaz dijo que hay recursos de apoyo para los dueños de casa a nivel estatal y federal: "Busquen recursos porque también el estado ofrece apoyos para esos dueños de hogar para poder pagar sus hipotecas".

Hay algunos dueños de vivienda a quienes se les está haciendo difícil pagar su hipoteca en esta pandemia y ante esa situación sienten la presión de vender su propiedad, dijo Díaz. "Las personas que pueden comprar edificios en este momento son las grandes corporaciones o gente de altos ingresos… Por ejemplo, es posible que quieran tumbar un edificio, desarrollarlo en condominios o algo más de lujo, existe el riesgo que el desplazamiento urbano se acelere en este momento de crisis con la pandemia".

Sobre los programas de la Ciudad en apoyo a inquilinos y dueños de casa, la oficina de Lightfoot describió las acciones que ha tomado:

-Dos rondas de las Subvenciones de Asistencia para Vivienda de más de $37 millones en apoyo financiero y legal para quien fue afectado por los cierres [para prevenir la difusión de la enfermedad].

-La Ordenanza de Protección contra el Desalojo: una moratoria provisional de los desalojos por falta de pago de alquiler si el inquilino sufrió pérdida, reducción o postergación de su ingreso o empleo a causa del covid-19. Bajo los términos de la moratoria, el casero que emprenda un desalojo u otra medida contra un inquilino que no ha pagado el alquiler debe enfrentar obstáculos de procedimiento adicionales.

-Promesa de Solidaridad en la Vivienda de Chicago: un esfuerzo para dar apoyo a inquilinos y dueños de edificios impactados negativamente por la pandemia de covid-19. La promesa señala que acreedores y caseros podrían ofrecer a inquilinos y poseedores de hipotecas que califiquen acuerdos para diferir pagos y otros apoyos financieros en respuesta de la caída económica del covid-19 y que continúen tras la pandemia. Más de una docena de acreedores firmaron la promesa.

-Ordenanza de Aviso Justo: Bajo esta ordenanza, los caseros deben proveer 60 días de aviso antes de la finalización de un contrato de alquiler para subir la renta si el inquilino ha vivido en la unidad por más de seis meses pero menos de tres años, y 120 días de aviso de terminación para aquellos que han vivido en la unidad por más de tres años.

-El Apoyo de Emergencia para Propiedades Multifamiliares Asequibles. Incluya tanto subvenciones como créditos de pagos diferidos sin intereses de hasta $75,000 por propiedad con base en la necesidad. Los fondos pueden cubrir faltantes operativos por hasta tres meses o gastos relacionados con control de enfermedades infecciosas y limpieza preventiva. El propósito del programa es preservar la disponibilidad de opciones de vivienda seguras, limpias y asequibles para individuos y familias que enfrenten problemas financieros como resultado del covid-19.

Para Díaz, la respuesta que hasta ahora ha tenido la Ciudad durante la pandemia en materia de vivienda ha sido buena, por la manera que han puesto empeño y recursos para ayudar a la comunidad e incluyendo en algunas ayudas a los indocumentados. Pero en lo que ha fallado, indicó, es en el volumen de la ayuda: "La Ciudad ha tomado decisiones para apoyar a la comunidad indocumentada, aún así no son suficientes los recursos que ha ofrecido".

"Lo más bello que he visto durante esta pandemia es que se han creado nuevas organizaciones colaborativas que se apoyan una a otra" con el fin de proporcionar ayuda a la comunidad que enfrenta necesidades esenciales e inmediatas en medio de la pandemia covid-19, comentó Díaz.

Pruebas de covid-19 y salud mental

Jennifer Vargas, directora médica del Centro Médico Alivio, dijo que su organización ha realizado desde principios de marzo a fines de agosto de 2020 alrededor de 6,800 pruebas de detención de covid-19. Antes atendían todos los días, excepto el domingo, y durante toda la jornada laboral en sus sedes en Berwyn y en Pilsen, pero la cantidad de exámenes que realizan a diario ha disminuido y solo hacen las pruebas hasta el medio día.

"Las pruebas que podemos hacer han disminuido un poco… Antes estábamos haciendo pruebas todo el día, todos los días, menos domingo en nuestras dos clínicas", explicó la doctora Vargas a *La Raza*.

Según Vargas ha hecho falta educar más a las personas con respecto al contagio del covid-19. "Estamos tratando de ver qué métodos podemos hacer para ayudar a la gente a entender que se tienen que quedar en casa hasta que tengan sus resultados o quedarse en casa si tienen síntomas".

"A las personas les decimos que les vamos a llamar por teléfono si salen positivo al virus, pero igual vienen para saber sus resultados. Solo que antes de llegar a la clínica toman el camión, pasan a la tienda, a la farmacia y luego resulta que sí están positivos. En ese trayecto de ir a varios sitios han contagiado a otras personas", reiteró Vargas.

Vargas considera que la Ciudad puede hacer mucho más en materia de salud física y mental durante la pandemia. "Los servicios que ahora se están ofreciendo no son suficientes, los lugares donde se pueden hacer las pruebas gratis no son suficientes, hay mucho que podemos hacer en la ciudad, en el estado, para poder controlar esta pandemia, estamos haciendo lo mínimo, tenemos que hacer mucho más".

Debido a la demanda en tratamiento en salud mental durante la pandemia del coronavirus, cada terapista ve a un promedio de 80 a 100 pacientes al mes. Antes de la pandemia atendían a alrededor de 30 pacientes, explicó Estela Melgoza, terapista del departamento de Salud Mental del Centro Médico Alivio. "Como estamos viendo tantos pacientes, no tenemos la posibilidad de verlos cada semana. Tenemos ahora que programar las sesiones cada dos semanas", precisó.

En Alivio se ha visto un aumento en pacientes en el área de salud mental a raíz del covid-19, dijo Melgoza. "Sabemos que cuando una persona está en medio de una crisis es más probable que esa persona esté abierta a recibir ayuda porque en ese momento la persona busca algo que le vaya ayudar a aliviar lo que se le está presentando".

La ansiedad es lo que más ha aumentado durante esta crisis de salud pública, señaló Melgoza. Algunos factores desencadenantes han sido el temor a contagiarse de coronavirus, la preocupación porque sus familiares (los que viven con ella o los que están en sus países de origen) contraigan el covid-19, su condición migratoria o el tener que verse forzado a salir a trabajar para poder proveer a la familia. "Todo eso ocasiona un nivel elevado de ansiedad", explicó Melgoza.

De terapias presenciales se hizo una transición a terapias virtuales para prevenir contagios a causa del coronavirus. Según Melgoza, las terapias virtuales, con videollamadas o consejería vía telefónica, han facilitado y permitido dar seguimiento a los pacientes. "La nueva manera de cómo estamos tratando de alcanzar a las personas es a través de estas sesiones virtuales. Esto es sumamente importante, esto nos hizo a todos buscar alternativas a lo que ha sido típicamente el contacto en persona y nos estamos dando cuenta de que sí está funcionando y que las personas han sido receptivas".

De las canchas de fútbol a plataformas virtuales y educación remota

Las competencias futboleras de un grupo de jóvenes se trasladaron de las canchas a la plataforma Zoom debido al covid-19. La organización comunitaria U.N.I.O.N. Impact Center ha desarrollado incentivos para que los muchachos se conecten y participen en el programa.

"Antes del virus lo hacíamos físicamente, competían por los goles, ahora tuvimos que ser creativos e innovar algo nuevo. Empezamos un sistema de reconocimiento por las veces que se conectan, por los padres que se involucran, algunos de los premios para motivarlos son balones de fútbol. Esto les ayuda en su salud mental, a estar activos en casa y a que haya armonía y unidad familiar", dijo Rafael Yáñez, director ejecutivo de U.N.I.O.N. Impact Center.

Esa organización se enfoca en seguridad comunitaria, enriquecimiento personal y desarrollo de liderazgo en la comunidad del Barrio de las Empacadoras, en el suroeste de Chicago.

Durante la pandemia han conectado a familias para obtener despensas de comida en iglesias y a negocios con organizaciones para que reciban asistencia en el proceso de solicitar alguna beca u ayuda financiera.

Por el confinamiento hubo en los hogares un aumento en casos de violencia doméstica, por lo que U.N.I.O.N. Impact Center también ha conectado a familias con organizaciones para que les ayuden con alojamiento, en el proceso de hacer un reporte con la policía y con asistencia en la corte.

Yáñez, que es policía de Chicago y miembro del Concilio Escolar Local de la secundaria Back of the Yards College Preparatory, dijo que la decisión de impartir la educación a distancia en las Escuelas Públicas de Chicago fue difícil y ha puesto mucha presión en los padres, el Sindicato de Maestros de Chicago y en los Concilios Escolares Locales.

Si bien se tomaron los pasos necesarios para prevenir la propagación del coronavirus y no poner en peligro a las personas más vulnerables, se ignoró la necesidad de muchas familias las cuales salen todos los días a trabajar y no tienen con quién dejar a los hijos mientras reciben la educación remota en casa, dijo Yáñez.

Tras el inicio del año escolar 2020-2021 de modo totalmente remoto en las Escuelas Públicas de Chicago (CPS) debido al covid-19, algunos padres que trabajan buscan ayuda con la supervisión de sus niños.

Algunos padres de familia dicen que los lugares de supervisión de CPS son insuficientes y no todos los estudiantes califican. CPS está ofreciendo sitios de supervisión para niños menores de 14 años.

Hay padres de familia que han solicitado el servicio pero no han calificado porque se está dando prioridad a estudiantes que vivan en comunidades de bajos recursos o en hogares de transición, según el distrito escolar.

Yáñez considera que el trabajo de la Ciudad haciendo frente al coronavirus ha sido bueno y que puede mejorar. "Considerando todo lo que está pasando, esto no es algo que puede ser perfecto, creo que se va aprendiendo según se va avanzando. Es una administración nueva [la de la alcaldesa Lightfoot], se le tiene que dar la oportunidad de que siga atendiendo estas situaciones conforme van saliendo a la luz".

La paz empieza en la casa

Un grupo de jóvenes líderes del suroeste de Chicago buscan promover la paz en sus barrios, organizar a sus comunidades, desarrollar líderes comunitarios y combatir la violencia. Ellos integran Increase The Peace, organización con presencia activa en el Barrio de las Empacadoras, Brighton Park, Chicago Lawn, Gage Park, Little Village y Pilsen, barrios de considerable población latina.

Desde que inició la pandemia empezaron a organizar y distribuir despensas de comida a cientos de familias de escasos recursos económicos. "Esta es una manera de cómo nosotros estamos ayudando a la gente, porque sabemos que la paz empieza en la casa, una de las causas de la violencia es la pobreza y la falta de recursos como comida", dijo Berto Aguayo, director ejecutivo de Increase The Peace.

El grupo de jóvenes identificó la necesidad de ayudar a los vendedores ambulantes, un sector vulnerable en la comunidad duramente afectado por la pandemia del coronavirus y que no estaba recibiendo ayuda.

Muchos de los vendedores ambulantes son indocumentados por lo que no calificaban para el dinero del estímulo del gobierno federal. Tampoco tuvieron acceso a los fondos de alivio para negocios porque muchos de ellos no tienen licencia para ser comerciantes. Ellos dependían de la gente que estaba afuera de las iglesias, en las escuelas y en las calles, pero cuando se emitió la orden estatal de quedarse en casa se quedaron sin clientela, no había negocio para ellos.

Para paliar esa necesidad, el grupo de jóvenes líderes abrió una cuenta de GoFundMe para recaudar dinero a beneficio de los vendedores ambulantes, hasta mediados de octubre habían recaudado más de $46,000 y entregado más de 60 cheques de $500 a cada vendedor.

Increase The Peace en alianza con las organizaciones CALOR y Community Organized Relief Effort (CORE) ofrecieron pruebas gratuitas de diagnóstico de covid-19 para la comunidad del suroeste de Chicago.

En plena pandemia, miles salieron a las calles a manifestarse para repudiar de la brutalidad policiaca y la muerte del afroamericano George Floyd a manos de policías, pero grupos violentos se infiltraron en las protestas pacíficas e hicieron saqueos en las calles de Chicago. Residentes y organizadores locales salieron en defensa de sus barrios para evitar actos vandálicos. "Salimos a la calle y pacíficamente defendimos nuestros barrios para que no fueran saqueados y mantener la paz", dijo Aguayo a *La Raza*.

En términos de violencia, lo que ha hecho el covid-19 es básicamente "echarle más gasolina al fuego" a todos los problemas que ya existían en nuestras comunidades, mencionó Aguayo. "Si nuestros barrios tenían altos índices de pobreza ahora más, si antes había problemas de salud mental ahora más, si antes había mucha gente que no tenía seguro médico y tenía problemas de salud ahora todavía más. Eso contribuye directamente a la violencia".

Ante la pregunta de cómo considera hasta el momento el trabajo de la alcaldía en respuesta a la pandemia del coronavirus, Aguayo dijo que está "defraudado" por el hecho de que la alcaldesa Lightfoot y la Ciudad "han priorizado al centro de Chicago en vez de nuestros barrios".

Lucha contra la violencia y contra el virus

Un grupo de familias latinas de La Villita que integran el grupo Padres Ángeles trabaja en la comunidad de manera voluntaria para alcanzar la paz en su comunidad y frenar la violencia. La mayoría de sus integrantes perdieron hijos a causa de la violencia en las calles. Al inicio de la pandemia pensaron que el crimen y la violencia se reducirían debido al covid-19 y por la orden de quedarse en casa. Pero no ha sido así.

Doris Hernández y Dolores Castañeda son parte del grupo Padres Ángeles de la iglesia Santa Inés de Bohemia del barrio de La Villita, en el suroeste de Chicago. Ellas asisten con frecuencia a vigilias y funerales en ese vecindario.

"Con mascarillas y guardando el distanciamiento social hemos ido a muchos funerales durante la pandemia, pensamos que iba a estar un poco calmada la situación por el virus, pero al contrario. Independientemente de si la persona fue o no pandillero, hemos perdido muchas vidas de jóvenes a causa de la violencia y hemos perdido la vida de gente que ha muerto por el virus", dijo Castañeda.

"En esta comunidad muchas personas han muerto porque son trabajadores esenciales. Lamentablemente, los desamparados y los vendedores ambulantes también están siendo afectados, algunos se han contagiado con el virus y se han enfermado", menciona María Pike, del grupo Padres Ángeles.

Para prevenir el covid-19 estas madres latinas han elaborado mascarillas y las han donado a la comunidad de Chicago.

Hernández, Pike y Carlota López son algunas de las madres que desde inicios de la pandemia han trabajado de manera voluntaria confeccionando mascarillas para mujeres embarazadas y para la Policía de Chicago.

Los policías donaron sus camisas viejas para hacer las mascarillas que se distribuyeron a los distintos distritos de la ciudad, contó Hernández. "Ha sido un trabajo muy lindo porque para confeccionar las mascarillas hemos contado con la ayuda de otras madres voluntarias que perdieron a sus hijos a causa de la violencia".

Hay un afiche informativo que fue elaborado con el fin de proteger a los vendedores ambulantes del covid-19 en los barrios de La Villita y Lawndale en Chicago.

"Quédese en su casa si está enfermo, practique el distanciamiento social de seis pies, use cubrebocas, lávese las manos, cubra su boca cuando tosa o estornude y desinfecte las superficies que toque frecuentemente", son las recomendaciones que se dan a las personas por medio de un afiche como iniciativa de un proyecto de la Escuela de Salud Pública de la Universidad de Illinois en Chicago (UIC).

El Proyecto llamado Greater Lawndale Healthy Work Project busca mejorar y proteger la salud de los trabajadores de los barrios de Lawndale y La Villita. Entre ellos, los vendedores ambulantes de esos vecindarios.

La meta principal del proyecto es convertir los trabajos con riesgo sanitario en trabajos saludables.

Castañeda también colabora con el Greater Lawndale Healthy Work Project y recorre a pie el barrio, entrega botellas de líquido desinfectante a los vendedores y pega afiches en parques, lavanderías, tiendas, paradas de autobuses y en los carritos de vendedores ambulantes.

No podemos "normalizar la pandemia" porque esta aún no ha terminado, enfatizó Castañeda en alusión a la gente en la calle que no usa mascarillas ni hace distanciamiento social. "En un futuro esperemos que ya pasemos esta pandemia, como ya hemos pasado históricamente otras, pero mientras estemos en esta, tenemos que protegernos".

II. La actividad de las autoridades locales

Todas las autoridades de Chicago han trabajado para enfrentar la pandemia de covid-19, pero hay controversia sobre si ha habido suficiente comunicación y colaboración entre la alcaldesa y algunos concejales hispanos.

En principio, de acuerdo a una declaración de la oficina de Lightfoot a *La Raza*, "el Departamento de Activos, Información y Sistemas aportó reequipamiento para covid-19 a las oficinas de distrito de todos los concejales que lo solicitaron. Durante la primera ola de la pandemia, la Ciudad trabajó con los concejales para ayudarlos a recibir hasta $15,000 en reembolsos federales de gastos en equipo de protección personal, insumos de desinfección y comunicación de medidas clave ante el covid-19 que fueron pagados con las cuentas de gastos de los concejales".

Se movilizan contra el coronavirus en el Distrito 22

Al principio de la pandemia de covid-19, se sabía que el coronavirus iba a impactar fuertemente a la comunidad del Distrito 22, que se ubica en el suroeste de Chicago e incluye parte de La Villita, por el trabajo esencial que sus residentes desempeñan, y también que esto afectaría la economía de los hogares, señaló el concejal Mike Rodríguez a *La Raza*. "Nuestra gente del Distrito 22 son los que trabajan en industrias, en trabajos esenciales y muchos no pueden tomar días o tener pago por días de enfermedad por la clase de trabajo que realizan".

Rodríguez dijo que muchos de los residentes de su distrito son indocumentados por lo que no califican para ayudas o beneficios federales ni estatales. Sabiendo eso, a mediados de marzo se empezó a organizar una reunión semanal con representantes de hospitales y clínicas que hacen pruebas del covid-19 y también con agencias no lucrativas que tienen fondos para indocumentados y servicios como despensas de comida, de pañales y diferentes ayudas. "Nos reunimos cada semana para tener una estrategia de entrega y cómo vamos a combatir este virus y el impacto que tiene en nuestra comunidad", explicó.

Sobre apoyo a indocumentados, la alcaldesa Lightfoot dijo en una declaración a *La Raza*: "Todos los programas de apoyo en Chicago creados en respuesta al covid-19 están disponibles para inmigrantes indocumentados en la ciudad. Especialmente esto incluyó dos rondas de Subvenciones de Asistencia para Vivienda de más de $37 millones en apoyo financiero y legal para quien fue afectado por los cierres [para prevenir la difusión de la enfermedad]. Esto fue diseñado para proveer a todos los chicagoenses la oportunidad de recibir asistencia sin importar su estatus migratorio".

Luego, en agosto y septiembre el Distrito 22 ha enfocado sus esfuerzos en hacer 'contact tracing' o 'rastreo de contactos', el proceso de identificación de personas que pueden haber estado en contacto con alguien infectado, en este caso de covid-19, para reducir los índices de contagio.

A raíz de la pandemia se ha dado un incremento de violencia doméstica y organizaciones como Nuevo Despertar, Mujeres Latinas en Acción y otras de la comunidad están trabajan con estas familias, detalló el concejal Rodríguez.

En lo que respecta a salud mental, hay hospitales y clínicas del área que tienen recursos para residentes que buscan esos servicios, dijo Rodríguez, quien también hizo referencia a la campaña denominada 'Vamos a cuidar nuestro tesoro en casa' de Telpochcalli Community Education Project (TCEP) de La Villita, que está trabajando en el tema de salud mental en ese distrito.

Ayudan a familias y negocios del Distrito 25
Cuando inició la pandemia, el barrio latino de Pilsen fue uno de los primeros que, con el apoyo de la Universidad de Illinois en Chicago (UIC) y el Centro Médico Alivio, pudo ofrecer a la comunidad las pruebas de diagnóstico del covid-19, dijo el concejal del Distrito 25, Byron Sigcho. "Clínicas comunitarias y muchas otras organizaciones se movilizaron para pasar la información sobre la gravedad de la pandemia y sobre la importancia de cuidarse y de hacerse la prueba".

Pilsen, es un vecindario al suroeste de Chicago con población de mayoría mexicana.

The Pilsen Food Pantry y su oficina trabajaron para asegurarse de que residentes de ese barrio tengan una despensa de comida que reparta alimentos semanalmente, señaló Sigcho. "Hemos sido bastante afortunados de tener líderes comunitarios que han trabajado con nuestra administración para asegurarnos que nosotros tengamos una clínica comunitaria, una 'food pantry', acceso a pruebas de covid-19 y salud".

Durante esta pandemia se ha visto a personas enfermas en casa y a otras que han fallecido y que la familia no puede pagar el costo del funeral. Ante la falta de recursos a todo nivel de gobierno, Sigcho dijo que una coalición de grupos comunitarios y su oficina crearon un fondo de emergencia para ayudar a personas que necesitan dinero para medicinas, funerales o que están en situación crítica de salud.

El primer plazo para recibir las solicitudes ya se cerró, pero continúan recolectando fondos vía el agente fiscal Pilsen Neighbors Community Council. "Recaudamos unos $70,000 hasta el momento para ayudar a familias con estos casos críticos", dijo el concejal del Distrito 25.

Hasta antes de la pandemia era común ver el área de Chinatown del suroeste de Chicago llena de turistas y de comensales en sus típicos restaurantes alrededor de las principales calles comerciales de las avenidas Wentworth, Archer y Cermak Road. Las tiendas de artesanías, alimentos, ropa y de herbolaria china han disminuido sus ventas y ahora, como todos los negocios de Chicago, siguen luchando para mantenerse a flote respetando las normas de salubridad y restricciones de la Ciudad, que aún permanece en la fase cuatro de reapertura económica.

La comunidad de Chinatown, también llamado el Barrio Chino en el suroeste de Chicago, fue el foco de la crisis económica en los negocios de Chicago al inicio de la pandemia. Sigcho dijo que eso empezó en esa área debido a que el coronavirus se originó en China.

"La ciudad de Chicago vio el impacto económico desde marzo, en el Barrio Chino esto se vio desde antes. Esta comunidad ya venía con una actividad económica bastante baja, pero ahora se está recuperando por su capacidad organizativa y liderazgo comunitario".

La Cámara de Comercio de Chinatown y el Distrito 25 han trabajado para reactivar la economía en esa área. "Se abrieron patios en restaurantes de Chinatown Square: 14 negocios se han beneficiado de la ampliación de permisos de patios", detalló Sigcho, quien a su vez destacó el esfuerzo comunitario y solidario de la comunidad de Chinatown, que ha donado más 30,000 mascarillas para los residentes de todo el Distrito 25.

'No hemos recibido el apoyo que nos merecemos': Distrito 26

En siete edificios habitados por personas de la tercera edad, en cuatro hubo casos de covid-19 y hubo una fatalidad en uno de ellos, dijo Roberto Maldonado, concejal del Distrito 26, ubicado en el noroeste de Chicago.

"Tan pronto supe del primer caso, me acerqué a la administración [de Lori Lightfoot] y les dije por qué no mandan al Rapid Response Team a estos edificios donde viven estas personas de las tercera edad, viven independientemente, no son asilos. Me dijeron que sí y tres meses después, todavía estamos esperando a que ellos aparezcan en uno de esos edificios. No hicieron nada", dijo Maldonado a *La Raza*.

La inmensa mayoría puede ir a estaciones habilitadas para realizarse la prueba covid-19, pero para muchos no es práctico. La mayoría de los adultos mayores que viven en un edificio no tienen auto, explicó Maldonado. "No hemos recibido el apoyo que nos merecemos dada la alta incidencia de casos de latinos diagnosticados positivos al virus".

En una declaración a *La Raza*, la oficina de la alcaldesa Lightfoot dijo que "de modo muy temprano, el concejal Maldonado solicitó ayuda para hacer pruebas rápidas de diagnóstico en lugares de vida independiente [para la tercera edad]. Desafortunadamente no teníamos en ese momento la capacidad de ir a esos lugares, pero hemos establecido una variedad de servicios de apoyo para atender la diversidad de necesidades e intereses de los adultos mayores, desde aquellos que se encuentran activos y saludables hasta los que viven en centros de cuidado de largo plazo y ancianos frágiles que podrían estar confinados en sus casas. Los servicios de apoyo incluyen envío de comidas a domicilio, ayuda a familiares que son cuidadores informales, limpieza intensiva de hogar para ancianos que viven en condiciones que ponen en riesgo su salud y seguridad, investigación de reportes de abuso y explotación del anciano en sitios de cuidado de largo plazo, entrenamiento para el empleo para adultos mayores y más. Estos servicios están disponibles en cualquier parte de la ciudad que se encuentren los ancianos y que pueden ser obtenidos a través de la Línea Telefónica de Servicios para Adultos Mayores (312-744-4016), de lunes a viernes de 9 am a 5 pm, vía correo electrónico a aging@cityofchicago.org y en chicago.gov/seniors".

Los indocumentados no tuvieron acceso al estímulo económico federal y, de acuerdo a Maldonado, se pidió a la administración de la alcaldesa Lori Lightfoot fondos exclusivos para ellos. "Los dos millones de dólares que dieron eran para la población en general y los primeros que se acercaran a solicitar esos fondos eran los primeros que los recibirían".

Maldonado se refiere al fondo de asistencia para vivienda de $2 millones para ayudar a residentes de Chicago que se retrasaron con el pago de renta e hipoteca debido a la pandemia del coronavirus.

El concejal Maldonado dijo que durante la pandemia, él ha tenido que identificar recursos para ayudar a los residentes de su jurisdicción. En su distrito también se ha distribuido miles de mascarillas para empleados de supermercados locales, tiendas y edificios de la tercera edad. Y dijo que difunden a través de las redes sociales lo que pueden ofrecer a los residentes de su distrito.

¿Qué pasó con esas camas en los hoteles?: concejal del Distrito 35

Cuando se estableció la orden de permanecer en casa, el concejal del Distrito 35, Carlos Ramírez Rosa, y su personal trabajaron para encontrar voluntarios con el fin de ir de puerta en puerta dejando literatura en inglés y español para que los residentes de esa área del noroeste de Chicago se informaran sobre dónde pueden recibir alimentos y hacerse la prueba de detección del virus.

Proporcionaron también a través de correos electrónicos información sobre los recursos disponibles para los pequeños empresarios de su distrito.

Con esos mismos voluntarios se formó una red de apoyo para asistir a los residentes, que ha trabajado mano a mano con otras redes de apoyo mutuo que se formaron en el Distrito 35 y en vecindarios como Logan Square, Hermosa, Irving Park, Albany Park y Avondale. "Trabajamos con ellos para asegurar que personas de la tercera edad reciban sus medicinas", dijo Ramírez Rosa.

"Ayudamos a más de 600 personas a completar las solicitud de desempleo en una sola semana y ayudamos a más de 1,000 personas a completar la solicitud para el apoyo y asistencia de vivienda que se dio mediante sistema de lotería hace unos meses. Y seguimos trabajando ayudando a las familias", detalló el concejal del Distrito 35.

Miembros del Caucus Latino de Concilio Municipal le pidieron a la alcaldesa Lori Lightfoot a través de una misiva que trabajara con ellos, mencionó el concejal Ramírez Rosa, uno de los integrantes de ese caucus. Esto con el fin de crear un programa público para ayudar a los inmigrantes indocumentados de Chicago que perdieron sus trabajos y que no califican para asistencia federal. La alcaldesa "no trabajó con nosotros para encontrar fondos públicos. Sí hizo algo, pero muy poco y era todo dinero privado", dijo Ramírez Rosa.

"La alcaldesa Lori Lightfoot ha hecho algunos programas buenos que también están abiertos a la comunidad indocumentada, pero no ha hecho suficiente", reiteró.

El código postal 60639 incluye gran parte de Belmont Cragin, barrio que se ha convertido en un foco de contagio de covid-19 en el noroeste de Chicago.

Hasta el 21 de noviembre, este código postal de considerable población latina había presentado 8,514 casos confirmados de covid-19 y 137 fallecimientos, según el Departamento de Salud Pública de Chicago. El código postal 60639 registró en esa fecha una tasa de positividad semanal del 20.9%.

Concejales con jurisdicción en el área de Belmont Cragin se reunieron con funcionarios del Departamento de Salud Pública de Chicago para pedir recursos para la población de ese código postal y "porque la situación está fuera de control y nuestras comunidades necesitan ayuda", dijo Ramírez Rosa, quien representa una parte del área de Belmont Cragin.

Cuando los concejales preguntaron por qué hay tantos casos de covid-19 en el código postal 60639, los funcionarios respondieron, según Ramírez Rosa: "Mucha gente se contagia con covid-19 en su lugar de trabajo, van a su hogar y viven con muchas más personas, entonces todos en la casa se enferman".

Una de las formas de prevenir los contagios de covid-19 en los hogares es que las personas infectadas con el virus se aíslen, pero no todas las personas en la comunidad pueden separarse completamente de los demás si viven en un apartamento, menciona el concejal Ramírez Rosa, quien recuerda que la ciudad ha alquilado habitaciones de hoteles en Chicago para personas diagnosticadas con coronavirus o que creen haber estado expuestos, socorristas y trabajadores de la salud.

Funcionarios de la ciudad dijeron que esa iniciativa era un esfuerzo por detener la propagación del coronavirus y aliviar la carga de los hospitales.

El concejal Ramírez Rosa se preguntó qué pasó con esas camas para que personas con covid-19 puedan alojarse en los hoteles y evitar contagiar a los demás en casa y agregó: "Hasta el momento, la gran mayoría de los casos en la comunidad latina se dan porque cuando uno se enferma va a la casa y contagia a los demás".

Sobre esas camas, una declaración de la oficina de la alcaldesa Lightfoot explicó que "el Departamento de Salud de Chicago se asoció con el Departamento de Salud Pública del Condado de Cook para ofrecer vivienda para personas que dieron positivo de covid-19 y no pueden aislarse de modo seguro en casa. Para acceder a este recurso existe una central de admisiones que tiene una forma de referido que puede ser completada ya sea por el proveedor de salud o por la persona que necesita vivienda para aislarse. El equipo del centro de admisiones coordinará con la persona que necesite vivienda de aislamiento su transporte hacia o desde el lugar donde se hospedará".

Organizan red vecinal en el Distrito 40

En vista de los tiempos difíciles por la pandemia, el concejal del Distrito 40 Andre Vásquez ha organizado una red con vecinos del área, en el norte de Chicago, para establecer contactos y ayudar en lo que se necesite. Ella dijjo que utiliza plataformas virtuales y redes sociales para difundir información y mantenerse en comunicación con los residentes.

"Tenemos voluntarios que llaman a la gente cada semana para saber si necesitan ayuda, tenemos otros que van a recoger medicinas, comida, cualquier cosa que necesiten nuestros vecinos que son población vulnerable y también tenemos juntas cada semana para asistir a las diferentes personas que necesitan ayuda", dijo Vásquez a *La Raza*.

Expertos aseguran que la coyuntura actual ha desestabilizado la economía de los negocios en Chicago, empresas han despedido empleados y negocios han cerrado de forma definitiva.

"En la ciudad el 30% de los negocios han cerrado y algunos nunca van a volver abrir", precisó el concejal del Distrito 40.

Vásquez dice que en su oficina traducen la información que necesitan a algunos negociantes latinos que no dominan el inglés y que necesitan ayuda con su negocio y que también los conectan con las cámaras de comercio locales para que ellos puedan recibir orientación y asistencia de todas las ayudas que se otorgan a nivel federal, estatal y de la ciudad.

III. ¿Qué dicen los concejales sobre la gestión de la alcaldesa?

La Raza preguntó a algunos concejales de Chicago, de áreas mayormente latinas, su opinión sobre la respuesta de la alcaldesa Lightfoot desde que inicio la pandemia covid-19 hasta ahora. Lightfoot también aportó su visión.

Rossana Rodríguez, Distrito 33
"El problema ha sido de falta de colaboración, la alcaldesa Lori Lightfoot toma sus decisiones con su equipo de trabajo y luego nos informa, pero nosotros no tenemos participación alguna en las decisiones que se toman y esto pues tiene un impacto porque nosotros conocemos a nuestras comunidades".

"Las prioridades están cruzadas, me parece que no hubo mucha fuerza de voluntad para asegurarnos de que la gente que está más marginalizada recibiera la mayor parte de la ayuda. Pero con el voto de los poderes de emergencia hubo muchas cosas en las que nosotros no pudimos realmente participar porque la alcaldesa Lightfoot tiene la prerrogativa de manejar ese dinero...".

Roberto Maldonado, Distrito 26
"Lamentablemente, digo esto con pena, yo no puedo decir que la administración de la alcaldesa Lori Lightfoot ha sido eficaz en realmente proporcionar los servicios y las oportunidades a nuestras comunidades latinas. Hemos tenido mucho bla, bla, bla pero poca acción por parte de la administración Lightfoot".

Andre Vásquez, Distrito 40
"Nadie sabía que iba a pasar esta pandemia en 2020, es difícil para cualquier persona. La alcaldesa Lori Lightfoot ha hecho decisiones buenas y decisiones malas. Cualquier persona en esa posición va a tomar decisiones de esa manera frente a una pandemia".

Mike Rodríguez, Distrito 22
"El trabajo de la alcaldesa Lori Lightfoot está incompleto porque todavía estamos en medio de la pandemia, yo veo que ha hecho algunas cosas bien y otras mal. Tenemos que seguir trabajando para mandar los fondos más directo a nuestras comunidades".

Carlos Ramírez Rosa, Distrito 35
"La alcaldesa Lori Lightfoot en este momento tiene un trabajo muy difícil, a la misma vez ella no ha trabajado suficientemente con los concejales para enfrentar los problemas que nuestra ciudad está enfrentando en este momento".

"Los concejales somos los representantes de nuestro distrito y fuimos elegidos tal como la alcaldesa Lightfoot para representar a las comunidades de la ciudad de Chicago y nosotros estamos dispuestos y listos para ayudarla, para enfrentar todos los problemas que nuestra ciudad está enfrentando, pero lo que ha sucedido en estos últimos meses es que la alcaldesa Lightfoot no ha trabajado de la mano con los concejales".

Byron Sigcho, Distrito 25

"La alcaldesa Lori Lightfoot nos queda debiendo en el tema de coordinación con los 50 distritos a lo largo de la ciudad, ha habido bastante falta de coordinación y comunicación. Prácticamente nosotros hemos afrontado la crisis con poco o nada de ayuda, hemos visto incluso que el estado y el Condado de Cook ha sido más proactivo en la coordinación de iniciativas en el tema de vivienda, en el tema de salud, en los temas de prevención de crisis de violencia y salud mental… Nos queda debiendo mejores resultados, obviamente, nosotros sabemos que la situación es crítica, pero solamente con la colaboración, comunicación y coordinación de todos los distritos, la alcaldía y todas las entidades de gobierno podemos nosotros enfrentar una crisis severa".

Lori Lightfoot, alcaldesa de Chicago

"La pandemia ha presentado un reto de comunicación, pero confiamos en que nuestro involucramiento con funcionarios electos y otros chicagoenses ha estado a la altura. Cuando la orden de quedarse en casa se estableció, la Ciudad de Chicago comenzó a enviar correos electrónicos diariamente a los concejales y sus equipos con información importante sobre covid-19, como la forma de solicitar apoyo para el pago de alquiler y otros servicios de la ciudad. Conforme la situación mejoró, pasamos a correos electrónicos semanales, lo que continúa hasta hoy. Adicionalmente, la doctora Arwady [comisionada de Salud Pública de Chicago] ha ofrecido numerosas sesiones informativas sobre estadísticas y tendencias del covid-19 y hemos coordinado entregas de desinfectante de manos y miles de mascarillas a los concejales. Finalmente, [nuestro] personal ha contactado a todos los concejales de modo rotativo para determinar si necesitan asistencia en cualquier asunto que sea motivo de preocupación".

Chicago in times of COVID-19: Fights, effects and perspectives

Since Illinois' stay-at-home order went into effect in March of 2020 to stop the spread of COVID-19, the pandemic has severely hit the health of Chicago residents, but it has also affected the economy, education, housing, and employment sectors, particularly in the Hispanic community. Advocates also claim that the pandemic has spurred an increase in street violence. La Raza explored the work and initiatives by organizations and local authorities to confront the COVID-19 crisis and its impacts on Chicago's Latino community

by BELHÚ SANABRIA Published in November, 2020

No one ever imagined that a pandemic would completely disrupt 2020. It began when China notified the World Health Organization about the coronavirus on Dec. 31, 2019, which had originated in the city of Wuhan in late 2019. The disease was later called COVID-19.

When the United States reported its first case on Jan. 20, 2020, in the state of Washington, the alarms went off. The coronavirus was at home, and soon after, it began to take its first victims' lives.

In Illinois, Governor J.B. Pritzker announced on March 16, the first death due to COVID-19 in the state. It was Patricia Frieson, an African American retired nurse from the Auburn Gresham neighborhood in southwest Chicago. Frieson, 61, with a history of respiratory problems, had contact with another person who had been infected by the coronavirus, authorities said. The woman died at the University of Chicago Medical Center.

On March 21, Governor Pritzker issued a stay-at-home order for residents throughout the state, a measure that lasted until May 29. The reopening process to boost the state's economy began in phases.

As of November 27, 2020, there have been 156,625 cases and 3,394 deaths from COVID-19 in Chicago. The Latino community has been hit exceptionally hard as they make up about 36.1 percent of the confirmed cases (that figure was over 45% during the summer) and 33.2 percent of the deaths.

Chicago Mayor Lori Lightfoot established five phases to reopen the city's economy during the COVID-19 pandemic. The city is currently in Phase Four, known as "phasing out." Lightfoot said the plan complements Governor Pritzker's plan to reopen the state.

Chicago continues to fight the battle against the coronavirus spread in different neighborhoods, with African Americans and Latinos being the most vulnerable. The city's Racial Equity Rapid Response Team (RERRT) was created in April due to the high rates of COVID-19 infections in Chicago's African-American communities. RERRT then expanded its efforts to the Latino communities after more and more Latinos were being affected. The RERRT team seeks to address the disproportionate impact of the coronavirus pandemic on minority communities.

In Chicago, southwest neighborhoods like Little Village, Brighton Park, Gage Park and Chicago Lawn, and Belmont Cragin in the northwest side, all predominantly Latino communities, have recorded much of the state's coronavirus cases, according to the Illinois Department of Public Health.

Latinos are the population most affected by the pandemic in Chicago in regard of the cases. For example, the ZIP Code 60623 area has one of the highest COVID-19 infection and deaths rates in Chicago. This area encompasses Little Village and the mostly African American neighborhood of North Lawndale.

Researchers and residents point out that the high incidence of coronavirus infections in Latino communities has to do with the increased exposure to the virus, either because many essential workers reside in those areas or because they live in crowded homes. Experts also say that chronic conditions such as diabetes, asthma, and hypertension, mostly affecting Latinos and African Americans, make them more vulnerable to COVID-19.

In mid-October, Mayor Lightfoot said that the city was already facing the second wave of COVID-19, adding that the City could apply new restrictive measures to curb the pandemic.

Amid a raise in cases and hospitalizations, Governor Pritzker established new restrictions to bars and restaurants, in place starting October 30th in Chicago: indoor service is not allowed, outdoor service must end at 11 p.m., when also all alcohol sales should end.

Later, the City of Chicago established new measures, starting on November 16. The Office of the Mayor establishes several guidelines: only leave home to go to work or school, or for essential needs such as seeking medical care, going to the grocery store or pharmacy, picking up take-out food, or receiving deliveries; if someone need to leave home, practice social distancing by staying 6 feet away from others and wearing a face covering at all times; and do not have gatherings in your home with anybody outside of your household (except for essential staff such as home health care workers or educators), even with trusted family or friends, among other recommendations.

And effective November 20, Governor Pritzker announced that museums, theatres and casinos must close, capacity in retail stores must be reduced to 25 percent (grocery stores and farmacies can stay at 50 percent). Pritzker also indicated that indoor sports and activities require removal of face coverings, such as facials, and bear trimming must stop too.

While facing a second wave of COVID-19, what the Hispanic community did before to fight the pandemic has relevance and meaning anew.

'Pandemic' budget

The City of Chicago projected a budget gap of $1.2 billion for fiscal year 2021, primarily due to the pandemic's economic impact, which caused widespread financial disruption in Chicago. Lightfoot called her 2021 spending plan a "pandemic" budget and initially said that the gap could be balanced through federal assistance, among other sources of revenue. However, given the uncertainty over federal aid's approval, Lightfoot announced on Oct. 19, 2020, that it will seek to alleviate this deficit by increasing property and gasoline taxes, laying off city workers, and refinancing debt.

According to a survey of more than 3,400 people in four major cities in the United States, half of Chicago's households, including African American and Latino families, reported that they had faced financial problems due to COVID-19. That sample included 529 adults living in Chicago. The report 'The Impact of Coronavirus on Households in Major US Cities'[3] was created by

---

[3] media.npr.org/assets/img/2020/09/08/cities-report-090920-final.pdf

the Robert Wood Johnson Foundation, Harvard's TH Chan School of Public Health, and NPR in New York City, Los Angeles, Houston, and Chicago from surveys and data collected from July 1 to Aug. 1.

The study found that in Chicago, 69 percent of African American households, 63 percent of eligible households, and 59 percent of those with an annual income of less than $100,000 reported severe financial problems during the COVID-19. Half of the households in Chicago reported job loss or reduced wages and working hours since the pandemic began.

Unpaid bills, late rent, mortgage, and utility payments have been the problems that many Chicagoans have faced during the pandemic. Many have exhausted their savings, the survey detailed, and have also faced problems accessing health- and child-care services.

State and local authorities have indicated that as COVID-19 cases are reduced, restrictions aimed at mitigating the spread of the coronavirus will be relaxed, and steps will be taken to reopen the economy in Chicago further. However, when autumn arrives, cases have begun to rebound. There are fears of a more significant exacerbation during the upcoming winter. Therefore, health experts and authorities have stressed the urgent need for residents to follow social distancing and mask-wearing guidelines.

I. The different faces of the pandemic

Since the state-home-order announcement in March of 2020 to prevent the spread of the virus, the pandemic has hit not only the health of the population but also Chicago's economic activity, employment, education, and housing. Peace-promoting groups claim that it has even caused an increase in violence in the streets.

'We have to be ready for the difficulties'

When Alma Gómez's nephew told her that the City of Chicago was awarding grants to micro businesses, she didn't want to miss out on the opportunity to apply. She had been out of work for three months because of the pandemic.

Gómez owns Salon Zoey, located in the Rogers Park neighborhood in North Chicago. The businesswoman receives assistance for her business from the Rogers Park Business Alliance, which assisted her in applying for the grant.

The Chicago Micro Business Recovery Grant was awarded by the City to micro businesses through a lottery system to help them survive the pandemic's impact. The winners received $5,000, and Gómez was one of them.

"I received an email congratulating me that I had won a grant of $ 5,000. I couldn't believe it, and I didn't expect it. The money helped me to pay three months of rent for the business premises and some public services," Gómez said while working on a client's hair at her salon, which operates following the City's health-safety regulations.

Her beauty salon has been in operation for six years. She said she has been a cosmetologist for 20 years.

There are no weddings, no marriages or parties, and now her services are by appointment only. She added that she doesn't have a waiting room at her hair salon and is working hard to keep her business afloat. "This is my life; this is my job; this is my profession. I don't know how to do anything other than this. I'm fighting to keep my business open and hoping that everything will return to normal," she said.

There are more than 600 businesses of different nationalities in Rogers Park. And along Clark Street, between Devon and Howard, there are 450 businesses, of which 150 are Latino businesses, according to the Rogers Park Business Alliance (RPBA). This organization assists entrepreneurs looking to start or improve a business.

Around 25 percent of the population in Rogers Park is Hispanic, and ten languages are spoken in that area, including Spanish, according to RPBA.

Rebeca Fernández, a bilingual program manager for the Rogers Park Business Alliance, says that the pandemic has affected businesses because their sales have declined. She added that the business community has been affected by a lack of knowledge about financing and how to find new capital. They also have been affected by not having the right resources or education for technology management. For example, some may not know how to open an email or Facebook account to promote their business through social media.

In response to the lack of knowledge in growing a business, the Business Accessibility Toolkit (BAT) program emerged to help local enterprises to strengthen themselves to get ahead in the middle of the pandemic. BAT teaches its programs in English and Spanish, and it plans to expand to other languages. Fernández said that the program also offers group and business training sessions.

Some businesses opened just when the state-at-home order was enacted, making it very painful and devastating for them. However, other businesses are emerging in the middle of the pandemic. "They are looking for us to advise them with everything they will need to get ahead," Fernández said to *La Raza*. "I am amazed at how our Latino business community has been so resilient, has adapted, and some of them are reinventing themselves."

COVID-19 has taught us that we always have to be prepared for difficulties, Fernández said. "You have to look for strategies to reinvent yourself, get advice, or seek information. You always have to have an exit plan, an emergency plan."

'Where there is a crisis, there are opportunities'

The Coronavirus Aid, Relief and Economic Security Act (CARES) created a federal financial aid package to help workers and businesses affected by the pandemic. The measure was a relief to those who applied and got it.

The CARES Act included the Payroll Protection Program (PPP), designed to help small business owners stay active and pay their employees during this period of economic uncertainty.

Local organizations and various local chambers of commerce have assisted entrepreneurs with the PPP application process. After the federal loans ran out, they offered business assistance and other services.

Jaime di Paulo, president and CEO of the Illinois Hispanic Chamber of Commerce (IHCC), said that since the PPP program ran out of funds, the chamber is now providing technical and personalized assistance to businesses to survive on issues such as managing finances, reinventing and using social media to promote their businesses.

Since the start of the pandemic to today, the chamber has assisted about 8,000 companies through its business center. The goal is to try to help and save most Latino businesses in the state of Illinois, di Paulo told *La Raza*.

According to di Paulo, there are more than 120,000 Latino businesses in Illinois. An estimated 40 percent of them will be forced to close due to the crisis. "We are a resilient community. We fight for what we have. People are losing money and continue to keep their businesses open because of that pride we [Latinos] have; because of that desire, we have not to feel defeated as Latino entrepreneurs," said di Paulo. He added that reinvention is critical to fighting this financial crisis.

"Where there is a crisis, there are opportunities; you just have to identify them, you have to think outside the box, you have to be creative and take risks. An entrepreneur is a person who takes risks, there are risks for everything, but you have to reinvent yourself," said di Paulo.

In micro businesses with fewer than 20 employees, di Paulo explained, business owners can't have a person monitoring the internet all the time; therefore, they may miss opportunities because they are too busy attending to their business and are not informed about what is happening at a larger level.

Di Paulo highlighted the importance of partnering with local chambers of commerce as they play an essential role in informing and assisting small business owners. "We can be the ears of the things that are happening so that we can inform them correctly and link them with the right programs," he said.

Mayor Lightfoot ssaid in a statement to *La Raza*: "Throughout the pandemic, the City has put forward financial assistance programs that aim to reverse years of inequitable investment in our neighborhoods by prioritizing low-income and minority community areas. For example, the Chicago Small Business Resiliency Fund, the marquee loan fund created in response to COVID-19, has allotted 48 percent of its loans for businesses in low-income community areas. Additionally, the Microbusiness Recovery Grant Program distributed $5 million in grants specifically to low-income area businesses, and the Together Now Fund also prioritized businesses in these areas. We are proud of our efforts to speak our values as a city by prioritizing small business in minority neighborhoods."

The pandemic and urban displacement

To survive in this pandemic, the government has to ensure that families can remain in their homes and should even expand financial aid programs, said

Christian Díaz, director of housing for the Logan Square Neighborhood Association (LSNA).

Díaz highlighted the importance of families knowing their rights and being aware that there is a moratorium on evictions in effect.

Illinois Governor JB Pritzker has been extending the moratorium on evictions since he issued the stay-at-home order. Now that protection is in effect until at least Nov. 14, 2020.

The difficulty that tenants face in paying their rent in known areas with more significant urban displacement, such as the Logan Square neighborhood in Northwest Chicago, is an issue that was already happening before COVID-19, affordable housing advocates say.

"Before the pandemic, we were already in crisis because, in the Hispanic community, quite a few people pay more than 50 percent of their income for rent. That already puts stress on the family because parents have to decide whether they are going to pay rent this month or if they are going to pay for food," Díaz said in an interview with La Raza.

Studies have shown that there is a greater likelihood that in tenant households, a person has lost his or her job due to the pandemic, Díaz said. He cited the preliminary analysis 'Examining the Neighborhood-Level Housing Impact of COVID-19 in Chicago,' [4] conducted by DePaul University and published on April 30, 2020.

This preliminary analysis explored trends and geographic patterns of workers most at risk during the first wave of massive layoffs related to COVID-19.

Of the roughly 300,000 Chicago households with a worker in an at-risk occupation, more than 183,000 or more than 60 percent are renter households, the analysis reported.

It also noted that 41 percent of tenant households and 33 percent of owner households have at least one worker who probably has been affected. Low-income renter households are incredibly hard hit, as 53.6 percent of renter households making less than $30,000 annually have a worker at risk.

---

[4] www.housingstudies.org/blog/Examining-the-Neighborhood-Level-Impact-of-COVID/

"53.6 percent of tenants who earn less than $30,000 per year already have low income and are in a difficult situation. With the loss of work due to the pandemic, these families are in a more serious situation," Díaz said.

As indicated in the analysis, nearly half of renter households with an at-risk worker already had home-affordability insecurity, meaning they were burdened with costs and paid more than 30 percent of their income in rent.

The pandemic has revealed the inequality between ethnicities and communities, advocates say.

"In the Hispanic community, 41 percent of households have a person who has lost income; for an Anglo-American family, it would be 20 percent. So we see that the impacts are different based on race. It is because we live in a city where inequalities have existed for a long time. Therefore inequality is felt in response to the pandemic," Díaz said.

There is also fear and concern among landlords because they don't know how they will pay their mortgage when tenants can't pay the rent due to job losses. Díaz said that there are support resources for homeowners at the state and federal level: "Look for resources because the state also offers support for those homeowners to pay their mortgages."

Some homeowners are having a difficult time paying their mortgage in this pandemic, and in this situation, they feel the pressure to sell their property, said Díaz. "The people who can buy buildings at this time are large corporations or high-income people… For example, they may want to tear down a building, develop it into condominiums, or something more luxurious. This creates a risk that urban displacement will accelerate in this moment of crisis with the pandemic."

In regards to the City programs in support to renters and landlords, the Office of Mayor Lightfoot described its actions:

-Two rounds of COVID-19 Housing Assistance Grants for over $37 million of financial and legal support for those impacted by shutdowns.

-COVID-19 Eviction Protection Ordinance: a provisional moratorium on evictions based upon the failure to pay rent if the tenant has suffered any loss, reduction or delay in receipt of income or employment attributable to COVID-19 (a "COVID-19 Impact"). Under the terms of the moratorium, a landlord pursuing an eviction or other relief against a nonpaying tenant must navigate additional procedural hurdles.

-Chicago Housing Solidarity Pledge: an effort to provide relief to beleaguered tenants and building owners negatively impacted by the COVID-19 pandemic, the pledge affirms lenders and landlords may offer eligible renters and mortgage holders deferred payment agreements and other financial relief in response to the economic fallout of COVID-19 and continuing after the pandemic. More than a dozen lenders have signed the pledge.

-Fair Notice Ordinance: Under the ordinance, landlords must provide 60 days of notice before the termination of a lease intent to increase rent if the renter has lived in the unit for more than six months but less than three years; and 120 days of notice to terminate your lease for those who have lived in the unit more than 3 years.

-The Emergency Relief for Affordable Multifamily Properties (ERAMP): includes both grants and no-interest, deferred payment loans of up to $75,000 per property, based on need. The funds can cover operating shortfalls for up to three months or added expenses related to infectious disease control and preventive cleaning. The purpose of the ERAMP program is to preserve the availability of safe, clean and affordable housing options for individuals and families that may experience financial hardship resulting from COVID-19.

For Díaz, the City's response so far during the pandemic in terms of housing has been good because they've placed resources to help the community, including some aid to the undocumented. But where it has failed, he indicated, is in the volume of assistance: "The City has made decisions to support the undocumented community, yet the resources it has offered are not enough."

"The most beautiful thing I have seen during this pandemic is that new collaborative organizations have been created that support each other" in order to provide aid to the community facing essential and immediate needs amid the pandemic, Díaz added.

COVID-19 testing and mental health

Jennifer Vargas, medical director of the Alivio Medical Center, said that her organization has carried out around 6,800 COVID-19 tests from March to the end of August of 2020.

Except for Sundays, Alivio's clinics in Berwyn and Pilsen's were open and seeing patients all day, every day. Today, the number of tests they provide has decreased, and they only offer tests until noon.

"The tests that we can do have decreased a little... Before we were doing tests all day, every day, except Sunday in our two clinics," Dr. Vargas said to *La Raza*.

According to Dr. Vargas, it's been important to educate people more about the contagion of COVID-19. "We are trying to see which methods we can do to help people understand that they have to stay home until they have their results or stay home if they have symptoms."

"We tell people that we are going to call them if they test positive for the virus, but they still come to know their results. Before they come to the clinic, they take the bus, go to the store, the pharmacy, and then it turns out that they are positive. After going through various places, they have infected other people," Dr. Vargas said.

Dr. Vargas believes that the City can do much more in terms of physical and mental health during the pandemic. "The services that are now being offered are not enough, the places where free tests can be done are not enough; there is a lot we can do in the city and in the state to control this pandemic. We are doing the minimum. We have to do much more."

Due to the high demand for mental-health treatment during the coronavirus pandemic, each therapist sees an average of 80 to 100 patients per month. Before the pandemic, they treated around 30 patients, explained Estela Melgoza, a therapist with Alivio Medical Center's mental health department. "Since we are seeing so many patients, we don't have the capability to see them every week. We now have to schedule the sessions every two weeks," she said.

The center has seen an increase in patients in the mental health area due to COVID-19, Melgoza said. "We know that when a person is in the midst of a crisis, that person is more likely to be open [to seek] help because at that point, the person is looking for something that will help him or her alleviate their struggles."

Anxiety is the biggest mental health issue during the pandemic crisis, Melgoza said. Some anxiety triggers are the fear of coronavirus, the concern that their families (those living here or in their home countries) become infected with COVID-19, their immigration status, or having to go out to work to provide for the family. "All of this causes a high level of anxiety," Melgoza said.

In-person therapy sessions have transitioned to telehealth sessions to prevent the spread of the coronavirus. According to Melgoza, virtual therapies, with video calls or telephone counseling, have facilitated and allowed patients to be monitored. "The new way we're trying to reach people is through these virtual sessions. This is extremely important, this made us all look for alternatives to what has typically been in-person contact, and we realize that it is working and that people have been receptive," Melgoza said.

From football fields to virtual platforms and remote education

Some soccer matches for youth groups have moved from the fields to the Zoom platform because of COVID-19. The U.N.I.O.N. Impact Center has developed incentives for children to connect and participate in the program.

"We played in person before the virus. The players competed for goals, so we had to be creative and develop something new [during the pandemic]. We started a system to reward them for the times they connected, the times the parents got involved. Some of the prizes we give out to keep them motivated are soccer balls. This helps them with their mental health, stay active at home, and have harmony and family unity," said Rafael Yañez, executive director of U.N.I.O.N. Impact Center.

The organization focuses on community security, personal enrichment, and leadership development in the Back of the Yards community in Southwest Chicago.

During the pandemic, the organization also has helped families connect with churches to obtain food, and small businesses reach out to organizations to receive assistance for applying for grants and financial aid.

In domestic violence cases, which spiked during the confinement period, U.N.I.O.N. Impact Center also connects families with organizations to find accommodation and helps victims file police reports, and guides them through court proceedings.

Yañez, who is a Chicago policeman and a member of the Local School Council of Back of the Yards College Preparatory, said the decision to do distance learning at Chicago Public Schools was difficult and has put a lot of pressure on parents, the Chicago Teachers Union, and the local school councils.

While steps were taken to prevent the spread of coronavirus to protect the most vulnerable, officials ignored the families who must work and have no one with whom to leave their children while they do distance learning, Yañez said.

Following the start of the 2020-2021 school year remotely at Chicago Public Schools (CPS) due to COVID-19, some working parents have been seeking help with their children's care.

However, parents complain that CPS's monitoring locations are insufficient, and not all students qualify. CPS is offering monitoring sites for children under the age of 14.

Some parents have applied for the service but have not qualified because the priority is given to students living in low-income communities or transitional homes, depending on the school district.

Yañez believes that the City's work facing coronavirus has been good but needs improvement. "Considering everything that's going on, this is not something that can be perfect. I think it's learned as it goes along. It's a new administration [Mayor Lightfoot's], and she has to be given the opportunity to continue to address these situations as they come to light."

Peace begins at home

A group of young leaders in Southwest Chicago seeks to promote peace in their neighborhoods, organize their communities, develop community leaders, and combat violence. They form part of Increase The Peace, an organization with an active presence in Back of the Yards, Brighton Park, Chicago Lawn, Gage Park, Little Village, and Pilsen, neighborhoods with a large Latino population.

Since the pandemic began, the group organized to distribute food to hundreds of low-income families. "This is one way we are helping people because we know that peace starts at home. One of the causes of violence is poverty and lack of resources as food," said Berto Aguayo, executive director of Increase The Peace.

The youth group also saw the need to help street vendors, a vulnerable sector in the community hard hit by the coronavirus pandemic, and not receiving help.

Many of the street vendors are undocumented, so they don't qualify for federal government stimulus money. They also don't have access to business relief funds because many don't have City permits. Their business relies on customers outside churches, schools, and pedestrians walking the streets. Still, when the stay-home-order was issued, these vendors ran out of clientele, and there was virtually no business for them.

To help, the youth group started a GoFundMe account. By mid-October, the group raised more than $46,000 and gave away more than 60 $500 checks to street vendors that qualified.

Besides, Increase The Peace, in partnership with the organization CALOR and Community Organized Relief Effort (CORE), also offered free COVID-19 tests in the Southwest Chicago community.

And then came violence and chaos. Amid the pandemic, thousands took to the streets to protest against police brutality and the death of George Floyd, an African American man who died during an arrest. However, during the manifestations, violent groups infiltrated the crowds and looted the streets of Chicago. Residents and local organizers came out in defense of their neighborhoods to avoid vandalism. "We took to the streets and peacefully defended our neighborhoods so that they would not be looted and keep the peace," Aguayo told *La Raza*.

In terms of violence, what COVID-19 has done is basically "add fuel to the fire" on all the problems that already existed in our communities, Aguayo said. "If our neighborhoods had high poverty rates now we have more; if there were mental health problems now we have more; if before there were many people who didn't have health insurance and had health problems now we have even more. That contributes directly to violence."

When asked about his view on how the mayoral work has been in response to the coronavirus pandemic, Aguayo said he is "disappointed" by the fact that Mayor Lightfoot and the City "have prioritized downtown Chicago over our neighborhoods."

Chicago in times of COVID-19: Fights, effects and perspectives

Fighting violence and the virus

A group of Latino families at Little Village who make up a group called 'Padres Ángeles' (angel parents) volunteers to achieve peace and curb violence. Most of its members lost children to violence on the streets. At the beginning of the pandemic, they thought that crime and violence would decrease due to the stay-at-home order. But as it turned out, it didn't.

Doris Hernández and Dolores Castañeda are part of the Padres Ángeles group of the St. Agnes of Bohemia Catholic Church in Little Village. They frequently attend vigils and funerals in that neighborhood.

"With masks and keeping social distancing, we have gone to many funerals during the pandemic. We thought the situation was going to be a little calm because of the virus, but it's been the contrary. Regardless of whether or not the person was a gang member, we have lost many young people's lives to violence and have lost the lives of people who have died from the virus," Castañeda said.

"Many people have died in this community because they are essential workers. Unfortunately, homeless people and street vendors are also being affected, some have become infected with the virus and become ill," said María Pike, a member of the Padres Ángeles group.

To help fight the spread of COVID-19, these Latino mothers have made masks and donated them to the Chicago community.

Hernández, Pike, and Carlota López are some of the mothers who have voluntarily made masks for pregnant women and Chicago policemen since the beginning of the pandemic.

Hernández said Chicago cops donated their old shirts for the masks, which were distributed to the different districts of the city. "It's been a very meaningful effort because to make the masks; we've had help from other moms who lost their children to violence."

Castañeda also participates in the Greater Lawndale Healthy Work Project, distributing information to street vendors. For instance, an informational poster to educate street vendors about COVID-19 prevention in Chicago's Little Village and Lawndale neighborhoods lists these recommendations: "Stay at home if you're sick, practice six-foot social distancing, wear masks, wash your hands, cover your mouth when you cough or sneeze, and disinfect surfaces you touch frequently."

These posters are part of an initiative by the University of Illinois School of Public Health (IUC). Known as the Greater Lawndale Healthy Work Project, the initiative seeks to improve and protect the health of workers in the Lawndale and Little Village neighborhoods. Among them, street vendors who work in those neighborhoods.

Castañeda walks through the neighborhood, delivers bottles of disinfectant liquid to vendors, and pastes posters in parks, laundromats, shops, bus stops, and street vendor carts.

We cannot "normalize the pandemic" because it is not yet over, Castañeda said about people on the street that don't wear masks or practice social distancing. "In the future, let us hope that we will already pass this pandemic, as we have already historically passed others, but as long as we are in it, we have to protect ourselves."

II. The work by local authorities

All authorities in Chicago have worked to face the COVID-19 pandemic but there is some controversy in regards to the level of collaboration and communication between the Mayor and some Hispanic aldermen.

First, according to a statement from Mayor Lightfoot Office to *La Raza*: "The Department of Assets, Information and Systems provided COVID retrofitting for the ward offices of all aldermen who requested this service. During the initial surge of the pandemic, the City worked with the alderman to help them receive up to $15,000 of federal reimbursement for purchase from their aldermanic expense accounts to procure various safety related materials, including PPE, disinfection supplies and communication on key COVID-19 measures."

The mobilization against the coronavirus in Ward 22

As COVID-19 began to spread like wildfire, authorities feared the virus would hit Ward 22 hard. This area, located on the southwest side of Chicago, includes parts of Little Village. Many of its residents are essential workers and were hit financially, Alderman Mike Rodríguez told *La Raza*. "Our people in Ward 22 are the ones who work in industries, in essential jobs, and many can't take days off or get paid for sick days for the kind of work they do."

Rodríguez said many of his ward's residents are undocumented, so they don't qualify for federal or state aid or benefits. For that reason, he held weekly meetings in mid-March with hospital and clinic representatives that provide COVID-19 tests and with nonprofit agencies that provide funds for the undocumented and services such as food pantries, diapers, and other goods distribution. "We meet every week to have a delivery strategy and see how we're going to fight this virus and the impact it has on our community," he explained.

In regards to support to undocumented immigrants, Mayor Lightfoot said in a statement to *La Raza*: "All of Chicago's support programs created in response to COVID-19 are available for undocumented immigrants in Chicago. Critically, this included two rounds of Housing Assistance Grants, which distributed over $37 million of financial and legal support to those impacted by shutdowns. This was designed to provide opportunities for all Chicagoans to receive assistance, regardless of their immigration status."

Then, in August and September, Ward 22 focused its efforts on making contact tracing, the process of identifying people who may have been in contact with someone infected, in this case, COVID-19, to reduce contagion rates.

Another issue that has arisen from the pandemic has been an increase in domestic violence. Nuevo Despertar, Mujeres Latinas en Acción (Latinas in Action), and other organizations are working with these families, alderman Rodríguez said.

When it comes to mental health, there are hospitals and clinics in the area that have resources for residents seeking those services, said Rodríguez, who also referred to the campaign called 'Let's Take Care of Our Treasure at Home' by the Telpochcalli Community Education Project (TCEP) in Little Village, which is working on mental health issues in that ward.

Ward 25 families and businesses get help

When the pandemic began, Pilsen's Latino neighborhood was one of the first to provide COVID-19 tests thanks to the support of the University of Illinois at Chicago (UIC) and the Relief Medical Center, Ward 25 Alderman Byron Sigcho said. "Community clinics and many other organizations mobilized to pass information on the severity of the pandemic and the importance of taking care of themselves and getting tested."

Pilsen is a neighborhood located on the southwest side of Chicago with a Mexican-majority population.

The Pilsen Food Pantry and its office worked to make sure residents of that neighborhood have a food pantry that distributes food weekly, Sigcho said. "We have been quite fortunate to have community leaders who have worked with our administration to make sure we have a community clinic, a food pantry, and access to COVID-19 testing and healthcare."

During this pandemic, there have been sick people stuck at home and others who have died, and their families can't afford the cost of a funeral. In the absence of resources at all levels of government, Sigcho said a coalition of community groups and his office set up an emergency fund to help people who need money for medicines, funerals, or who are in critical health.

The deadline for those grants ended, but the Pilsen Neighbors Community Council raised funds for those specific needs. "We raised about $70,000 so far to help families with these critical cases," said the Ward 25 alderman.

Before the pandemic, it was common to see Chinatown in the southwest side of Chicago crowded with tourists and packed restaurants around the main shopping streets of Wentworth, Archer, and Cermak Road. Chinese handicraft, food, clothing, and herbal stores have decreased their sales. Now, like most Chicago businesses, they continue to struggle to stay afloat while following the City's public health regulations and restrictions, which are still in its reopening Phase Four.

The Chinatown community was the focus of the economic crisis in Chicago businesses at the start of the pandemic. Sigcho said it started in that area because the coronavirus originated in China.

"The city of Chicago saw the economic impact since March, but this was already seen before in Chinatown. This community already had a fairly low economic activity, but now it is recovering due to its strong ability to organize and community leadership."

The Chinatown Chamber of Commerce and Ward 25 have worked to revive the economy in that area. "In Chinatown Square, we opened up patios in restaurants. Fourteen businesses benefited from the expansion of patio permits," explained Sigcho, also highlighting that the Chinese community has been generous as it has donated more than 30,000 masks to Ward 25 residents.

Ward 26 leadership: 'We have not received the support we deserve'
Roberto Maldonado, alderman for Ward 26 located on the northwest side of Chicago, claimed that in seven buildings inhabited by seniors, four presented cases of COVID-19, and one had a fatality.

"As soon as I heard about the first case, I approached the [Lori Lightfoot's] administration and asked them to send the Rapid Response Team to these buildings where these senior citizens live. They live independently, [these buildings] are not nursing homes. They said 'yes' and three months later, we are still waiting for them to show up in one of those buildings. They didn't do anything," Maldonado told *La Raza*.

The vast majority of people can go to authorized locations to take the COVID-19 test. Still, for many, that option is not practical. Most seniors who live in those buildings don't have a car, Maldonado explained. "We have not received the support we deserve given the high incidence of Latino cases diagnosed positive for the virus."

In a statement to *La Raza*, Mayor Lightfoot's office said: "Very early on, Alderman Maldonado requested assistance to do rapid testing in independent living facilities. Unfortunately we did not have the capacity at that time to go into these facilities, but we have established a variety of support services to address the diverse needs and interests of older adults, from those who are active and healthy, to those residing in long-term care facilities and seniors who are fragile and may be confined to the home. Support services include home-delivered meals, help for informal/familial caregivers, intensive housekeeping for seniors whose living conditions pose a threat to their health and safety, investigations for reports of abuse and exploitation of a senior, help for grandparents raising young children, companion services, Medicare control, advocacy for seniors in long-term care facilities, seniors employment training and more. These services are available wherever seniors are and can be accessed via the Chicago Senior Services Hotline at 312-744-4016, Monday through Friday, 9 a.m. to 5 p.m., via email at aging@cityofchicago.org and chicago.gov/seniors."

Since undocumented immigrants didn't have access to federal aid, Maldonado said the Lightfoot Administration was asked to allocate funds for them. "The $2 million they gave were for the general population, and the first to come forward to request these funds were the first to receive them."

Maldonado refers to the $2 million housing assistance fund to help Chicago residents who were behind on rent and mortgage payments due to the coronavirus pandemic.

Alderman Maldonado said that he has had to find resources to help the residents in his jurisdiction during the pandemic. The ward also has distributed thousands of masks to essential workers in local supermarkets and stores and seniors residing in those buildings. He added that his ward informs the public through social media to let them know about their offer.

Ward 35 alderman: What happened to those hotel beds?

When the stay-at-home order took effect, Ward 35 Alderman Carlos Ramírez Rosa and his staff worked to find volunteers to go door-to-door, leaving information in English and Spanish for the northwest side residents of Chicago about where to get free food and get tested.

They also provided information via email on the resources available to small entrepreneurs in their ward.

A support network, which included those same volunteers, was created to assist residents in Ward 35 neighborhoods, including Logan Square, Hermosa, Irving Park, Albany Park, and Avondale. "We work with them to also make sure that seniors receive their medications," Ramírez Rosa said. "We also helped more than 600 people complete their unemployment application in a single week, and we helped more than 1,000 people complete the application for the support and housing assistance that was given through the lottery system a few months ago. And we continue working helping families," he said.

Members of the City Council Latino Caucus sent a letter to the Mayor asking her to work with them, said Alderman Ramírez Rosa, who is also a member of the Latino Caucus. The letter's purpose was to create a public pro-

Chicago in times of COVID-19: Fights, effects and perspectives

gram to help Chicago's undocumented immigrants who lost their jobs and don't qualify for any federal assistance. The Mayor "didn't work with us to find public funds. She did something, but very little, and it was all private money," Ramírez Rosa said. "Mayor Lori Lightfoot has created some good programs that are also available to the undocumented community, but she has not done enough," he said.

ZIP Code 60639 includes much of Belmont Cragin, a neighborhood that has become a hotspot for COVID-19 infections in the northwest side of Chicago. As of November 21, this zip code with a significant Latino population had 8,514 confirmed cases of COVID-19 and 137 deaths, according to the Chicago Department of Public Health. ZIP Code 60639 posted on that date a weekly positivity rate of 20.9 percent.

Belmont Cragin-area councilmen met with officials from the Chicago Department of Public Health to request resources for the population of that area, and "because the situation is out of control and our communities need help," said Ramírez Rosa, who represents a part of the Belmont Cragin area.

When the council members asked the Department of Public Health as to why there are so many cases of COVID-19 in the 60639 ZIP Code area, the officials explained that it was because "many people get COVID-19 in their workplace, they go home, where they live with many others, and then everyone in the house gets sick," Ramírez Rosa said.

One of the ways to prevent COVID-19 infections in homes is for infected people to isolate themselves. However, not everyone can completely separate themselves from others if they live in an apartment, Ramírez Rosa said, adding that he recalls that the City rented hotel rooms in Chicago for people diagnosed with coronavirus, those who believed to have been exposed, first responders and healthcare workers.

City officials said that initiative was an effort to stop the coronavirus spread and ease the burden on hospitals.

Alderman Ramírez Rosa wondered what happened to those beds so that people with COVID-19 could stay in hotels and avoid infecting others at home. "So far, the vast majority of cases in the Latino community happened because when they get sick, they go home and get everyone else infected," he added.

In regards to those beds, a statement from Mayor Lightfoot's office explained that the "Chicago Department of Public Health has partnered with the Cook County Department of Public Health to provide isolation housing to COVID-19 positive individuals who are not able to isolate safely at home. To access this resource, there is a central intake referral form that can be completed either by the health care provider or the person in need of isolation housing. The central intake team will coordinate with the person needing isolation housing to arrange transportation to and from the facility."

Ward 40 organizes a community network

In light of the difficult times due to the pandemic, Ward 40 Alderman Andre Vásquez has organized a network with area residents in the northside of Chicago to establish contacts and help those in need. He says he uses virtual platforms and social media to spread information and keep in touch with residents.

"We have volunteers who call people every week to find out if they need help, we have others who go pick up medicine, food, whatever our neighbors need in vulnerable areas, and we also have meetings every week to assist the different people who need it," Vásquez told *La Raza*.

Experts say that the current situation has destabilized Chicago's business economy, forcing companies to lay off employees and businesses to shut down permanently. "In the city, about 30 percent of the businesses have closed, and some will never reopen," said the Alderman for Ward 40. Vásquez said that his office helps the Hispanic businessmen and businesswomen who don't dominate the English language by offering information in Spanish and by assisting them to stay connected with their local chambers of commerce to receive guidance and assistance about federal, state, and city grants.

III. What council members think of the Mayor's response

La Raza asked Chicago council members from predominantly Hispanic-populated areas for their opinion on Mayor Lori Lightfoot's response from the start of the COVID-19 pandemic until today. Mayor Lightfoot also shared her vision.

Rossana Rodríguez, Ward 33
"The problem has been a lack of collaboration. Mayor Lori Lightfoot makes her decisions with her team and then informs us. We don't have any participation in the decisions that are made, and this has an impact because we know our communities."

"The priorities are crossed; it seems to me that there was not much willpower to make sure that the most marginalized people received most of the aid. But with the emergency powers vote, there were a lot of things that we couldn't really participate in because Mayor Lightfoot has the prerogative to handle that money…"

Roberto Maldonado, Ward 26
"Unfortunately, I say this with sorrow; I cannot say that Mayor Lori Lightfoot's administration has been effective in truly providing the services and opportunities to our Latino communities. We've had a lot of blah, blah, blah, but little action from the Lightfoot Administration."

Andre Vásquez, Ward 40
"No one knew that this pandemic was going to happen in 2020, it has been difficult for everyone. Mayor Lori Lightfoot has made good decisions and bad decisions. Anyone in that position is going to make decisions that way in the face of a pandemic."

Mike Rodríguez, Ward 22
"Mayor Lori Lightfoot's work is incomplete because we are still in the middle of the pandemic; I see that she has done some things well and others badly. We have to keep working to send the funds more directly to our communities."

Carlos Ramírez Rosa, Ward 35
"Mayor Lori Lightfoot at this time has a very difficult job, and at the same time, she has not worked enough with aldermen to address the problems our city is facing right now."

"We as aldermen are representatives of our wards, and we were elected just like Mayor Lightfoot to represent the communities of the City of Chicago.

We are willing and ready to help her, to face all the problems that our city is facing, but what has happened in recent months is that Mayor Lightfoot has not worked hand-in-hand with the aldermen."

Byron Sigcho, Ward 25

"Mayor Lori Lightfoot owes us a stronger coordination among the 50 Ward throughout the city. There has been quite a lack of coordination and communication. We have practically faced the crisis with little or no help; we have even seen that the state and Cook County have been more proactive in coordinating initiatives on housing, on health, on violence prevention and mental health."

"She owes us better results. We know that the situation is critical, but only with the collaboration, communication, and coordination of all wards, the Mayor's office, and all government entities can we face a severe crisis."

Lori Lightfoot, Mayor of Chicago

"The pandemic has presented a communication challenge, but we are confident that our engagement with elected officials and other Chicagoans has met the challenge. When the stay-at-home order first went into place, the City of Chicago began sending out daily emails to aldermen and their staffs with important COVID-related information such as how to apply for rent relief and other City services. As the numbers improved, we have shifted to weekly emails, which continue today. Additionally, Dr. Arwady [Commissioner of the Chicago Department of Public Health] has provided numerous briefings on COVID-19 statistics and trends, and we have coordinated the drop-off of hand sanitizer and thousands of masks to the aldermen. Finally, staffers reach out to all aldermen on a rotating basis to determine whether the aldermen need assistance with any matters of concern."

Pobreza y mujer latina, un duro ciclo en Chicago

Expertos aseguran que la pobreza podría ser más perjudicial para las mujeres latinas que para personas de otros grupos

por MARCELA CARTAGENA　　　　　　　Publicado en septiembre de 2020

Celene Adame es madre de cinco niños: Emanuel, de 17 años; Abraham, de 14; Sharon, de 10; Wilmer, de 6; y Anthony, de 18 meses.

Hace varios meses, Celene amaneció con un dolor agudo en el lado izquierdo de su cerebro, justo arriba de su ceja. Tomó Tylenol, pensando que se trataba de un dolor casual que seguramente desaparecería rápidamente. Al día siguiente, el dolor continuaba y comenzó a vomitar descontroladamente. Bebió Gatorade creyendo esta vez que se trataba de un simple dolor de estómago. Tras un rápido deterioro, su madre la llevó a la sala de emergencias, donde se enteró de lo inimaginable: tenía cáncer de glioblastoma cerebral, ya en su cuarta fase.

Recientemente terminó sus tratamientos de quimioterapia y radiación, pero no sabrá si está libre del cáncer hasta unos años más. Hace unas semanas, su oncóloga la dio de alta para salir a trabajar, con extrema precaución, pero a Celene le aterra salir debido a los peligros que el covid-19 podría traer si se llegase a contagiar. Pese al temor, Celene saldrá a buscar trabajo porque dice que simplemente no tiene otra alternativa.

Su esposo Wilmer, su compañero desde hace 11 años, no puede trabajar debido a su incapacidad para mover sus dedos en una de sus manos, causada por una lesión que sufrió en su clavícula izquierda durante una redada de la Policía de Inmigración (ICE) en 2017. Había sido detenido por equivocación ya que su nombre apareció erróneamente en la base de datos de pandillas del Departamento de Policía de Chicago. Fue puesto en libertad 11 meses después. Hoy, además, sufre de ataques de pánico y convulsiones. Necesita cirugía pero no tiene seguro médico.

Celene y su esposo están desempleados y dependen de Casa Catalina, una despensa de alimentos de Caridades Católicas, para comer. Meses antes del comienzo de la crisis de la pandemia, su madre realizó una recaudación de fondos, donde ella y otros lograron juntar $1,600 para el alquiler. Pero la familia está a punto de quedarse sin luz y gas a pesar de las súplicas de Celene. Sin embargo, ella está eternamente agradecida por la bondad de su arrendador, quien no ha puesto presión alguna por los atrasos del pago del arriendo.

Todos los hijos de Celene, excepto el más pequeño, estuvieron recibiendo terapia en sus escuelas antes de la crisis del coronavirus. El hermano mayor, Emmanuel, de 17 años, vive constantemente preocupado por las dificultades económicas de sus padres. Pronto irá en busca de un trabajo ya sea en un supermercado Mariano's o en cualquier restaurante de comida rápida.

Abraham, de 14 años, a veces se instala a vender chocolates frente a la lavandería del vecindario o del supermercado El Güero.

A pesar de su desesperación por su estado económico crítico, su fe la mantiene firme y serena para no caer en una depresión profunda.

Está agradecida de que después de su cirugía en el cerebro aún tiene su vista intacta y la capacidad de caminar bien y pensar con claridad.

La historia de Celene Adame es una de las miles de mujeres latinas que luchan por sobrevivir y ganarse la vida mientras residen en Chicago, una de las economías más grandes del mundo, pero una ciudad conocida por décadas de segregación, corrupción y desigualdad racial.

"Chicago es realmente una ciudad de vecindarios y tu código postal a menudo puede determinar tus ingresos en la ciudad", dijo Katie Buitrago, directora de investigación de Heartland Alliance. "Las oportunidades se concentran en ciertos vecindarios, y gran parte de la población latina en Chicago se encuentra en vecindarios donde hay menos inversión y menos cosas importantes como la infraestructura, la educación y el desarrollo económico".

Según un informe sobre la pobreza en Illinois publicado por Heartland Alliance en 2019, las estadísticas muestran que el índice de pobreza de las mujeres latinas es de 18.4%, ligeramente superior al índice de pobreza de toda la población en Chicago que es de un 17.4%.

Indudablemente, la crisis del covid-19 ha empeorado la pobreza extrema entre las hispanas debido a que la tasa del desempleo para este grupo es la más alta que el resto de los trabajadores en general, según un reporte[5] del Centro de Investigación Pew publicado en agosto. Las mujeres hispanas han experimentado un aumento especialmente pronunciado en su tasa de desempleo, que pasó de 5.5% a 20.5% entre febrero y abril de 2020. En comparación, la tasa de desempleo de los hombres hispanos aumentó de 4.3% a 16.9% durante este periodo, según el reporte.

El impacto de la pobreza de las mujeres latinas puede ser más perjudicial que para otros grupos debido a diversos factores, incluyendo el estatus migratorio, el idioma, y las barreras culturales. Las mujeres latinas indocumentadas tienen más dificultades para encontrar empleos, son más susceptibles a recibir salarios bajos o inferiores al salario mínimo y no califican para obtener ningún beneficio social ya sea financiero, de salud o de vivienda, entre otros programas que residentes permanentes y ciudadanos sí pueden obtener.

El concejal Byron Sigcho López, del Distrito 25, dijo que la pobreza dentro de la comunidad latina es enorme, especialmente entre las mujeres. "Hay muchísimo sexismo, muchos problemas de violencia doméstica. Se ven claramente los desafíos que ellas enfrentan", dijo.

Como parte de su campaña lanzada a comienzos de 2020 para combatir la pobreza en Chicago, la alcaldesa Lori Lightfoot dio una visión franca sobre la pobreza en la ciudad en un discurso persuasivo y emotivo presentado a la organización sin fines de lucro City Club de Chicago el pasado 14 de febrero. "La pobreza nos está matando. Literal y figurativamente, matándonos. A todos nosotros. No solo a las almas que están encerradas en su agarre aparentemente implacable. Las personas que pasan hambre, sin refugio estable y sin la posibilidad de autosuficiencia económica. Esas pobres almas están sufriendo, pero nosotros también, el resto de nosotros".

"¿Te estoy incomodando? Ese es mi propósito. Enfrentar estas duras verdades no es fácil. El proceso es doloroso, pero debemos enfrentarlo y debemos hacerlo juntos, de vecino a vecino. Sin un esfuerzo unido, sin un propósito que tenga sentido común, no podemos corregir los errores que nos han llevado a la crisis de la pobreza", dijo Lightfoot en su discurso.

---

[5] https://www.pewresearch.org/hispanic/2020/08/04/coronavirus-economic-downturn-has-hit-latinos-especially-hard/

Según investigadores, el factor más revelador que conduce a la alta tasa de pobreza entre las mujeres latinas es la inmigración. Dado que muchas latinas son indocumentadas, enfrentan enormes obstáculos para obtener permisos de trabajo y por ende tienen pocas oportunidades de empleo. Por esa razón, muchas acuden a oficios de baja calidad que pagan salarios miserables sin beneficios ni protección del empleo.

"Para algunas, su estatus migratorios hace que sea imposible encontrar un trabajo decente. Veo al estatus migratorio como una barrera importante que si se remueve podría prevenir los ciclos de la pobreza", dijo Joanna Dreby, profesora asociada de sociología y una afiliada de estudios de América Latina, el Caribe y Latinos de Estados Unidos en la Universidad de Albany en Nueva York. "Las cargas que asumen económicamente son muy significativas".

Marilú González, directora regional del suroeste de la Organización de Beneficencia Social Católica (Catholic Charities) de la Arquidiócesis de Chicago, cree que dado a que los latinos guardan silencio sobre su estatus migratorio, la tasa de mujeres latinas que viven en la pobreza probablemente sea el triple de la cifra de 18.4%.

La monja Joellen Tumas, que ha estado trabajando con la comunidad latina desde la década de los 70, está de acuerdo. "Eso se debe a que las mujeres guardan silencio y se esconden por temor a ser encontradas por inmigración".

Los datos provienen de la Encuesta sobre la Comunidad Estadounidense (ACS, por sus siglas en inglés), un producto de la Oficina del Censo y por lo tanto es "la tasa oficial", aseguró Katie Buitrago. Sin embargo, "existen limitaciones con los datos del Censo y ACS. El Censo de cada 10 años no pregunta sobre el estatus migratorio, pero la encuesta anual de ACS sí. Esta pregunta probablemente impide a que algunas personas indocumentadas respondan la encuesta. Por lo tanto, es probable que muchas personas indocumentadas no estén incluidas en las cifras".

"Si las personas indocumentadas tienen tasas de pobreza más altas que los latinos en general, entonces la tasa de pobreza oficial del Censo y del ACS no representa un índice preciso entre los latinos", dijo Buitrago.

González dijo que "desafortunadamente, la mujer latina siempre ha sido cautelosa en hablar de lo que piensan y sienten. Y eso es histórico. Eso tiene algo que ver con la inmigración, pero tiene más que ver con la migración. Ya sabes, tiene que ver con el hecho de que culturalmente, nunca nos enseñaron que podíamos hablar como mujeres".

"Entonces estás presente, pero no estás presente. Estás allí, pero no estás allí. Tú cuentas, pero no cuentas. Entonces, en muchos sentidos, es como si hubiera silencio en el círculo. Muchas mujeres sienten, bueno, ¿puedo realmente decir algo?", dijo González.

Buitrago asegura que las mujeres latinas también enfrentan discriminación y racismo en el lugar de trabajo y que "podrían estar luchando para llegar a fin de mes con dos o tres trabajos que además dificultan el cuidado de los hijos. También hay un nivel educativo más bajo entre la población latina en Chicago. De modo que eso también podría dificultar la obtención de empleos que sean bien remunerados".

Además, la investigación muestra que la pobreza alcanza su máximo índice durante los meses posteriores al parto entre las mujeres de bajos ingresos.

"Y eso puede ser realmente difícil para las familias que repentinamente han aumentado sus costos. Las mujeres asumen un mayor porcentaje del trabajo de cuidado no remunerado en esta sociedad. Pasamos más tiempo con el cuidado de las familias y de la casa", Buitrago dijo.

La inmigración, un factor significativo

Como parte de su promesa para la lucha contra la pobreza, la oficina de la alcaldesa Lightfoot junto a otros asociados llevaron a cabo una cumbre llamada 'Soluciones para acabar con la pobreza' el 20 de febrero de 2020 en la Universidad de Illinois en Chicago. En una enorme sala de conferencias repleta de cientos de personas que abogan por los más necesitados, líderes comunitarios y empresariales, profesionales, investigadores y académicos, la alcaldesa inició el evento que contó también con otros discursos, presentaciones y dos sesiones de paneles de discusión.

Una de las panelistas fue Marci Ybarra, profesora asociada de la Escuela de Administración de Servicios Sociales de la Universidad de Chicago, que explicó cómo las familias indocumentadas están luchando por recibir ayuda social y cómo las leyes federales de inmigración están creando confusión, impidiendo que las madres inscriban a sus niños quienes ya son elegibles para ciertos beneficios.

"Crea un efecto dominó que afecta a toda una familia y toda una comunidad", dijo Ybarra.

"La reforma del bienestar en 1996 excluyó, con algunas excepciones, a los inmigrantes en Estados Unidos durante aproximadamente cinco años de recibir asistencia pública. Y los investigadores, incluyéndome a mí, observaron la disminución en la inscripción de niños que pertenecen a familias inmigrantes, especialmente en programas como Medicaid", dijo Ybarra a la audiencia en la cumbre.

"Y resultó que incluso niños elegibles después de esa legislación no estaban inscritos en Medicaid", dijo Ybarra.

Las exclusiones y restricciones para los inmigrantes en el acceso a los programas públicos llevaron a una disminución en los padres inmigrantes que inscriben a los niños que son elegibles. Esto es lo que "llamamos un efecto intimidatorio que no está relacionado con la elegibilidad sino que influye a aquellos que ya son elegibles", dijo Ybarra.

Las dificultades económicas de las mujeres latinas empeoran cuando los padres, o las parejas, son deportados. "Las mujeres latinas terminan haciendo el trabajo de dos y además tienen que mantener a sus hijos. Lo que una vez fueron dos sueldos de repente es solo uno. Llevan una gran carga y es muy, muy difícil", dijo el profesora Dreby.

Dreby describió el caso de una familia que, después de que el padre fue deportado, la madre tenía que trabajar hasta las 9 de la noche dejando a su hija de 13 años al cuidado de sus hermanos menores, de 3 de la tarde a 9 de la noche todos los días. "Y este [escenario] puede ser bastante común", dijo Dreby.

El trabajo de la profesora e investigadora Dreby explora la dinámica familiar en un mundo cada vez más globalizado, con experiencia específica en migración internacional, género y niños. Durante sus estudios ha entrevistado a mujeres que renuentemente dejaban a sus hijos en su país de origen con la esperanza de ahorrar suficiente dinero para regresar y ayudarlos lo antes posible.

"Es una decisión muy difícil de tomar. Y la meta es lograr la reunificación lo antes posible y mientras tanto dar apoyo financiero a sus hijos", dijo la profesora Dreby.

"Muchas de estas madres anticipan poder traerse a sus hijos mucho antes de lo que realmente pueden hacerlo", dijo Dreby. "Aunque están trabajando, el dinero no es realmente suficiente para llegar a cumplir sus metas como esperaban hacerlo".

Las mujeres latinas viven la pobreza de manera diferente a las otras comunidades que nacen aquí, ya que hay capas en su experiencia, dijo Amanda Benítez, directora de salud comunitaria en la organización Enlace Chicago.

"Están lidiando con la pobreza, racismo y discriminación debido al color de su piel, pero también están lidiando con las barreras del idioma e intentando saber cómo navegar el [sistema de vida de este país]", dijo Benítez.

"Están también lidiando con el sistema de inmigración, viviendo con el miedo de que agentes de inmigración vengan a sus casas y les toquen la puerta, o cuando llevan a sus niños a la escuela y se encuentran con ICE en el camino", Benítez dijo.

Neli Vázquez-Rowland, cofundadora y presidenta de la organización A Safe Haven (Un refugio seguro) agregó que "el costo la pobreza es astronómico porque cada vez que hay una mujer viviendo en la pobreza, sobre todo si ella es una madre, ella no tiene la capacidad de mantenerse a sí misma ni apoyar a sus hijos. Eso definitivamente conduce a un gran efecto dominó en términos de salud y bienestar".

El alto costo de la pobreza

Según el informe de Heartland Alliance de 2019, las consecuencias de la pobreza entre las mujeres latinas son tan complejas como impactantes.

Las latinas enfrentan dificultades en muchos frentes: se les paga menos, tienen menos recursos y posesiones, son más susceptibles a infracciones salariales y al robo de salarios, tienen más probabilidades de trabajar en empleos mal remunerados, tienen tasas de encarcelamiento más altas y tienen más probabilidades de sufrir violencia doméstica y de tener mala salud. Casi una cuarta parte de ellas en Illinois no tienen un médico personal, según el informe. El 32% de las mujeres latinas en Illinois son más propensas a reportar un mal estado de salud que las mujeres blancas (16%).

Las mujeres latinas también tienen más probabilidades de enfrentar racismo, sexismo y acoso sexual en el lugar de trabajo.

Además, el informe muestra que "el tráfico de personas existe porque existe la pobreza. Los traficantes buscan a personas a las que les falta algo: oportunidades económicas, educación, estatus migratorio, afecto, apoyo o seguridad. El grupo más grande de personas identificadas como traficadas en Estados Unidos son latinos".

La pobreza inevitablemente también afecta la salud mental. "En La Villita tenemos tasas altas de estrés, ansiedad y depresión", dijo Benítez.

Otro problema que enfrentan las madres inmigrantes es que "hay una investigación emergente sobre el impacto de las redadas en las madres que están embarazadas. Y ya hay una serie de estudios que indican que las redadas contra los trabajadores han tenido un efecto significativo en el peso de los recién nacidos", dijo la profesora Ybarra en la cumbre.

Violencia doméstica

¿Existe una correlación entre la pobreza y la violencia doméstica, especialmente para las mujeres latinas? La respuesta, según los investigadores, es sí.

"Por desgracia, las mujeres latinas –como todas las mujeres— a menudo se enfrentan a situaciones en las que están experimentando la violencia doméstica y la violencia doméstica puede dar lugar a interacciones con inmigración. Por lo tanto, apoyar a las mujeres y ese tipo de situaciones en lugar de separar a las familias es otra área clave que creo que las ciudades pueden hacer para ayudar a las familias en lugar de hacer las cosas más difíciles para ellos", dijo la investigadora Dreby.

"Las mujeres que están viviendo una situación estresante tienden a permanecer mucho más tiempo con sus parejas abusivas porque tienen una dependencia económica", dijo Vázquez-Rowland. "Y eso en la comunidad latina, especialmente para los indocumentados, es un reto muy, muy difícil".

Buitrago dijo que en otro estudio realizado por Heartland Alliance descubrieron que hay un círculo vicioso entre la violencia doméstica y la pobreza.

"Por un lado, si una vive en la pobreza y si una está sufriendo violencia doméstica, puede hacer más difícil para una salir de esta situación dolorosa. Si una depende económicamente de su pareja, una no tiene los recursos para irse. O ellos [los abusadores] podrían usar métodos de abuso económico para controlar, como evitar que una se consiga un trabajo o arruinando su crédito para que una no pueda obtener un departamento por su cuenta. Y, por lo tanto, puede hacer que sea mucho más difícil para las mujeres reiniciar sus vidas".

¿Cómo se ven afectados los niños por la pobreza?

Ariel Kalil, profesora de la Facultad de Políticas Públicas Harris de la Universidad de Chicago, otra investigadora que habló en un panel durante la cumbre, discutió cómo la pobreza afecta a los niños, incluso antes de que nazcan.

Kalil comentó sobre una investigación en neurociencias y del desarrollo psicológico que destaca la importancia del período de la primera infancia para el desarrollo del cerebro y el rol del medio ambiente en la formación de las estructuras y capacidades del cerebro que nos afectarían durante nuestras vidas. "Y en el campo científico, nos referimos a esto como plasticidad o maleabilidad de desarrollo del cerebro", dijo.

Lo que esto significa es que en la primera infancia, incluso antes del nacimiento, el cerebro es sensible a las influencias negativas como, por ejemplo, las condiciones asociadas con la pobreza y el estrés. "Pero también el cerebro es particularmente sensible a las influencias positivas que provienen del medio ambiente. Por lo tanto, es un momento muy desafiante para los niños que nacen en circunstancias de bajos ingresos", dijo Kalil.

La investigación también muestra que la situación de pobreza en la infancia puede tener profundos efectos durante toda la vida de un niño. Esto significa que la probabilidad de salir del ciclo de la pobreza es muy baja.

La profesora Dreby dijo que en sus entrevistas ha visto que "los adultos más jóvenes a menudo hablan de sentir que están creciendo demasiado rápido y que no tuvieron una infancia igual a la de sus compañeros".

"Es por esto que es tan importante aumentar los ingresos de los padres con niños pequeños para asegurarse de que puedan cumplir con su necesidades desde el principio y así establecer una formación firme", dijo Buitrago. "Tenemos que asegurarnos de que estamos cuidando de los padres para asegurarse de que están equipados para las necesidades de sus hijos".

Según la investigadora Kalil, "los padres comparten las mismas esperanzas y metas y aspiraciones como cualquier otro padre. Pero la vida se interpone mucho en el camino. Pero hay mucho estrés, molestias y fricciones en los hogares de bajos ingresos que se interponen en el camino de los padres para llevar a cabo esas aspiraciones".

CLAMOR CHICAGO

Josefina Tercero y su esposo Jorge viven con un sueldo anual inferior a los $19,000 para una familia de cuatro personas que reside en Pilsen. A veces, cuando ella ha podido encontrar un trabajo temporal limpiando apartamentos en el centro de Chicago, no ha tenido más remedio que caminar muchas millas, desde Pilsen hasta las avenidas Wabash o Michigan, porque no tiene dinero para el autobús.

Josefina recuerda cuando ella y su esposo vivieron durante tres meses críticos porque no les quedaba dinero para la comida. La única alternativa era acudir a la despensa de alimentos. El menor solía pedir manzanas y leche, que ella racionaba cuidadosamente para hacerlas durar.

Le preocupaba que la calidad de la comida de la despensa no fuera buena, por lo que se le ocurrían recetas creativas para preparar comidas más sabrosas.

Se emociona al contar que ha llevado a sus hijos a comer fuera dos o tres veces en los 17 años que ha estado residiendo en Estados Unidos. Le entristece ver a sus hijos compararse con otros niños.

Con la inesperada llegada del covid-19, la situación económica de esta pareja empeoró aún más ya que las oportunidades de trabajo disminuyeron drásticamente y no lograron recibir ninguna ayuda económica, ni del gobierno (debido a su estatus migratorio) ni de organizaciones sin fines de lucro.

Josefina cuenta con inmenso coraje e incuestionable frustración su experiencia al tratar de obtener la ayuda de $1,000 para familias indocumentadas del Fondo de Resiliencia de Chicago a través de la organización Proyecto Resurrección. Apenas se abrieron las líneas telefónicas para postular, Josefina se armó de paciencia y llamó hora tras hora por varios días sin recibir una respuesta. "Siento que perdí mi tiempo con personas mentirosas y falsas. Fue un desgastamiento de energía por nada. Es demasiado, y cada día uno ya no halla qué hacer", dijo.

(La vocera de Proyecto Resurrección, Sarah Powell, aseveró que durante junio y julio la organización recibió miles de llamadas telefónicas por lo que resultó imposible ayudar a todas las familias. Powell aseguró que la organización sostuvo una comunicación solida con la comunidad por medios de las redes sociales y su sitio web. "Entendemos y pedimos disculpas por la frustración que esto causó", le dijo Powell a La Raza.

Josefina tiene una hija de 19 años, Ana Gabriela, quien sufre dolores agudos y constantes en el pecho que le adormecen el brazo izquierdo y tres dedos, dejándola incapaz de llevar una vida normal. Los médicos no han logrado determinar la causa del dolor. Nadie en la familia tiene seguro de salud ni califica para Medicaid. Sus padres pagan sus gastos médicos de su bolsillo de cualquier manera que pueden.

Pero más que nada en este mundo, Josefina quiere un trabajo estable. Cualquier cosa, dice ella. Está cansada de la inestabilidad del trabajo, pero encuentra maneras de hacer algo de dinero ya sea cocinando enchiladas para los vecinos, limpiando apartamentos y casas, paleando la nieve en el barrio durante el invierno y vendiendo bufandas y gorras tejidas a mano por ella.

Ama la lectura, valientemente se une a protestas pro inmigración en la ciudad, es activa en la comunidad y las escuelas de sus hijos. La falta de oportunidades y dinero aquí en Chicago y en su ciudad natal en Michoacán, México, le impidió cumplir su sueño de convertirse en maestra.

Josefina acepta su vida tal como es y hace todo lo que está en su poder para seguir siendo positiva y seguir luchando y viviendo para ella y su familia.

Una mirada a la historia de Chicago: ¿Cómo llegamos aquí?

Para comprender las décadas de desigualdad y segregación de Chicago, es importante echar un vistazo a su historia desde 1934, cuando se estableció la práctica de la "línea roja" o "redlining", con la Ley Nacional de Vivienda.

"Redlining" era una práctica en la que bancos y otras instituciones financieras negaban hipotecas a solicitantes negros y latinos. Al determinar la aprobación de un préstamo hipotecario, los prestamistas bancarios recurrían a un mapa del vecindario que estaba marcado en diferentes colores, con el rojo significando que ese sector era de "alto riesgo". Las áreas con una mayor densidad de minorías tenían más probabilidades de ser marcadas con rojo que barrios de población blanca cuyos ingresos eran similares. Esta práctica discriminatoria resultó en la segregación residencial que vemos hoy en Chicago.

A pesar de que esta reglamentación fue prohibida en 1968 a través de la Ley de Equidad de Vivienda, las prácticas discriminatorias de préstamos continuaron durante años en todo Estados Unidos.

Tan recientemente como 2015, el Departamento de Vivienda y Desarrollo Urbano de Estados Unidos (HUD) llegó a un acuerdo de $200 millones con el Associated Bank, un banco con registro nacional, por rechazar injustamente las solicitudes de hipoteca de solicitantes negros y latinos en Chicago y

Milwaukee. Como parte del acuerdo, el banco fue obligado a abrir sucursales en vecindarios de grupos minoritarios.

Según Elizabeth Todd-Breland, profesora asociada de historia de la Universidad de Illinois en Chicago, quien también habló en la cumbre sobre la pobreza, "la segregación es rentable y lo sigue siendo. Los propietarios pueden obtener mayores ganancias cobrando rentas exorbitantes por viviendas de mala calidad".

"A menudo hablamos sobre la relación entre la segregación, la vivienda y las escuelas. Pero la segregación residencial por sí sola no puede explicar el nivel de segregación en las Escuelas Públicas de Chicago (CPS). Las políticas de CPS exacerbaron la segregación de residentes [al] construir nuevas escuelas para mantener la segregación y volver a marcar los límites de asistencia escolar para seguir con la segregación", dijo Todd-Breland.

Todd-Breland dice que junto con la segregación vino la desinversión económica y la pérdida de empleos, ya que el 95% del desarrollo tuvo lugar en solo siete de 70 barrios de la ciudad alrededor del centro Chicago (el *Loop*, en inglés) y sus zonas circundantes. La desinversión exasperó la pobreza entre grupos minoritarios, ya que enfrentaban una falta de servicios públicos de calidad, empleos con salarios dignos, supermercados y comercios, atención médica, escuelas con fondos adecuados, clínicas de salud mental y viviendas asequibles.

La pérdida de empleos y la desindustrialización también afectaron a Chicago entre finales de la década de 1960 y principios de la de 1980.

Entre 1967 y 1982, una cuarta parte de las fábricas de Chicago cerraron, recortando 250,000 empleos, casi el 46% de la fuerza laboral industrial de la ciudad. Este cambio dramático aumentó la desigualdad.

Los investigadores dicen que la criminalización también ha sido parte de un sistema quebrantado que afecta a las comunidades pobres. "La pobreza se trata en última instancia del dinero. Y cuanto más se criminaliza la pobreza, menos podemos invertir en ayudar a la gente a salir de la pobreza", dijo Simon Balto, profesor asociado de historia y estudios afroamericanos de la Universidad de Iowa, en la citada cumbre sobre pobreza. "Hay dinero en esta ciudad. Es solo que está concentrado. Estoy hablando de una sección particular del presupuesto de la ciudad, que es la parte del presupuesto que se destina a castigar a las personas".

Balto argumenta que una parte del presupuesto de la ciudad que se asigna al Departamento de Policía de Chicago, que continúa aumentando cada año y ahora es de alrededor de $1,700 millones, debería gastarse en abordar la raíz del problema mediante la expansión de los programas juveniles. Chicago gasta más de $4 millones cada día en actividades policiales.

Además, un informe de investigación de ProPublica Illinois y la estación de radio WBEZ reportó en 2019 que las multas de tráfico y multas de estacionamiento crean una deuda que está fuera de control y que incluso lleva a grupos minoritarios a la bancarrota, ya que no pueden pagar el alto costo de las multas y recargos por pagos atrasados. "Los conductores que no pagan lo que deben se enfrentan a castigos severos de la ciudad y del estado que amenazan su sustento de vida", informó ProPublica.

Como resultado de esta investigación, en noviembre de 2019 el Ayuntamiento de Chicago aprobó nuevas reformas para cambiar el sistema punitivo y puso fin a la suspensión de las licencias de conducir debido a multas de estacionamiento sin pagar.

Jocelyn Fontaine, directora de investigación de justicia penal en Arnold Ventures, dijo en la cumbre sobre la pobreza que "lo que puede ser un pago fácil o un costo razonable para algunos, para otra familia es completamente irracional. Esto empeora la pobreza o empuja a la gente a caer en la extrema pobreza".

"El castigo por no pagar esas sanciones económicas resulta en una deuda paralizante e incluso lleva a ciertas personas a no poder votar. Es contraproducente", dijo Fontaine.

Acceso a programas y asistencia pública

Ya sea indocumentado o no, el acceso a asistencia pública y programas sociales para las latinas puede ser burocrático, complejo e incluso confuso.

El concejal Sigcho López dijo que el acceso a la cobertura médica y de salud es un problema grave dentro de la comunidad latina, que afecta desproporcionadamente a las mujeres latinas en particular.

"Muchas madres que trabajan dos o tres trabajos no tienen cobertura ni beneficios de salud y son responsables de sus hogares. No hay acceso al servicio público. Estas madres básicamente trabajan para sostenerse sin ninguna ayuda pública", dijo el concejal.

"El servicio de salud mental es una tragedia para niños y familias enteras porque no hay acceso", añadió.

En algunos casos, el tiempo de espera para obtener un consejero, trabajador social o psiquiatra puede ser de hasta nueve meses, dijo. "Tenemos la responsabilidad de hacer que esos recursos sean accesibles para todas las comunidades. Necesitamos agencias y departamentos para intensificar y hacer algo".

Los desafíos para las mujeres latinas indocumentadas, incluyendo a las beneficiarias de la Acción Diferida para los Llegados en la Infancia (DACA), son aún más grandes porque no califican para ninguna asistencia pública (a menos que sea una emergencia que ponga en peligro la vida) para ellas o sus hijos a menos que los niños sean ciudadanos estadounidenses.

Estos programas federales incluyen el Programa de Asistencia Nutricional Suplementaria (SNAP), Medicaid, Seguridad de Ingreso Suplementario (SSI) y Asistencia Temporal para Familias Necesitadas (TANF). Los inmigrantes indocumentados no son elegibles para recibir subsidios de atención médica bajo la Ley de Cuidado de Salud Asequible (ACA) y tienen prohibido comprar cobertura de salud en el mercado de seguros de ACA.

Incluso aquellos con residencia permanente, con algunas excepciones, no son elegibles para recibir asistencia pública hasta que hayan residido en Estados Unidos por cinco años.

A pesar que el panorama de asistencia social a nivel federal se ve turbio para millones de inmigrantes, sí hay ayuda en algunos estados. En Illinois, por ejemplo, existe el programa All Kids, el cual brinda cobertura de atención médica a todos los niños, independientemente de su estatus migratorio. Además, los niños indocumentados tienen acceso a la educación pública y las escuelas brindan ayuda a los padres al ofrecer desayuno y almuerzo a los niños de familias de bajos ingresos.

Aplicar para beneficios sociales puede ser frustrante y confuso, aseveran los activistas. Por ejemplo, la regla de Carga Pública o Public Charge impuesta

Pobreza y mujer latina, un duro ciclo en Chicago

por la Administración Trump entró en vigencia en todo el país, afectando a cualquiera que solicite la residencia permanente.

Las reglas han sido poco claras, afirman profesionales que trabajan ayudando a inmigrantes, pero básicamente dictan que una solicitud de residencia permanente puede ser denegada a toda persona que haya recibido beneficios públicos por 12 meses durante un periodo de 36 meses. Los beneficios recibidos antes del 24 de febrero de 2020 no serán tomados en cuenta[6].

"Esta táctica está destinada a causar confusión en la comunidad. Y hemos visto que mucha gente está muy confundida. Ha sido un reto hasta para que nuestros propios trabajadores la entiendan. Es muy complejo", dijo Amanda Benítez de Enlace.

"Esto solo hará que aumenten los niveles de pobreza y causará más daño a una comunidad que ya está luchando", dijo. "Va a evitar que personas inscriban a sus hijos que ya son elegibles".

¿A dónde se dirigen las mujeres latinas cuando no hay ayuda pública? Afortunadamente, hay varias organizaciones sin fines de lucro y religiosas en Chicago dedicadas a ayudar a quienes viven en la pobreza, especialmente a mujeres.

Una de ellas es Casa Catalina, una despensa de alimentos ubicada en el Barrio de Las Empacadoras, que pertenece a Caridades Católicas de la Arquidiócesis de Chicago. La monja Joellen Tumas maneja el lugar.

Tumas recuerda el caso de una pareja que se presentó con ocho hijos pidiendo ayuda en pleno invierno. A pesar de un frío que llegaba hasta los huesos, nadie en la familia llevaba chaqueta, abrigo o calzado apropiado. "No tenían idea de las calles y los números de la ciudad. Les preguntamos, ¿dónde viven? Tuvimos que caminar a casa con ellos para averiguar dónde vivían. No tenían nada. Dos días después, el bebé de la familia terminó en el hospital con neumonía", dijo.

"Necesitamos entender a los inmigrantes. Necesitamos volver a la mentalidad de acogerlos. Necesitamos entender lo difícil que es para estas familias dejar todo atrás. Están escapando situaciones de terror. ¿Y a qué están llegando? A más terror", dijo la hermana Tumas.

---

[6] Las nuevas disposiciones de la regla de carga pública establecidas por la administración de Donald Trump dejaron de ser aplicadas al principio del gobierno de Joe Biden, en marzo de 2021.

Casa Catalina es un lugar confiable debido a su historia y la relación que tiene con la comunidad latina, dijo Marilú González.

"Existe la realidad de que las mujeres están trabajando más, lo que significa que tienen que atender el cuidado de los niños de diferentes maneras, y mantener su hogar se convierte en una gran prioridad", dijo.

Para apoyar y empoderar a las mujeres latinas, González comenzó un grupo llamado Mujeres Floreciendo. "Y el grupo de mujeres comenzó como una herramienta o un mecanismo [para que las mujeres vean] cuáles son sus puntos fuertes, cuáles son sus valores, y saber que tienen derechos", dijo.

Tras el rotundo éxito de Mujeres Floreciendo, González formó un nuevo grupo para ayudar a las mujeres a encontrar su potencial e incluso a convertirse en emprendedoras.

Las mujeres latinas tienen tantos talentos, dijo González. "Saben cocinar. Saben coser. Saben cómo crear cosas. Pero nunca supieron que eso es algo que realmente pueden vender".

Este año, González dijo que su programa pudo obtener fondos a través de una campaña de Caridades Católicas para el desarrollo humano para comenzar a ver cómo esos talentos pueden ser utilizados estratégicamente.

"Queremos que hagan crecer su negocio, que se conviertan en empresarias, se miren a sí mismas y digan, sí, lo hice", dijo González.

Otra organización muy conocida en Chicago a la que se ha destinado a ayudar a los pobres es A Safe Haven, que ayuda a personas a salir de la indigencia y la pobreza extrema, a recuperarse de adicciones y a ser autosuficientes.

Vázquez-Rowland, la cofundadora, dijo que su organización ayuda a unas 5,000 personas cada año y tiene un índice de éxito del 70% de personas que completan el programa. Aquellos que no completan el programa son referidos a otro nivel de atención.

"Tomamos a las personas independientemente de su estatus [migratorio]. Nuestro trabajo y nuestra misión son realmente abordar las causas fundamentales, mental, física y económicamente de una manera que los ayude, no solo a ellos sino también a sus hijos", dijo Vázquez-Rowland.

Otras organizaciones sin fines de lucro, como Enlace en La Villita, abordan temas de educación, salud, inmigración y prevención de la violencia. También han podido ayudar, pero en forma limitada, a muchas mujeres que se encuentran en situaciones económicas críticas a través de sus fondos para emergencias, donde cubren gastos básicos como la luz y el agua.

Dado que existe una fuerte conexión entre la pobreza y la salud mental, Enlace también trabaja para ayudar a las mujeres a superar su ansiedad, estrés y depresión a través de grupos de apoyo dirigidos por profesionales capacitados en espacios seguros como iglesias y bibliotecas.

Benítez dijo que gracias a este programa, cientos de mujeres latinas pueden encontrar apoyo para sus necesidades de salud mental en español. "Queremos que se sientan cómodas en estos espacios informales y seguros para que puedan hablar sobre sus vidas, sus luchas, tensiones, depresión y ansiedades que puedan tener", dijo Benítez.

"Las personas entran al programa con niveles moderados a severos de ansiedad, depresión y estrés y luego de seis a ocho meses en el programa, vemos que esos niveles bajan a niveles más leves o más bajos o moderados", agregó.

¿Chicago es realmente una ciudad acogedora? En realidad no, dicen activistas

"La ciudad de Chicago es considerada una ciudad acogedora, ¿cierto? La pregunta que tengo para la ciudad de Chicago es: cómo, dónde y cuándo. ¿Dónde está eso presente? ¿Y en qué lugar? ¿Está en el Ayuntamiento? ¿Cuándo tienen que ir a buscar su identificación municipal?", dijo González.

"Entonces, ¿cómo es que realmente estamos dando la bienvenida a la gente en una ciudad que es tan enormemente diversa, pero tan sumamente segregada? No tengo la respuesta. Solo sé que es un problema", agregó.

La hermana Tumas está de acuerdo: "La ciudad y el estado no van a estar muy entusiasmados por ayudar a las mujeres [inmigrantes] latinas ya que no son votantes. Van a ir y ayudar a las [comunidades] afroamericanas porque son ciudadanos y votan. Eso es algo subyacente que mucha gente no se da cuenta".

La alcaldesa Lightfoot, en su discurso presentado en el City Club of Chicago, dijo que la ciudad ha fracasado miserablemente durante décadas para romper el ciclo de la pobreza, y que esto ha empeorado debido a la falta de reformas y acciones reales.

"Hicimos esto", le dijo Lightfoot a la audiencia: "Tenemos nuestras huellas digitales en todas las condiciones empobrecidas en las que languidecen muchos de nuestros residentes… Hicimos esto históricamente al usar al gobierno como una herramienta para crear y hacer cumplir la discriminación basada en la raza que mató, aplastó y redujo sistemáticamente las vidas de demasiados durante generaciones. Toda una infraestructura perfeccionada a lo largo del tiempo, y ejercida salvajemente durante siglos, que en su núcleo abarcaba un espíritu de que las vidas de negros y latinos, asiáticos e indígenas no importaban, punto. El pasado es en gran medida nuestro presente… Lo hicimos votando por los políticos que adoptaron este espíritu y utilizaron todas las herramientas a su disposición para perpetuar la privación de las personas que se parecían a mí únicamente por motivos de raza, etnia u origen nacional [Lightfoot es afroamericana]…Y continuamos haciendo esto hoy y todos los días, mirando hacia otro lado, diciendo que no me afecta o que el problema es demasiado grande para resolverlo… El gobierno y nosotros, la gente, creamos este monstruoso problema, y nosotros, la gente, debemos resolverlo".

Pero en términos de que si Chicago ayuda a las mujeres inmigrantes latinas, no se ha dicho ni hecho mucho, insisten los activistas.

En respuesta al escepticismo de los activistas, la Oficina de la alcaldesa Lightfoot envió la siguiente declaración a *La Raza*: "La administración de Lightfoot está muy consciente de que la pobreza en Chicago es impulsada por el género y se manifiesta para las latinas de Chicago de maneras únicas. Como primer paso, la alcaldesa Lightfoot convocó a cientos de líderes empresariales, comunitarios, sin fines de lucro, filantrópicos y del sector público de Chicago para la cumbre STEP [siglas en inglés de 'Soluciones para acabar con la pobreza'], para dejar en claro cómo nosotros, como ciudad, llegamos a este punto, identificar ejemplos de soluciones de políticas que sabemos podrían sacar a personas de la pobreza y a entrar a la clase media, comenzar a romper silos y empezar a construir un movimiento con residentes que harán que Chicago sea un centro de innovación contra la pobreza…. Después de la cumbre, la Ciudad ahora lanzará un proceso de participación comunitaria tomando en cuenta que la lucha económica puede ser profundamente diferente, incluso dentro de un mismo vecindario, al considerar el género, la raza y otros factores estructurales… Esta próxima fase del proceso será para darle una oportunidad a funcionarios electos para que escuchen a los residentes, incluyendo a las latinas, para que podamos tener claro cómo es realmente su lucha económica y cómo la

Ciudad puede encontrar soluciones que respondan a sus necesidades únicas así como los desafíos compartidos que enfrenta casi el 40% de los habitantes de Chicago que viven en la inseguridad económica… Con base en estos hallazgos se creará un plan centrado en políticas comunitarias para poner fin a las dificultades económicas y crear medidas para que más personas lleguen a la clase media… A medida que se desarrolla este nuevo enfoque para la formulación de políticas, la administración de Lightfoot ya ha dado los primeros pasos importantes para ayudar a las personas, por ejemplo, poniendo fin a los cortes de agua por la imposibilidad de pagar de los propietarios de bajos ingresos, emprendiendo la reforma en curso de multas regresivas y sistema de tarifas, aprobando ordenanzas para aumentar el salario mínimo a $15 para 2021 y garantizando un horario de trabajo justo y predecible para los trabajadores de bajos salarios, que incluye a miles de residentes latinas y otras mujeres de color que trabajan en la economía de los restaurantes y los servicios".

Una mirada hacia el futuro

Investigadores, académicos y activistas han analizado varias recomendaciones que ayudarían a romper el ciclo de pobreza entre las mujeres latinas. Aun así, todo se reduce a una clave crítica: la reforma migratoria. Las normas de inmigración como están hoy están profundizando los niveles de pobreza.

Buitrago dijo que, considerando los problemas que enfrentan particularmente las mujeres inmigrantes latinas, "necesitamos expandir los caminos hacia la ciudadanía y lograr que las personas accedan a trabajos que tengan la protección adecuada".

Además de la reforma migratoria, Buitrago dijo que los empleadores deben responsabilizarse y asegurarse de que "no están violando los derechos de los trabajadores o haciendo cosas como el robo de salarios".

"También es crítico que las personas tengan un salario digno. Necesitamos asegurarnos de que los salarios de las personas logren cubrir las necesidades básicas", dijo Buitrago.

Buitrago explicó que la línea de pobreza federal es arbitraria porque se basa en el costo de los alimentos en la década de 1970 multiplicado por tres y ajustado por la inflación, pero no tiene en cuenta los costos de vivienda y alquiler, cuidado de niños, atención médica y seguros de hoy en día.

Además, otro paso crucial en la lucha contra la pobreza es el acceso a viviendas asequibles. "Esto es algo que oímos mucho por parte de nuestros participantes en Heartland Alliance como una necesidad…, vivienda asequible puede ser muy difícil de encontrar en una ciudad como Chicago y no estamos invirtiendo suficientemente para asegurarnos de que haya suficientes unidades de viviendas asequibles", dijo Buitrago.

En el informe sobre la pobreza de Heartland Alliance de 2019, los expertos recomiendan varios pasos para reducir la inequidad de género, que incluyen:

-Abordar la discriminación y el acoso sexual en el lugar de trabajo.
-Aumentar los ingresos y las oportunidades para que las mujeres puedan adquirir más posesiones materiales.
-Exigir a los empleadores a proveer licencia y baja médica y jornadas laborares equitativas.
-Expandir la disponibilidad de subvención de cuidados de niños y créditos tributarios para la atención de personas dependientes.
-Expandir Medicaid.
-Defender los derechos reproductivos de las mujeres.
-Garantizar protecciones de condiciones preexistentes y beneficios de maternidad.
-Fortalecer programas federales de ayuda pública.
-Fortalecer programas para la salud mental y de prevención de la violencia.
-Fortalecer protecciones para combatir el robo de salarios de las mujeres inmigrantes.
-Mejorar la protección para los sobrevivientes del tráfico de personas.
-Apoyar vías a la ciudadanía.

Invertir en programas sociales, públicos y sin fines de lucro

Los activistas dicen que los programas sociales que ya tienen sistemas establecidos para ayudar a las comunidades en desventaja necesitan más apoyo, ya que trabajan con presupuestos más pequeños y menos personal.

"En su totalidad, el estado ha desinvertido en programas contra la pobreza por años, lo que fue más severo durante la crisis del presupuesto estatal hace varios años [durante el gobierno de Bruce Rauner]", Buitrago dijo.

Vázquez-Rowland añadió que es esencial "pensar de manera más amplia y más holísticamente en torno al tema. En lugar de intentar reinventar la rueda, hay que apoyar a aquellos lugares que ya están haciendo la mayor parte del trabajo. Tenemos que pensar cómo podemos invertir más para asegurarnos de que estos [programas] puedan crecer y expandirse en una forma que pueda ayudar a más personas para que reciban la ayuda que necesitan".

La inversión de programas sociales gubernamentales y organizaciones sin fines de lucro tendría un resultado positivo a largo plazo por generaciones. "Hay cosas que [el gobierno] puede hacer para proporcionar viviendas y ayuda con el alquiler para personas indocumentadas. El estado podría destinar recursos a [estos programas]", dijo Benítez.

"Realmente obtenemos un retorno de nuestra inversión", dijo Vázquez-Rowland. "Por cada dólar que invertimos ahorramos al menos $7 y otros costos asociados con la carga de tener a alguien que depende del sistema".

'La única forma de salir de la pobreza y la ignorancia es a través de la educación': Ana Gil García

La profesora emérita y consultora Ana Gil García, también una líder prominente en la comunidad latina en Chicago, asegura de que la única manera de romper el ciclo de la pobreza es a través de la educación.

"La educación es un derecho humano. La educación será y continuará siendo un trampolín para el progreso individual y para el progreso de la comunidad. Porque cuando salvamos a uno, estamos realmente salvando a una comunidad completa", dijo Gil.

"Mi madre siempre nos decía, yo no tengo riqueza, no tengo tierras, ni joyas, pero aquí todos van a estudiar, porque la única manera de salir de la pobreza y de la ignorancia es a través de la educación. La vía más expedita para que podamos salir de esta pobreza, que a veces no es tan solo la pobreza social, sino a pobreza mental, la marginal, es a través de la educación. La educación es el único mecanismo que tenemos para salir de la pobreza", aseveró.

Gil también señaló que la equidad en los salarios continúa siendo una barrera para las mujeres latinas profesionales y no profesionales.

Según el informe de Heartland Alliance de 2019, las mujeres en Illinois aún ganan en promedio 78 centavos por dólar en comparación con los hombres. Pero la brecha salarial es peor para las mujeres latinas: por cada dólar que ganan los hombres blancos, las mujeres latinas ganan 50 centavos, las mujeres afroamericanas ganan 63 centavos y las mujeres blancas ganan 76 centavos.

Si esta tendencia continúa, las mujeres en Illinois no verán la misma remuneración hasta 2065.

El informe agregó que al eliminar la brecha salarial de género, las tasas de pobreza de las mujeres trabajadoras disminuirían dramáticamente. "Eso se traduciría en un aumento del 16% en las ganancias de las mujeres, totalizando $20,500 millones, un gran impulso para la economía de Illinois. Significa que 1.1 millones de niños se beneficiarían de la igualdad salarial, reduciendo la tasa de pobreza para niños con madres trabajadoras en un 43%", indicó el informe.

"Nosotras tenemos dos condiciones. Una es ser mujer y lo otro ser latino, entonces cuando tenemos esa combinación, esa combinación nos hace más vulnerables. Y lo somos porque quizás tengamos un déficit con nuestro lenguaje, o porque se asume que no tenemos las mismas habilidades que puedan tener otra gente de otras razas o de un hombre", dijo Gil.

Cuando las jóvenes estudiantes latinas no reciben apoyo de sus padres

A pesar de la creencia popular, no todos los padres latinos apoyan plenamente a sus hijas cuando van a la universidad. Algunas jóvenes latinas enfrentan escrutinio, preguntas y presiones en el hogar, además de sentirse fuera de lugar y no bienvenidas en el campus.

Según el Centro Nacional de Estadísticas Educativas[7], alrededor del 42% de los estudiantes universitarios latinos que se matriculan en una institución pública no obtendrán su título dentro de un periodo de seis años. Abandonan la universidad sin un título y con una deuda significativa.

Los resultados de un estudio reciente de Micere Keels, profesora asociada de la Universidad de Chicago, indican que a veces las estudiantes latinas sienten que tienen diferentes identidades mientras asisten a la universidad.

---

[7] https://nces.ed.gov/programs/digest/d18/tables/dt18_326.10.asp?current=yes

Los hallazgos de Keels formaron parte de una investigación más amplia que analizó cómo las universidades en Estados Unidos no están haciendo lo suficiente para que los estudiantes afroamericanos y latinos se sientan bienvenidos. Su investigación fue publicada en el libro *Contraespacios en las universidades: estudiantes latinos y negros en busca de una comunidad en universidades históricamente blancas (Campus Counterspaces: Black and Latinx Students' Search for Community at Historically White Universities)*[8]. Keels argumenta que los contraespacios, también conocidos como espacios seguros, son esenciales para el bienestar psicológico y emocional de los estudiantes de grupos históricamente marginados.

Las mujeres latinas sienten que tienen identidades diferentes y que tienen que equilibrar las expectativas familiares mientras asisten a la universidad, "porque se espera que muchas de ellas estén en casa y mantengan los valores familiares tradicionales. Hay expectativas de género de que se mantengan más cerca de casa y gestionen las responsabilidades familiares", dijo Keels. "Esto contrasta a una estudiante universitaria tradicional que tiene padres con educación universitaria, donde ella simplemente va a la universidad y se enfoca en ser una estudiante universitaria".

Este problema podría ser más frecuente para "los padres muy tradicionales que podrían ser inmigrantes a este país. Puede que sientan que están perdiendo la capacidad de que su cultura continúe con sus hijos", dijo.

Gil García estuvo de acuerdo, "vemos que a veces cuando la hija decide que quiere estudiar en la universidad, entonces comienzan los cuestionamientos. Es un temor propio que ahora se va a convertir en otra persona. En realidad los padres mismos les infunden más temores que apoyo. Entre los padres sean menos educados, tú vas a ver eso con más frecuencia".

Buitrago agregó: "Las estructuras familiares más tradicionales pueden querer que las mujeres estén en casa o con niños, lo que podría dificultarles buscar oportunidades educativas o salir a la fuerza laboral de una manera que les permita salir de la pobreza".

---

[8] https://www.campus-counterspaces.com/

CLAMOR CHICAGO

The harsh cycle of poverty for Chicago's Latina women

Why poverty for Latina women could be more detrimental than for other groups

by MARCELA CARTAGENA Published in September, 2020

Celene Adame is the mother of five children: Emanuel, 17, Abraham, 14, Sharon, 10, Wilmer, 6, and 18-month-old, Anthony.

A few months ago, Celene woke up with a sharp pain on the left side of her brain, just above her eyebrow. She took Tylenol, believing it was just a random pain that would surely go away. The next day, Celene began to vomit uncontrollably. She drank Gatorade thinking it was just a stomach bug. As she became iller, her mother rushed her to the emergency room, where she learned the unimaginable: she had stage four glioblastoma brain cancer.

She recently finished chemotherapy and radiation treatments, but won't know if she is cancer-free until a few more years. A few weeks ago, her oncologist gave her the green light to work with extreme precaution, but leaving home for work it's something that terrifies Celene due to the dangers that covid-19 could bring if she were to be infected. Despite her fears, she will venture out and look for work because there is simply no other alternative, she said.

Her husband Wilmer, a partner of 11 years, is unable to work due to his inability to move his fingers in one of his hands, caused by an injury he suffered on his left clavicle during an ICE raid in 2017. He had been mistakenly detained because his name erroneously appeared in the Chicago Police Department gang database. He was released 11 months later. Today, he also suffers from panic attacks and convulsions. He needs surgery but is uninsured.

Celene and her husband are unemployed and depend on Casa Catalina, a Catholic Charities food pantry, for food. Her mother held a fundraiser, where she and others collected $1,600 for the rent. But the family is on the verge of having their electricity cut off despite Celene's pleas. Nevertheless, she is eternally grateful for her landlord's generosity, who hasn't put any pressure on their inability to pay rent on time.

The harsh cycle of poverty for Chicago's Latina women

All the kids, except the youngest, went through counseling at their school before the coronavirus crisis. Their oldest brother, Emmanuel, is always worried about his parents' financial struggles. He is hoping to find work at Mariano's or any fast-food restaurant.

Abraham, the 14 year old, sometimes stands in front of the neighborhood's laundromat or the grocery store El Güero, selling chocolates.

She said she is trying hard not to succumb to a deep depression. She is grateful that she still has her eyesight after her brain surgery and the ability to walk and think straight.

The story of Celene Adame is one of many Latina women struggling to survive and make ends meet while residing in Chicago, one of the world's largest economies, but a city known for decades of segregation, deep-rooted corruption, and racial inequality.

"Chicago is really a city of neighborhoods and where your zip code can often determine your outcomes in the city," said Katie Buitrago, director of research with Heartland Alliance. "Opportunity is concentrated in certain neighborhoods, and a lot of the Latino population in Chicago are in neighborhoods that have less investment and important things like infrastructure, education, and economic development."

According to a report on Illinois poverty released by the Heartland Alliance in 2019, the numbers show that Latina women's poverty rate is 18.4 percent, slightly higher than the Chicago poverty rate overall, which is 17.4 percent.

Undoubtedly, the covid-19 crisis has worsened extreme poverty among Hispanic women because the unemployment rate for this group is higher than the rest of the workers in general, according to a report[9] by the Pew Research Center published in August. Hispanic women have experienced a particularly steep increase in their unemployment rate, from 5.5 to 20.5 percent between February and April 2020. By comparison, the unemployment rate for Hispanic men increased from 4.3 to 16.9 percent during this period, according to the report.

---

[9] https://www.pewresearch.org/hispanic/2020/08/04/coronavirus-economic-downturn-has-hit-latinos-especially-hard/

The impact of poverty for Latina women can be more detrimental than for other minority groups because of factors such as immigration status, language, and cultural barriers. Undocumented Latina women have more difficulty finding jobs, are more likely to work for low wages or below the minimum wage, and don't qualify for welfare, healthcare, housing, and other programs that other permanent residents and U.S. citizens do.

Ward 25 Alderman Byron Sigcho López said that poverty within the Latino community is enormous, especially among women. "There's a lot of sexism, a lot of domestic violence problems. You can clearly see the challenges they face," he said.

As part of her recently launched campaign to fight poverty in Chicago, Mayor Lori Lightfoot gave a frank view on poverty in Chicago in a persuasive and emotional speech delivered at the nonprofit City Club of Chicago on Feb. 14. "Poverty is killing us. Literally and figuratively killing us. All of us. Not just the souls that are locked in its seemingly unrelenting grip. The people who are hungry, without stable shelter and no prospects for economic self-sufficiency. Those poor souls are suffering to be sure, but so are we, the rest of us."

"Am I making you uncomfortable? I mean to. Facing these hard truths is not easy.The process is painful, but face it we must and we must do this together, neighbor to neighbor. Without a united effort, a common sense of purpose, we cannot right the wrongs that have brought us to this place," Lightfoot said in her remarks.

Researchers say the most significant factor that influences the high rate of poverty for Latina women is immigration. Since many Latina women are undocumented, they struggle to obtain work authorization leaving them with limited job opportunities. For that reason, they are more likely to work for less than the minimum wage, or in low-quality jobs without any employment protections or benefits.

"For some, their legal status makes it very impossible to find decent work. I see that legal status as a major barrier that, if removed, might prevent cycles of poverty," said Joanna Dreby, an associate professor of sociology, and an affiliate in Latin American, Caribbean and U.S. Latino Studies at the University at Albany in New York. "The burdens they take on economically are very significant."

Marilú González, regional director of Southwest Regional Services of the Catholic Charities of the Archdiocese of Chicago, believes that since Latinos keep silent about their immigration status, the rate of Latina women living in poverty is probably triple the 18.4 percent.

Sister Joellen Tumas, a Catholic nun who has been working for the Latino community since the 1970s, agrees. "That's because women keep silent and are hiding in fear of being found by immigration."

The data comes from the American Community Survey, a product of the Census, and it's therefore "the official rate," Katie Buitrago said. However, "there are limitations with Census/ACS data. The 10-year census does not ask about immigration status, but the annual ACS survey does. This question likely deters some undocumented people from responding to the survey. So, it likely undercounts undocumented people."

"If undocumented people have higher poverty rates than Latinos in general, the official poverty rate from the ACS/Census may underrepresent true poverty rates for Latinos," Buitrago said.

González said that "unfortunately, Latinas have always been very cautious about speaking out about saying how they feel, or what they think. And that's historic. That has something to do with immigration, but it's more to do with migration. You know, it has to do with the fact that culturally, we were never taught we could speak out as women."

"So you are present, but you are not present. You're there, but you're not there. You count, but you don't count. So in many ways, it's like there is silence in the circle. Many women feel like, well, can I really say something?" González said.

Buitrago said that Latina women also face discrimination and racism in the workplace, and "they might be struggling to make ends meet with two or three jobs that might make it hard to get childcare. There's also just lower educational attainment among the Latino population in Chicago. So that might also make it harder to get [good paying] jobs."

Besides, research shows that the highest risk of poverty and the highest spikes in poverty rate take place in the months after childbirth for low-income women.

"And that can be really hard for families who suddenly have increased costs. Women take on a higher percentage of the unpaid care work in this society. We spend more time caring for families who spend more time taking care of the household," Buitrago said.

Immigration, a significant factor

As part of Mayor Lightfoot's campaign promise to fight poverty, her office and several partners held a summit called "Solutions Toward Ending Poverty" on Feb. 20, 2020, at the University of Illinois at Chicago. In a conference room packed with hundreds of advocates, community and business leaders, professionals, researchers, and academics, the Mayor kicked off the anticipated and highly promoted event with speeches, presentations, followed by two sessions of discussion panels.

One of the panelists was Marci Ybarra, an associate professor in the University of Chicago School of Social Service Administration, who discussed how undocumented families are struggling from not receiving welfare aid, and how federal immigration laws are creating confusion and keeping mothers from enrolling children who are already eligible for certain benefits.

"It creates a ripple effect across a family and a community rather than something that only happens to an individual," Ybarra said.

"The welfare reform in 1996 excluded, with a few exceptions, immigrants in the US for about five years from receiving any public assistance. And researchers, including myself, looked at the decline in enrollment for kids who are in immigrant families, especially programs like Medicaid," Ybarra told the audience at the summit.

"And it turned out that even eligible kids after that legislation, were not enrolled in Medicaid," Ybarra said.

The exclusions and restrictions for immigrants in accessing public programs led to a decline in immigrant parents enrolling children who are eligible. This is what "we call a chilling effect that is not related to eligibility but influences those who are eligible," Ybarra said.

The harsh cycle of poverty for Chicago's Latina women

Latina women's economic hardships worsen when a father or partner gets deported. "Latino women are taking up the slack and having to provide for their kids. What was once two salaries suddenly is one, and they're bearing this burden, and it's very, very difficult," professor Dreby said.

Dreby described the case of one family who, after the father was deported, the mother had to work until 9 pm, leaving her 13-year-old daughter to become the primary caregiver for her younger siblings, from 3 p.m. to 9 p.m. every day. "And this [scenario] can be fairly common," Dreby said.

Professor Dreby's research explores family dynamics under conditions of increased globalization, with specific expertise on international migration, gender, and children. She said she had interviewed women who have reluctantly left their children behind in their home country with the hopes of saving enough money to return and help their children as soon as possible.

"It's not a choice. It's a forced choice, and it is a very difficult decision. And the idea is always reunification as soon as possible and financial support of their children in the meantime," professor Dreby said.

"A lot of these mothers anticipate being able to send for their children much sooner than they actually are able to do so," Dreby said. "Even though they're working, that money isn't really enough to go as far as they hope it will."

Latina women experience poverty differently from other communities born here, as there are layers to their experience, said Amanda Benítez, director of community health at Enlace Chicago.

"They are dealing with poverty, and with race, and the discrimination that they experience because of the color of their skin, but they're also dealing with language barriers, figuring out how to navigate those systems.

"They're also dealing with the immigration system and fear of like ICE coming and knocking on their doors or taking their kids to school and encountering ICE along the way," Benítez said.

Neli Vázquez-Rowland, co-founder and president of A Safe Haven, added that "the cost of poverty is astronomical because whenever you have a woman, especially if she is a mother and she doesn't get the ability to support herself and support her children. That definitely leads to a huge ripple effect in terms of their health and well-being."

The high cost of poverty

According to the 2019 Heartland Alliance report, the consequences of poverty among Latina women are as complex as staggering.

Latinas face hardships on many fronts: they are paid less, have less wealth, are more susceptible to wage violations and wage theft, are more likely to work in low-paying jobs, have higher incarceration rates, are more likely to suffer domestic violence, and have poorer health. Nearly a quarter of Latina women in Illinois do not have a personal doctor, the report says. Thirty-two percent of Latina women in Illinois are more likely to report poor health status than white women (16 percent).

Latina women are also more likely to face racism, sexism, and sexual harassment in the workplace.

In addition, the report shows that "human trafficking exists because poverty exists. Traffickers seek out individuals who are missing something—economic opportunity, education, documented immigration status, love, support, or safety, for example. The largest group of people identified as trafficked in the U.S. are Latino."

Poverty inevitably also affects mental health. "In Little Village, we have really high rates of stress and anxiety and depression," Benítez said.

Another layer to the problems immigrant mothers face is that "there's emerging research on the impact of raids on moms during pregnancy as well as their children. And so it's been found in a number of papers now, that immigration raids on workers have had the significant effect on children's birth weight," Professor Ybarra said at the summit.

Domestic violence

Is there a correlation between poverty and domestic violence, especially for Latina women? The answer, according to researchers, is yes.

"Unfortunately, Latino women—like all women—often face situations in which they are experiencing domestic violence, and domestic violence can lead to interactions with ICE. So supporting women and those types of situations rather than tearing families apart is another key area that I think cities can do work to help support families rather than make things more difficult," researcher Joanna Dreby said.

The harsh cycle of poverty for Chicago's Latina women

"Women who are living an extremely stressful situation tend to stay a lot longer in those abusive situations because there is an economic dependence," Vázquez-Rowland said. "And that in the Latino community, especially for the undocumented is a very, very difficult challenge."

Katie Buitrago said that in another study conducted by the Heartland Alliance, they found that there is a vicious cycle between domestic violence and poverty. "For one thing, if you live in poverty and you're experiencing domestic violence, it can make it harder for you to sort of leave this painful situation. If you're economically dependent on your partner, you might not have the resources to move out. Or they [the abusers] might use methods of economic abuse to control you, like preventing you from getting a job or ruining your credit so that you can't get an apartment on your own. And so it can make it much harder for women to restart their lives."

How are children affected by poverty?

Ariel Kalil, a professor at the University of Chicago Harris School of Public Policy, another researcher who spoke in a panel during the poverty summit, discussed how poverty affects children, even before they are born.

Kalil said there is research in neuroscience and development psychology that highlights the importance of the early childhood period for brain development and the role of the environment in shaping the brain's structures and capacities that will carry us forward throughout the lifespan. "And in the field, we refer to this as plasticity or malleability of brain development," she said.

This means that early in childhood, event before a child is born, the brain is sensitive to negative influences, such as the conditions associated with poverty and the stresses it causes. "But also the brain is particularly responsive to positive [influences] it pulls from the environment. So it's both a very challenging time for children who are born into low-income circumstances, but also very significant," Kalil said.

Research also shows that experiencing poverty in childhood can have far-reaching effects throughout that child's life. This means that the likelihood of exiting the cycle of poverty is very low.

In Joanna Dreby's interviews, she said that "younger adults often talk about feeling like they're growing up too fast and [didn't] have childhoods that are the same as their peers."

"This is why it is so it's important to increase the incomes of parents with young children to make sure that they can meet their needs early on and really set a strong foundation," Buitrago said. "We need to make sure that we are taking care of the parents to make sure that they are equipped to meet their children's needs."

According to Kalil, "parents share the same hopes and goals and aspirations as does any other parent. But life gets in the way a lot. And there's a lot more stress and hassle factors and frictions in low-income households that seem to stand in the way of parents being able to carry out those aspirations."

Josefina Tercero and her husband, Jorge, live on an annual income of less than $19,000 for a family of four residing in Pilsen. Sometimes, when she has been able to find a temp job cleaning apartments in downtown Chicago, she has had no choice but to walk from Pilsen all the way to Wabash or Michigan Avenue because she has no money for the bus.

She remembers how she and her husband lived through three critical months when they didn't have any money left for food. They relied on the food pantry. Her younger son would ask for apples and milk, so she would carefully ration the milk and apples to make them last.

She was worried that the quality of the food from the pantry wasn't good, so she figured out creative ways to make the family meals more appealing.

She becomes emotional when she says she has taken her kids out to eat two or three times at the most in the 17 years she has been residing in the United States. It saddens her to see her children compare themselves to other kids.

With the unexpected arrival of covid-19, their economic situation worsened because the number of job opportunities decreased drastically, and could not receive any economic aid, neither from the government (due to their immigration status) nor from nonprofits.

Fully enraged and frustrated, Josefina shares her experience when she tried to obtain $1,000 cash assistance for undocumented families from the Chicago Resiliency Fund through The Resurrection Project. As soon as the phone lines opened, Josefina *patiently began to call for hours and days without ever receiving any response. "I feel like I wasted my time with liars and fake people. It was a waste of energy for nothing. It's too much. Each day goes by, and I don't know what else to do,"* she said.

(Sarah Powell, the spokeswoman for The Resurrection Project, said that during June and July, the organization received hundreds of thousands of calls, making it impossible to assist all families. Powell added that the organization maintained a throughout and clear communication with the public through their social media accounts and website. "We understand and apologize to everyone for the frustration," she said to La Raza.)

Her 19-year-old daughter, Ana Gabriela, suffers from sharp and constant chest pains that numb her left arm and three of her fingers, leaving her unable to carry on a normal life. Doctors can't figure out what's causing the pain. No one in the family has health insurance and don't qualify for Medicaid. Her parents pay her medical costs out of pocket in any way they can.

But more than anything in this world, Josefina wants a stable job. Anything, she says. She is exhausted with the instability of work, and she figures out ways to make some money by cooking enchiladas for neighbors, cleaning apartments and homes, shoveling snow in the neighborhood, and selling scarfs and hats that she knits.

She loves to read, bravely shows up to all pro-immigration protests, and is highly active in the community and her children's schools. The lack of opportunities and money here in Chicago and back in her hometown in Michoacán, México, kept her from achieving her dream of becoming a teacher.

She says she accepts her life as it is and does everything in her power to remain positive and keep on fighting and living for herself and her family.

A look at Chicago's history: How did we get here?

To understand Chicago's decades of inequality and segregation, it's essential to look at its history back to 1934 when redlining was established with the National Housing Act.

Redlining was a system in which banks and other financial institutions would deny mortgages to black and Latino applicants. When determining whether to approve a home loan, bank lenders would use a neighborhood map outlined in different colors, with red meaning "risky." Areas with a higher density of minorities were more likely to be redlined than other white neighborhoods with similar incomes. This discriminatory practice resulted in the residential segregation we see in Chicago today.

Although redlining was outlawed in 1968 through the Fair Housing Act, discriminatory lending practices continued for years all over the U.S.

As recent as 2015, the U.S. Department of Housing and Urban Development (HUD) made a $200 million settlement with Associated Bank, a nationally chartered bank, for unfairly rejecting mortgage applications from black and Latino applicants in Chicago and Milwaukee. As part of the agreement, the bank was also required to open branches in non-white neighborhoods.

According to Elizabeth Todd-Breland, an associated professor of history at the University of Illinois at Chicago, who also spoke at the poverty summit, "segregation also was profitable, and it continues to be. Landlords can make greater profits by charging exorbitant rents for poor quality housing."

"Often we talk about the relationship between segregation and housing and schooling together. But residential segregation alone cannot explain the level of segregation in Chicago Public Schools. CPS policies exasperated residential segregation [by] building new schools or locations to maintain segregation and redrawing attendance boundaries to maintain segregation," Todd-Breland said.

Todd-Breland said that along with segregation came disinvestment and loss of jobs, as 95 percent of new development took place in only seven of the city's 70 neighborhoods around the loop and surrounding areas. The disinvestment exasperated the poverty among minority groups as they faced a lack of quality public services, living wage jobs, grocery stores, commerce, healthcare, adequately-funded schools, mental-health clinics, and affordable housing.

Job losses and deindustrialization also hit Chicago hard in the late 60s, 70s, and early 80s.

Between 1967 and 1982, a quarter of Chicago's factories closed, cutting 250,000 jobs, almost 46 percent of the city's industrial workforce. This dramatic change increased inequality. "For the top 20 percent of earners, their wages increase. As the city was losing jobs, someone was regaining jobs. And this created a spatial mismatch, particularly for black and Latinx communities," Todd-Breland said.

Criminalization has also been part of a broken system affecting poor communities, researchers say. "Poverty is ultimately about money. And the more we criminalize poverty, the less we can invest in helping people get out of poverty," Simon Balto, an associate professor of history and African American studies at the University of Iowa, said at the poverty summit. "There is money in this city. It's just concentrated. I'm talking about a particular section of the city budget, that be the portion of the budget that goes to punishing people."

Balto argues that a portion of the city budget that is appropriated to the Chicago Police Department—which continues to increase every year and now is at about $1.7 billion—should be spent tackling the root of the problem by expanding youth programs. Chicago spends more than $4 million every day on policing.

Furthermore, an investigative report by ProPublica Illinois and WBEZ last year said that traffic fines and parking tickets create an out-of-control debt and even bankruptcy for minorities since they can't afford to pay the high cost of tickets and late fees. "Drivers who don't pay what they owe face tough punishments from the city and state that threaten their livelihoods," ProPublica reported.

As a result of their investigation, in November of 2019, Chicago's City Council approved new reforms to change the punitive system and ended the suspension of driver licenses due to unpaid parking tickets.

Jocelyn Fontaine, director of criminal justice research at Arnold Ventures, said at the poverty summit that"what may be an easy payment or reasonable cost for some, for another family is completely unreasonable. This exacerbates poverty or pushes people into extreme poverty."

"The punishment for the failure to pay some of those economics sanctions result in crippling debt, and even the inability to vote sometimes. It's counterproductive," Fontaine said.

Access to programs and public assistance
Whether undocumented or not, access to public assistance and social programs for Latinas can be highly bureaucratic, challenging, and even confusing.

Alderman Sigcho López said that access to health and medical coverage is a severe problem within the Latino community, which disproportionately affects Latina women in particular.

"Many mothers who work two or three jobs have no health coverage or benefits and are responsible for their homes. There is no access to public service. These mothers basically work to sustain themselves without any public help… Mental health service is a tragedy for children and entire families because there is no access," Sigcho López said.

In some instances, the waiting time to get a counselor, social worker, or psychiatrist can be as long as nine months, he said. "We have a responsibility to make those resources accessible to all communities. We need agencies and departments to step up and do something."

The challenges for undocumented Latina women, including DACA holders, are even more significant because they don't qualify for any public assistance (unless it is a life-threatening emergency) for them or their children unless the children are U.S. citizens. These federal programs include the Supplemental Nutrition Assistance Program (SNAP, sometimes referred to as food stamps), regular Medicaid, Supplemental Security Income (SSI), and Temporary Assistance for Needy Families (TANF). Undocumented immigrants are ineligible for healthcare subsidies under the Affordable Care Act (ACA) and are prohibited from purchasing health coverage in the ACA exchange.

Even those with permanent residency, with a few exceptions, are not eligible for any public assistance until they have resided in the U.S. for five years.

But in some states, there is some relief. In Illinois, the All Kids program provides healthcare coverage to all children regardless of their immigration status. Besides, undocumented children have access to public education, providing relief to parents as schools offer breakfast and lunch to children from low-income families.

Applying for benefits can be frustrating and confusing, advocates say. For instance, as of February 25, 2020, the Public Charge rule imposed by the Trump Administration went into effect all over the country, affecting anyone applying for the permanent residency.

The rules have been unclear, say professionals who work helping immigrants, but basically dictate that an application for permanent residency can be denied to anyone who has received public benefits for 12 months over a 36-month period. Benefits received before Feb. 24, 2020, will not be taken into account[10].

"This tactic is meant to cause confusion in the community. And we've seen that a lot of people are very confused. It's even been a challenge to get our own workers to really understand [the Public Charge rule] because it's very complex," Amanda Benítez of Enlace said.

"This is just going to make poverty levels rise and cause more harm to an already struggling community," she said. "It's going to keep people from enrolling for benefits that their children are eligible for."

Where do Latina women turn then when there is no public aid? Thankfully, numerous nonprofit and faith-based organizations in Chicago are devoted to helping those living in poverty, especially women.

One of them is Casa Catalina, a food pantry located in the Back of the Yards neighborhood owned by Catholic Charities of the Archdiocese of Chicago. Sister Joellen Tumas runs the location.

Sister Tumas recalls the case of a couple who showed up with eight children asking for help in the middle of winter. Despite the freezing temperatures, no one in the family had any jackets, coats, or proper shoes. "They had no idea of city streets and numbers. We asked, where do you live? We had to walk home with them to find out where they lived. They had nothing. Two days later, the baby in the family ended up in the hospital with pneumonia," she said.

"We need to understand the immigrants. We need to get back to the old mentality of welcoming them. We need to understand how difficult this is for these families to leave everything behind. They're escaping such terrors. And what are they coming to? More terror," Sister Tumas said.

Casa Catalina is a trusted location because of its history and its relationship with the Latino community, said Marilú González.

"There is a reality that women are working more, which means that they have to figure out childcare in different ways, and maintaining their home becomes a huge priority," she said.

---

[10] Since March, 2021, at the beginning of Joe Biden's Administration, the new Public Charge regulations established by the Trump Administration are no longer applicable.

To support and empower Latina women, González said she started a group called Mujeres Floreciendo, which means women are blossoming. "And the group of women began as a tool or a mechanism [for women to see] what their strengths are, what their values are, know that they have rights," she said.

Mujeres Floreciendo became so successful that they started another group to help women find their potential and maybe even become entrepreneurs.

Latina women have so many talents, González said. "They know how to bake. They know how to cook. They know how to sew. They know how to create things," she said. "But they never knew that that is something that they can actually sell."

This year, González said her program was able to get some funding through a Catholic Charities campaign for human development to begin to look at how those talents can be utilized strategically.

"We want them to grow their business, become entrepreneurs, look at themselves, and say, yeah, I did that. I made that happen," González said.

Another very well-known organization in Chicago devoted to helping the poor is A Safe Haven Foundation, which helps people get out of extreme poverty, homelessness, and addictions, and become self-sufficient.

Vázquez-Rowland said her organization helps about 5,000 people every year and has a success rate of 70 percent of people completing the program. Those who don't complete the program are referred to another level of care.

"We take people regardless of their [immigration] status. Our job and our mission are really to address the root causes, mentally, physically, and economically in a way that's going to help them, not just them, but their children, too," Vázquez-Rowland said.

Other nonprofits, such as Enlace in Little Village, tackle education, health, immigration issues, and violence prevention. They have also been able to help women in desperate situations through their emergency funds, to help them cover last-minute costs for basic needs.

Since there is a strong connection between poverty and mental health, Enlace works to help women overcome their anxiety, stress, and depression through support groups led by trained professionals in safe spaces such as churches and libraries.

Benítez said that hundreds of Latina women can find support for their mental health needs in their language thanks to this program. "We want them to feel comfortable in these informal and safe spaces so they can talk about their lives, their struggles, stresses, depression, and anxieties that they may have," Benítez said.

"People come into the program with moderate to severe levels of anxiety, depression, stress, and then after six to eight months in the program, we see those levels going down towards more mild or lower, moderate," she added.

Is Chicago really a Welcoming City?
Not really, advocates say

"The City of Chicago is considered a welcoming city. Right? The question I have for the City of Chicago is: how, where, and when. Where is that present? And what location? Is it in City Hall? When they have to go to get their municipal Id?" González said.

"So how is it that we are really welcoming people in a city that's so vastly diverse, but so vastly segregated? And I don't know the answer. I only know it's a problem," she added.

Sister Tumas agrees: "It's the whole immigration picture or whole immigration law because that puts them [immigrants] at puts them on the bottom. The City, the State, isn't going to be too excited about helping Latina women because they're not voters. They're going to go and help black [communities] because they are citizens and they vote. That's a little underlying thing that a lot of people don't think of."

In her speech delivered at the nonprofit City Club of Chicago, mayor Lightfoot said the City had failed miserably for decades to break the cycle of poverty but has made it worst with a lack of reforms and real action.

"We did this," she told the audience. "We have our fingerprints all over the impoverished conditions in which so many of our residents languish.

"We did this historically by using government as a tool to create and enforce race-based discrimination that killed, crushed, and systematically reduced the lives of too many over generations. A whole infrastructure perfected over time, and savagely enforced for centuries, which at its core embraced an ethos that black and brown, Asian and indigenous lives did not matter, period. The past is very much our present.

"We did this by voting for politicians who embraced this ethos and used every toolat their disposal to perpetuate the deprivation and disenfranchisement of people who looked like me solely on the basis of race, ethnicity or national origin.

"And we continue to do this today and every day, by looking the other way, saying it doesn't affect me, or the problem is too big to solve.

"Government and we the people created this monstrous problem, and we the people must solve it," Lightfoot said.

But in terms of the City helping immigrant Latina women, not much has been said nor done, advocates insist.

In response to advocates' skepticism, Mayor Lightfoot's Office sent the following statement to *La Raza*:

"The Lightfoot administration is acutely aware that poverty in Chicago is a racialized and gender-driven and manifests for Chicago Latinas in unique ways. As a first step, Mayor Lightfoot convened hundreds of Chicago business, community, nonprofit, philanthropic and public sector leaders for the STEP Summit, to make clear how we as a city arrived at this point, identify examples of policy solutions that we know can lift people out of poverty and into the middle class, start to break down silos and begin the building of a movement with residents that will make Chicago a hub of anti-poverty innovation.

"Following the summit, the City will now launch a community engagement and listening process that is predicated on the fact that economic struggle can be profoundly different even within the same neighborhood when looking at gender, race and other structural factors Chicagoans are living with.

"This next phase of the work will be an opportunity for City policymakers to hear from residents—Latinas included—so we can be clear about what their economic struggle really is like, and how the City can devise solutions responsive to their unique needs as well as the shared challenges facing nearly 40 percent of Chicagoans living in economic insecurity.

"These findings will inform the creation of a community-centered policy roadmap to ending economic hardship and creating durable pathways into the middle class. As this new approach to policy making unfolds, the

Lightfoot administration has already taken important first steps to help people by, for example, ending water shut-offs for inability to pay by low-income homeowners, embarking on ongoing reform of a regressive fines and fees system, passing ordinances to increase the minimum wage to $15 by 2021 and guaranteeing a fair and predictable work schedule for low-wage workers, including thousands of Latina residents and other women of color working in the restaurant and service economy."

Looking forward

Researchers, academics, and advocates have looked at several recommendations that would help break the cycle of poverty among Latina women. Still, it all comes down to one critical key: immigration reform. Immigration reforms as they are today are deepening poverty levels.

Buitrago said that considering the issues that are particularly faced by immigrant Latino women, "we need to expand pathways to citizenship and to getting people into jobs that have proper protections."

In addition to immigration reform, Buitrago said that employers must be held accountable to make sure that "they're not violating workers' rights, or doing things like wage theft."

"It is also critical that people have a living wage. We need to make sure that people's basic living wage can meet the needs," Buitrago said.

Buitrago explained that the federal poverty line is arbitrary because it's based on the cost of food in the 1970s multiplied by three and adjusted for inflation, but it doesn't take into account housing and rental, childcare, healthcare, and insurance costs.

In addition, providing affordable housing is another crucial step in fighting poverty. "This is something that we hear a lot about from our participants at Heartland Alliance as a need... Affordable Housing can be really hard to find in a city like Chicago and we're not investing enough and making sure that there's enough affordable housing units," Buitrago said.

In the 2019 Heartland Alliance report on poverty, experts recommend several steps to reduce gender inequity, including:

-Addressing discrimination and sexual harassment in the workplace.

-Increasing income and wealth-building opportunities for women.

-Requiring employers to provide paid sick time, fair scheduling, and establish family and medical leave policies.
-Expanding the availability of subsidizing childcare and dependent care tax credits.
-Expanding Medicaid.
-Defending women's reproductive rights.
-Ensuring pre-existing condition protections and maternity benefits.
-Strengthening federal public aid programs.
-Strengthening mental health and violence prevention programs.
-Boosting protections against wage theft for immigrant women.
-Enhancing protection for survivors of trafficking.
-Supporting pathways to citizenship.

Investing in social programs – public and nonprofits

Advocates say that social programs that already have established systems to help disadvantaged communities need more support, as they are working with smaller budgets and less staff.

"Statewide, we've been disinvesting in these anti-poverty programs for years, which was more severe during our [state] budget crisis several years ago [during the Governor Rauner Administration]," Buitrago said.

Vázquez-Rowland added that it's essential "to think more comprehensively and more holistically around the issue. Instead of trying to reinvent the wheel, try to support those places that are already doing most of the work. We have to think how we can invest more in making sure that these [programs] can grow and expand in a way that can help more people get the help they need."

Investing in government social programs and nonprofits will have a positive outcome in the long run for generations. "There are things that [the government] can do to provide housing for undocumented folks, rental assistance for undocumented folks. The state could put resources towards [these programs]," Benítez said.

"We actually get a return on our investment," Vázquez-Rowland said. "For every dollar that we invest, we save at least $7 and other costs associated with the burden of having someone that's dependent on the system."

'The only way out of poverty is education': Ana Gil García

Professor Emerita and consultant Ana Gil García, also a prominent leader in the Latino community in Chicago, believes that the only way to break the cycle of poverty is through education.

"Education is a human right. Education will be and will continue to be a springboard for individual progress and for community progress. Because when we save one, we're really saving an entire community," Gil said.

"My mother always told us, I have no wealth, I have no land, no jewelry, but here [her children] everyone will study, because the only way out of poverty and ignorance is through education," she said. "The most expeditious way for us to get out of this poverty, which is sometimes not just social poverty, but mental poverty, marginal poverty, is through education. Education is the only mechanism we have to get out of poverty."

Gil also pointed out that equity in wages continues to be a barrier for professional and non-professional Latina women.

According to the 2019 Heartland Alliance report, in Illinois, women still earn, on average, 78 cents on the dollar compared to men. But the wage gap is worse for Latina women: for every dollar earned by white men, Latina women earn 50 cents, black women earn 63 cents, and white women earn 76 cents.

If this trend continues, women in Illinois will not see equal pay until 2065.

The report added that eliminating the gender wage gap would dramatically decrease working women's poverty rates.

"That would translate into a 16 percent increase in women's earnings, totaling $20.5 billion, a huge boost for Illinois's economy. It means 1.1 million children would benefit from equal pay, reducing the poverty rate for children with working mothers by 43 per cent," the report indicated.

"We have two conditions. One is being a woman, and the other is being Latino. When we have that combination, that combination makes us more vulnerable," Gil said.

Young Latinas not getting support while attending college

Despite popular belief, not all Latino parents are fully supportive of their daughters attending college. Some young Latinas face scrutiny, questioning, and pressures at home, in addition to feeling out of place and unwelcome on campus.

According to the National Center for Educational Statistics[11], about 42 percent of Latinx college students enrolling at a public institution will not obtain their degree within six years. They drop out of college without a degree and with significant debt.

Findings from a recent study by the University of Chicago professor Micere Keels indicates that sometimes Latina students often have to navigate different identities while attending college.

Keels' findings came as part of a broader research, which looked at how campuses across the United States aren't doing enough to make black and Latinx students feel welcomed.

Her research was published in the book *Campus Counterspaces: Black and Latinx Students' Search for Community at Historically White Universities*[12]. She argues that counterspaces, also referred to as safe spaces, are essential to students' psychological and emotional well-being from historically marginalized groups.

Latina women feel like they have different identities and have to balance family expectations while attending college, "because many of them are expected to be at home and maintain traditional family values. There are gendered expectations of them to stay closer to home and manage familial responsibilities," Keels said. "This contrasts traditional female college students who have college-educated parents, where she just goes off to college and focuses on being a college student."

This issue might be more prevalent for "the very traditional parents who might be immigrants to this country. It might feel as if they're losing the ability for their culture to carry on in their children," she said.

Gil García agreed, "we see that sometimes when the daughter decides she wants to study in college, then questions begin. It's a fear, as parents think that the daughter is now going to become someone else. In reality, parents

---

[11] https://nces.ed.gov/programs/digest/d18/tables/dt18_326.10.asp?current=yes
[12] https://www.campus-counterspaces.com/

themselves instill more fears than support. When parents being less educated, you're going to see that more often."

Buitrago added, "more traditional family structures might want women to be at home or with children, which might make it harder for them to pursue educational opportunities or go out into the workforce in a way that would allow them to move out of poverty."

CLAMOR CHICAGO

Vender en las calles: vendedores ambulantes hispanos de Chicago se adaptan al covid-19

Los vendedores ambulantes hispanos de Chicago son una parte importante de la comunidad y hacen contribuciones económicas relevantes, pero con frecuencia son marginados y sufren de falta de apoyo

por BELHÚ SANABRIA   Publicado en octubre de 2020

I. Protegen a vendedores ambulantes de La Villita del contagio de covid-19

Trabajadores sociales llevan mensajes sobre medidas para prevenir el contagio y preservar la salud de vendedores ambulantes y trabajadores esenciales en comunidades impactadas por el coronavirus

Usando mascarillas y haciendo fila para comprar tamales, champurrado y arroz con leche, vecinos de La Villita leían curiosamente lo que decía un afiche informativo pegado en el carrito ambulante 'Lorena's Tamales'.

"Apoye a su vendedor ambulante local" y "Su salud está conectada con la mía" se lee en un cartel elaborado con el fin de proteger a los vendedores ambulantes del covid-19 en los barrios de La Villita y North Lawndale, en el suroeste de Chicago.

Una pila de afiches en inglés y español, cinta adhesiva y frascos con gel desinfectante carga en su mochila Dolores Castañeda, residente de La Villita e integrante del grupo de investigación del proyecto Greater Lawndale Healthy Work Project, una iniciativa de la Escuela de Salud Pública de la Universidad de Illinois en Chicago (UIC).

Mientras ella recorre a pie el barrio entrega botellas de líquido desinfectante a los vendedores y pega carteles en parques, lavanderías, tiendas, paradas de autobuses y en los carritos de los ambulantes. Esa iniciativa la viene realizando desde hace tres semanas en dichos barrios.

Vender en las calles: vendedores ambulantes hispanos de Chicago se adaptan al covid-19

"Quédese en su casa si está enfermo, practique el distanciamiento social de seis pies, use cubrebocas, lávase las manos, cubra su boca cuando tosa o estornude y desinfecte las superficies que toque frecuentemente", son las recomendaciones que se dan a las personas por medio de un afiche.

La iniciativa, llamada Greater Lawndale Healthy Work Project, busca mejorar y proteger la salud de los trabajadores de los barrios de North Lawndale y La Villita. Entre ellos, los vendedores ambulantes de esos vecindarios.

El proyecto se enfoca en difundir mensajes de salud y alcanzar a los vendedores ambulantes y a los trabajadores esenciales de esas comunidades impactadas por el coronavirus.

A Castañeda le preocupaba la situación de contagios de coronavirus en La Villita, debido a que ese barrio ha presentado un alto índice de personas latinas diagnosticadas con covid-19. Muchos de sus residentes son indocumentados y trabajadores esenciales, dice ella. "A mí me preocupaba la situación de contagio, el hecho de que nuestros vendedores ambulantes estén en la calle los expone al covid-19".

De esa preocupación surgió la idea del afiche informativo que es parte del proyecto que lidera Jeni Hebert, directora del Greater Lawndale Healthy Work Project. "Queríamos hacer un afiche con un mensaje positivo porque muchos de los mensajes de salud pública tratan de crear como miedo en una persona, si no se pone la máscara se puede enfermar, lo que es cierto, pero queríamos difundir otro mensaje, más de unidad y de comunidad, y por eso escogimos esos mensajes que dicen: 'Su salud está conectada con la mía'…", explicó Sylvia González, gerente de Greater Lawndale Healthy Work Project.

Ese proyecto ha realizado iniciativas con enfoque en la salud desde que se inició hace cinco años. Una de ellas es la de los afiches informativos para concientizar y proteger a los vendedores ambulantes del covid-19 de esos barrios.

"Tú y yo estamos conectados en la salud, cuando tú te proteges me proteges a mí y cuando yo me protejo te protejo a ti. Hay una conexión en la salud y de esa manera puedes lograr que las personas se concienticen de lo importante que es cuidarnos unos a otros" en tiempos de covid-19, dijo Castañeda.

No se debe "normalizar la pandemia" porque aún no ha terminado, enfatiza Castañeda en referencia las personas que en la calle no usan mascarillas, no hacen distanciamiento social, ni se cuidan. "En un futuro esperemos que pasemos esta pandemia, como ya hemos pasado históricamente otras, pero mientras estemos en esto tenemos que protegernos", concluyó.

El proyecto tiene varias metas pero la principal, dijo González, es "la de transformar los trabajos insalubres en trabajos saludables".

Se educan sobre la prevención

Ahora, "los vendedores ambulantes salen a vender sus productos con mascarillas y guardan la distancia social, pero muchos tienen miedo de contagiarse del covid-19. Muchos de sus clientes usan cubrebocas pero hay quienes no la usan y hay que protegerlos", recalca Castañeda en entrevista con *La Raza*.

Con su mascarilla y su gel antibacterial en mano, Guadalupe Pérez vende raspados de frutas en su carrito ambulante 'El Lupillo' afuera del supermercado 'La Chiquita' en La Villita. Ha vendido allí desde hace 20 años.

Él dice que aún hay negocio a pesar de la pandemia y trabaja los siete días de la semana en el mismo lugar. "El covid-19 ha bajado un poco mis ventas, pero no mucho… Casi la mayoría de las personas que vienen traen su mascarilla puesta, tienen el temor que les dé el virus", comenta Pérez[13].

Carmen Camacho vende panes caseros al estilo mexicano en La Villita y dice que los afiches informativos del Greater Lawndale Healthy Work Project le ayudan a que sus clientes tomen conciencia, se eduquen sobre la prevención del coronavirus y con ello se protejan a sí mismos y a los vendedores ambulantes.

II. Comunidad apoya a vendedores ambulantes de Chicago afectados por la crisis del covid-19

"Para el gobierno no existimos", dicen esos comerciantes. Jóvenes líderes lanzaron una campaña de recaudación de fondos para ayudarlos

En un carrito de compras con el que se hace el mandando, María Benítez y su hija Arias Benítez han vendido galletas y pan casero mexicano a la comunidad del Barrio de las Empacadoras. Ha sido el único sustento de esta familia de vendedores ambulantes por 10 años.

---

[13] Tristemente, Guadalupe Pérez falleció de COVID-19 el 15 de noviembre de 2020.

Vender en las calles: vendedores ambulantes hispanos de Chicago se adaptan al covid-19

Pero la pandemia de covid-19 ha trastocado su modo de ganarse la vida.

El esposo de María es quien hace el pan casero mexicano. Él fue repostero y laboró por muchos años en una fábrica pero empezó a tener problemas con la visión debido a que padece de diabetes y se buscó otro trabajo, pero decidió dejarlo para dedicarse de lleno a su negocio propio.

Sin importar el clima, María Benítez salía a vender pan y galletas a las escuelas y por las calles del Barrio de las Empacadoras desde las ocho de la mañana hasta las seis de la tarde, los siete días de la semana.

Antes de que empezara a estudiar sociología y español en la Universidad Georgetown en Washington DC hace dos años, Arias Benítez ayudaba a su madre y a su padre a elaborar y vender los panes después de la escuela. Ahora está en Chicago cuidando a sus hermanos menores y a sus padres.

El negocio del pan mexicano le ha permitido a la familia cubrir el pago de la renta y la comida por una década. "Estoy en la universidad y así es como me han ayudado un poquito mis padres. Afortunadamente tengo una beca completa para ir a la universidad, pero todavía tengo que pagar mis libros, mis vuelos, porque estudió en Washington DC. y todo eso ha sido con la ayuda de mis padres", mencionó Arias Benítez, de 20 años, quien forma parte de la organización comunitaria Increase The Peace.

A causa de la pandemia de coronavirus la estudiante universitaria dice que las ventas se han visto afectadas. "Como no hay nadie en las calles y tampoco puede estar uno en las calles por mucho tiempo, mi madre sólo vende por pedido y así no es la misma cosa. Ahora es muy diferente porque nadie la ve que está caminando y nadie le pide", señala Arias Benítez.

Los vendedores ambulantes, las personas indocumentadas no son elegibles a ningún tipo de alivio por parte del gobierno federal frente esta pandemia señaló Arias Benítez. "Para el gobierno nosotros no existimos, esto no es correcto, no es justo. Todos vienen aquí a Chicago para los vendedores, todos quieren comprar cosas a los vendedores ambulantes. Todos quieren ayudar a la gente pero el gobierno no piensa en nosotros".

Impulsan fondo de ayuda

Frente a la falta de recursos, un grupo de jóvenes líderes del suroeste de Chicago tomaron la iniciativa de recaudar fondos para ayudar a los vendedores ambulantes, un sector vulnerable de la comunidad duramente afectado por la pandemia de covid-19.

Muchos de los vendedores ambulantes no calificaron para el dinero del estímulo del gobierno federal. Tampoco tuvieron acceso a los fondos de alivio para negocios porque muchos de ellos no tienen licencia para ser comerciantes. Muchos de los vendedores ambulantes dependían de la gente que estaba afuera de las iglesias, en las escuelas y en las calles, ahora sin ninguna clientela por la orden estatal de permanecer en casa no hay negocio, explicó Berto Aguayo, director ejecutivo de la organización comunitaria Increase The Peace.

El comité de ayuda de vendedores ambulantes liderado por jóvenes de Increase The Peace ha creado una página de GoFundMe[14] para ayudar con dinero a los vendedores ambulantes de Chicago. Hasta mediados de octubre ya habían recaudado más de $46,000.

Las solicitudes para que los vendedores ambulantes soliciten la ayuda financiera[15] está disponible desde mayo pasado, en línea en español e inglés. Cabe destacar que la ayuda financiera es de $500.

Aguayo dijo que ha visto mucho apoyo comunitario para esta causa. "Esto es una muestra del poder comunitario y de que a mucha gente le importa y quiere ver que los vendedores ambulantes reciban ayuda".

El único requisito para solicitar la ayuda financiera fue que los vendedores ambulantes vivan en Chicago.

La mayoría de los vendedores ambulantes no saben leer ni escribir, no hablan inglés y tienen escasas destrezas con el uso de internet y la computadora.

Ante las dificultades que pueden presentárseles para acceder y enviar las solicitudes en línea, la idea del grupo de jóvenes de Increase The Peace es ir a diferentes barrios de Chicago donde trabajan los vendedores ambulantes, dejarles saber de la solicitud y si ellos quieren participar ayudarlos con el proceso.

Además de ayudar con dinero en efectivo, estos jóvenes quieren aprovechar la oportunidad para educar y orientar a los vendedores ambulantes con otros recursos y otras organizaciones que les puedan ayudar en sus diferentes necesidades.

---

[14] http://bit.ly/3cGUNHm
[15] http:// bit.ly/3cqloIN

Vender en las calles: vendedores ambulantes hispanos de Chicago se adaptan al covid-19

Increase The Peace es una organización que nació en el Barrio de las Empacadoras enfocada en desarrollar y entrenar líderes para cambiar sus vecindarios y abogar por la paz en las comunidades del suroeste de Chicago.

III. Cooperativa de vendedores ambulantes de Chicago busca comprar edificio donde funciona su cocina comercial

La meta es convertir el lugar en un centro que genere empleo para residentes de vecindarios latinos y afroamericanos

Sin temor a ser detenidos por la policía, vendedores ambulantes de Chicago preparan comida en una cocina compartida que funciona en un local alquilado que ahora quieren comprar.

La Asociación de Vendedores Ambulantes de Chicago (SVAC) busca comprar el edificio en el que opera actualmente y donde funciona su Cocina Compartida de Trabajadores Cooperativistas (CCTC). Allí preparan los antojitos mexicanos que venden en las diferentes comunidades de la Ciudad de los Vientos.

SVAC abrió la cocina compartida certificada por la ciudad en 2016, la cual opera en North Lawndale, uno de los barrios más pobres de Chicago.

Para ceñirse a la ley y cumplir con todos los requisitos de sanidad que impuso la ciudad al legalizar la venta ambulante de alimentos en 2015, estos emprendedores rentaron un local para operar su cocina comercial.

La ordenanza que regula la venta de comida preparada en carritos ambulantes entró en vigor el 13 de noviembre de 2015.

Dicha ley establece que el vendedor ambulante no debe preparar la comida en el carrito ni cortarla o aderezarla allí. Tiene que cocinar y empaquetar sus productos –antes de que su carrito salga a la calle– en cocinas comerciales con licencia aprobada por el Departamento de Salud Pública de Chicago, entre otros requisitos.

Se estima que hay 1,500 vendedores ambulantes en Chicago –en su mayoría inmigrantes mexicanos– que venden en sus carritos elotes, ensalada de frutas, tamales, aguas frescas y champurrado, entre otros antojitos.

Para Fernando Huerta, administrador de la cocina compartida y miembro de la junta directiva de la Asociación de Vendedores Ambulantes de Chicago, ese número podría haber aumentado debido a la pandemia de covis-19, pues muchas personas que han perdido su empleo ahora se han puesto a vender comida en las calles.

Ana Galindo vende elotes, tamales, fruta cortada y chicharrones en el Barrio de las Empacadoras desde hace 12 años. Ella utiliza la cocina compartida de SVAC seis días a la semana para preparar los productos que vende en su carrito ambulante en ese vecindario al suroeste de Chicago.

"Entre los requisitos que pide la Ciudad para poder otorgar los permisos a los vendedores ambulantes está tener o rentar una cocina compartida o ser dueños de un restaurante. Lamentablemente no cuento con ese dinero", mencionó Galindo a *La Raza*.

Ella dijo que cuando buscaba una cocina comercial en otros barrios le cobraban entre $1,500 a $2,000 al mes.

"Aquí en la cocina compartida de la cooperativa [SVAC] no llegamos a pagar ni $1,000 al mes. Esta cocina es más asequible a lo que uno puede pagar como vendedor ambulante", dijo Galindo, quien es integrante de SVAC y de CCTC.

La cocina compartida está abierta las 24 horas del día, los siete días de la semana. "La cocina se renta no sólo a los vendedores ambulantes sino también a cualquier persona que quiera rentar el espacio", enfatizó Huerta a *La Raza*.

"No ha sido fácil para nosotros sacar las licencias porque son muchos requisitos que no estaban dentro de la ley cuando pasó, se han ido modificando, se han ido cambiando. Entonces es una lucha constante por parte de nosotros, la organización y los abogados que nos han estado ayudando", dijo Huerta.

SVAC cuenta con una membresía de 150 vendedores ambulantes y 36 de ellos decidieron formar la cocina CCTC, registrada formalmente el 13 de marzo de 2020.

Hacen campaña

Para lograr su objetivo de comprar el edificio de una planta donde opera la CCTC, estos vendedores ambulantes están haciendo una campaña de recolección de fondos en GoFundMe[16]. Hasta el momento han solo han recaudado $355, pero buscan recolectar $40,000 para el pago inicial del edificio, cuyo valor total es $150,000.

La Asociación de Vendedores Ambulantes de Chicago obtuvo una subvención de $114,625 del Neighborhood Opportunity Fund (NOF) de la ciudad de Chicago —en la pasada administración— para la reparación y remodelación del edificio. Pero Huerta dice que aún no pueden acceder a ese dinero porque para ello tienen que ser dueños del inmueble.

Durante dos meses estos vendedores ambulantes prepararon 50,000 tamales y 20,000 tacos dorados los que fueron distribuidos a las comunidades pobres de Chicago afectadas por la pandemia de covid-19. Esto se logró gracias a la subvención de $120,000 que les otorgó el Chicago Region Food System Fund. Y dicen que siguen buscando recursos para seguir dando comida a las comunidades de bajos recursos de la ciudad.

Estos emprendedores piden una mano a la comunidad de Chicago para comprar el edificio donde funciona su cocina compartida, seguir proporcionando alimentos a las comunidades de escasos recursos y llevar un ingreso a sus familias.

Quieren generar empleo
Estos comerciantes tienen como meta convertir el lugar en un centro económico que genere empleo a residentes de los vecindarios latinos y afroamericanos de Chicago.

"Buscaremos generar empleo, mejorar el barrio y que llegue más negocio. Queremos hacer tamales en producción y venderlos y tener trabajadores de todas las razas. Para eso necesitamos el espacio", puntualizó Huerta.

---

[16] www.gofundme.com/f/street-vendors-association-of-chicago-coop-kitchen

CLAMOR CHICAGO

Selling on the streets: Hispanic street vendors in Chicago adapt to COVID-19

The Hispanic street vendors of Chicago are an important part of the community and provide relevant economic contributions, but are often neglected and suffer from lack of support

by BELHÚ SANABRIA   Published in October, 2020

I. Advocates work to protect Little Village street vendors from COVID-19

Social workers carry messages about measures to prevent contagion and preserve the health of street vendors and essential workers in coronavirus-impacted communities

While wearing masks and lining up to buy tamales, refreshments, or pudding rice, Little Village neighbors curiously read an informative flyer posted on the traveling cart 'Lorraine's Tamales'.

The poster –which displays messages such as "Support your local street vendor" and "Your health is connected to mine's"– is there to educate the public about how to protect street vendors from COVID-19 in the Little Village and North Lawndale neighborhoods in Chicago's southwest side.

Little Village resident Dolores Castañeda carries a backpack filled with English and Spanish posters, duct tape, and disinfectant gel bottles. She is a member of the Greater Lawndale Healthy Work Project's research group, an initiative of the University of Illinois School of Public Health in Chicago (UIC).

As she walks through the neighborhood, she delivers bottles of disinfectant liquid to vendors. She pastes signs in parks, laundromats, shops, bus stops, and street carts. This initiative has been carried out for three weeks in these neighborhoods.

"Stay at home if you're sick; practice six-foot social distancing; wear masks; wash your hands; cover your mouth when you cough or sneeze; and disinfect surfaces you touch frequently" are some of the recommendations listed on the posters.

The initiative, called the Greater Lawndale Healthy Work Project, seeks to improve and protect workers' health in the North Lawndale and Little Village neighborhoods. Among them, the street vendors who work in those neighborhoods.

The project focuses on spreading health-safety messages and reaching out to street vendors and essential workers in those communities that have been heavily affected by the pandemic.

Castañeda has been worried about Little Village as this neighborhood has had high positive rates of COVID-19, primarily affecting Latinos. Many of its residents are undocumented and essential workers, she said. "I was concerned about the contagion situation, and the fact that our street vendors are on the street exposes them to COVID-19."

From this concern came the idea of distributing informative posters, which is part of the project led by Jeni Hebert, director of the Greater Lawndale Healthy Work Project.

"We wanted to send a positive message through these posters because many public health messages create fear… if you don't put on the mask, you can get sick, which is true. But we wanted to spread another message, a message of unity and community. That's why we chose those lines that say, 'Your health is connected to mine's," said Sylvia González, manager of the Greater Lawndale Healthy Work Project.

This project has carried out several health-focused initiatives since it was launched five years ago. And one of those initiatives is raising awareness to protect street vendors from the virus.

"You and I are connected in health; when you protect yourself, you protect me, and when I protect myself, I protect you. There is a connection in health, and that way, you can get people to be aware of how important it is to take care of each other," Castañeda said.

The pandemic should not be "normalized" because it is not over yet, Castañeda emphasized in reference to those who don't wear masks or practice social distancing. "In the future, let's hope that we pass this pandemic, as we have already historically passed others, but as long as we are in this, we have to protect ourselves," she added.

The project has several goals but the main one, González said, is "to transform unhealthy jobs into healthy jobs."

Education and prevention

Now, "street vendors go out to sell their products with masks on and keep social distance, but many are afraid to get the virus. Many clients wear masks, but some don't, and we must protect them," Castañeda said to *La Raza*.

With her mask on and antibacterial gel in hand, Guadalupe Pérez sells fruit scrapes from its traveling cart called 'El Lupillo' outside the La Chiquita Supermarket in Little Village. He's been selling there for 20 years.

He said there is still business despite the pandemic and works seven days a week in the same place. "COVID has decreased my sales a little bit, but not much... Almost most of the people who come wear their masks [because] they fear that I might give them the virus," Pérez said[17].

Carmen Camacho sells homemade Mexican-style bread in Little Village and says the Greater Lawndale Healthy Work Project's informational posters help her clients become aware. The posters educate about coronavirus prevention; therefore, following the right health-safety measure are a win-win for all.

II. Community supports Chicago street vendors affected by the COVID-19 crisis

"For the government, we do not exist," a street vendor claimed. Young leaders launched a fundraising campaign to help street vendors

María Benítez and her daughter, Arias Benítez, sell cookies and homemade bread at the Back of the Yards neighborhood as they carry these delicious Mexican-style goodies in a little shopping cart. For more than 10 years, street vending has been their sole source of income for the Benítez family.

But the COVID-19 epidemic has disrupted their way of making a living.

---

[17] Sadly, on November 15, 2020, Guadalupe Pérez died of COVID-19.

María's husband is the one who makes the homemade Mexican bread. He was a pastry chef and worked for many years in a factory. After experiencing vision problems due to diabetes, he looked for another job. Still, he later decided to quit to dedicate himself entirely to his own business.

Regardless of the weather, María Benítez would go out to sell bread and cookies in schools and on the streets of Back of the Yards from 8 in the morning until 6 in the afternoon, seven days a week.

Before studying sociology and Spanish at Georgetown University in Washington D.C., Arias Benítez helped her parents make and sell bread after school two years ago. Today, she is back in Chicago taking care of her younger siblings and helping her parents.

The Mexican bread business has allowed the family to pay rent and food for a decade. "I'm in college, and that's how my parents have helped me a little bit. Fortunately, I have a full scholarship. However, I still have to pay for my books and flights. And I have been able to do all with the help of my parents," said the 20-year-old, who is also a member of the organization Increase the Peace.

Because of the coronavirus pandemic, the college student says sales have been affected. "Since there is no one on the streets and neither can one be on the streets for too long, my mother only sells on-demand, and so it is not the same thing. Now it's very different because no one sees her walking so no one orders from her," she said.

Arias Benítez said street vendors and undocumented workers are not eligible for any federal government relief due to this pandemic. "For the government, we don't exist. This is not right; it's not fair. Everybody comes here to Chicago for the vendors; everybody wants to buy stuff from the street vendors. Everyone wants to help people, but the government doesn't think about us."

Boosting aid funds

Due to the hardships these street vendors face, a group of young leaders from southwest Chicago held a fundraiser to help this vulnerable sector.

Many of the street vendors don't qualify for federal government stimulus money. They also did not have access to business relief funds because many don't have city permits.

In addition, the majority of street vendors depend on people outside churches, schools, and on the streets. Due to the state order for residents to stay home, these vendors were left without any clientele, explained Berto Aguayo, executive director of Increase the Peace.

Increase the Peace's youth-led street vendor help committee has created a GoFundMe[18] page to help Chicago's street vendors. By mid-October, they've already raised more than $46,000.

Since last May, applications for street vendors to apply for financial aid have been available online[19] in English and Spanish. The program granted each eligible applicant up to $500.

Aguayo said he'd seen a lot of community support for this cause. "This is a sign of community power and that a lot of people care and want to see street vendors get help."

The only requirement to apply for financial aid is for street vendors to live in Chicago. Most street vendors can't read or write, nor speak English, and have limited internet and computer skills.

For those reasons, the youth group goes to the areas where street vendors are generally found to inform them about the program. If the vendors are interested, they ask if they need assistance with the online applications.

In addition to giving cash, the group also educates street vendors about other resources and organizations that can further help them with different needs.

Founded in the Back of The Yards neighborhood, Increase the Peace is an organization created to find and train leaders to change their neighborhoods and advocate for peace in communities in southwest Chicago.

III. Chicago street-vendors cooperative seeks to purchase building where their commercial kitchen operates

The group's goal is to turn the place into a center that generates employment for residents of Latino and African-American neighborhoods

---

[18] http://bit.ly/3cGUNHm
[19] http:// bit.ly/3cqloIN

Selling on the streets: Hispanic street vendors in Chicago adapt to COVID-19

Fearing arrest by police, Chicago street vendors prepare food in a shared kitchen that operates in rented premises that they now want to purchase.

The Chicago Traveling Vendors Association (CTVA) seeks to purchase the building from where they currently operate and where the Cooperative Workers Shared Kitchen uses to prepare food. There they prepare the Mexican food and snacks that they sell in different parts of Chicago.

The vendors association opened the city-certified shared kitchen in 2016, which operates in North Lawndale, one of Chicago's poorest neighborhoods.

To comply with the law and meet all the city's health requirements by legalizing the street sale of food in 2015, these entrepreneurs rented the place to operate their commercial kitchen.

The ordinance regulating the sale of prepared food in traveling carts entered into force on November 13, 2015.

This law states that the street vendor must not prepare the food in the cart or cut or season it there. They have to cook and package their products —before their carts are taken to the streets— in licensed commercial kitchens approved by the Chicago Department of Public Health, among other requirements.

Chicago has an estimated 1,500 street vendors, mostly Mexican immigrants, who sell *elotes* (corn on the cob Mexican style), fruit salad, tamales, and refreshments, among other foods and snacks.

Fernando Huerta, the group's kitchen administrator and board member of the Chicago Traveling Vendors Association, believes that the number of street vendors could have increased due to the COVID-19 pandemic. Many people who have lost their jobs have now started selling food on the streets, he said.

Ana Galindo has been selling elotes, tamales, cut fruit, and chicharrones (pork rinds Mexican style) in the Back of The Yards neighborhood for 12 years. She uses the shared kitchen six days a week to prepare the products that she sells in her traveling cart in the neighborhood located in the southwest side of Chicago.

"Among the requirements that the city asks to be able to grant permits to street vendors is to have or rent a shared kitchen or own a restaurant. Unfortunately, I don't count on that money," Galindo told *La Raza*.

She said that when she was looking for a commercial kitchen in other neighborhoods, she was charged between $1,500 and $2,000 a month.

"Here in the cooperative's shared kitchen, we don't get to pay $1,000 a month. This kitchen is more affordable," said Galindo, who is also a member of the CTVA.

The shared kitchen is open 24 hours a day, seven days a week. "The kitchen is rented not only to street vendors but also to anyone who wants to rent the space," Huerta said.

"It hasn't been easy for us to get the licenses out because there are many requirements that weren't within the law when it happened; they've been modified, they've been changing. So it's a constant struggle for us. The organization and some lawyers have been helping us," Huerta said.

The Chicago Traveling Vendors Association has a membership of 150 street vendors, and 36 of them decided to form the kitchen, formally registered on March 13, 2020.

Seeking support for the purchase

To achieve their goal of buying the building where CTVA operates, these street vendors have launched a fundraising campaign on GoFundMe[20]. So far, they have only raised $355. However, they hope to raise $40,000 for the building's down payment, which has a total cost of $150,000.

The Chicago Traveling Vendors Association earned a $114,625 grant from the Chicago Neighborhood Opportunity Fund (NOF) in the past administration to repair and remodel the building. But Huerta says they still can't access that money because they have to own the property.

Thanks to a $120,000 grant from the Chicago Region Food System Fund, these street vendors prepared and distributed for two months more than 50,000 tamales and 20,000 tacos throughout Chicago's most impoverished communities affected by the pandemic. They said they're still looking for resources to keep giving food to the city's low-income communities.

---

[20] www.gofundme.com/f/street-vendors-association-of-chicago-coop-kitchen

These entrepreneurs ask the Chicago community for a hand to purchase the building where their shared kitchen operates, so they can also continue to provide food to under-resourced communities and bring an income to their families.

Generating jobs

These merchants aim to turn the place into an economic center that employs Chicago's Latino and African-American neighborhoods.

"We will seek to generate jobs, improve the neighborhood, and get more business. We want to make tamales in production and sell them and have workers of all races. That's what we need space for," Huerta said.

CLAMOR CHICAGO

Reclamando identidad con el Censo 2020

Al promover la participación y al responder los formularios censales, organizaciones y habitantes de Chicago no solo se hicieron contar sino que también reencontraron su identidad y un sentido de pertenencia

por STEVEN ARROYO   Publicado en noviembre de 2020

A principios de 2020, Oswaldo Álvarez se reunió con vecinos de Hanover Park, una localidad ubicada entre los condados Cook y DuPage a unas 25 millas al oeste de Chicago. Ellos estaban presionando para que se instalaran más sitios de diagnóstico de covid-19 en su comunidad. Álvarez quiso ayudarles y les hizo a todos una pregunta que ellos no se esperaban.

"¿Cómo podemos lograr que Hanover Park tenga un centro de pruebas de covid-19 si solo 25 personas viven aquí?".

Su cuestión fue recibida con silencio y muchas caras confundidas. De acuerdo al Censo de 2010, aproximadamente 38,000 personas viven en Hanover Park. Muchísima gente vive aquí, le respondieron. Pero Álvarez dijo que eso no podía ser correcto, al menos de acuerdo a las respuestas de Hanover Park al Censo 2020, que es la forma como los residentes son formalmente contados. Mientras tanto, la localidad vecina de Hanover Park, al noreste, estaba respondiendo sus formas del Censo a un nivel mucho más alto. "Quizá nosotros deberíamos poner el centro de pruebas en Schaumburg", dijo Álvarez. "¡Muchísima gente vive allí!".

Su mensaje fue recibido: Hanover Park terminó con un porcentaje de autorrespuesta al Censo 2020 de 77.9%, por encima del promedio del estado de Illinois, que fue 71.4%, el sexto del país.

Álvarez es el director del Censo para el Estado de Illinois. Fue nombrado a esa posición tras más de una década de experiencia en implementación de programas en organizaciones sin fines de lucro. Mucho de ello lo hizo en la Fundación Grand Victoria, donde trabajó para reimaginar la filantropía al darle voz al público en decisiones relacionadas con el otorgamiento de subvenciones. Álvarez construyó su campaña estatal del Censo con el mismo principio: poner más poder en las manos de los ciudadanos.

En otra reunión comunitaria en Waukegan (Condado Lake), un suburbio de Chicago donde los latinos están subrrepresentados en puestos públicos pese a ser más del 50% de la población, Álvarez les preguntó a todos cómo se llamaban a sí mismos: "¿waukegeños, waukeganos o waukeguenses?". En ese momento la pregunta fue recibida con risas, pero abordaba el mismo punto.

"Ustedes son de aquí, reclamen su espacio", les dijo a los residentes. "Porque si no lo reclaman, alguien lo reclamará por ustedes".

"Se trató de darles un sentido de identidad", dijo Álvarez sobre esa frase retórica. "[A muchos latinos e inmigrantes] constantemente se les recalca que no son de aquí. Parte de lo que estaba tratando de decirles era que esta es una manera de realmente afirmar que tú *eres* de aquí. Pienso que eso le da a la gente un sentido de poder. Una cosa que me he dado cuenta es cómo las personas no tienen ese sentido del poder".

Cualquiera que vive en Illinois y ha visto un comercial, un anuncio espectacular o un flyer sobre la importancia de responder el Censo 2020 probablemente ha visto un mensaje similar. Esta es una oportunidad que solo sucede cada 10 años para que los illinoisianos reclamen su identidad: el Censo produce datos que determinan la distribución de más de $34,000 millones para comunidades en Illinois donde los recursos son más necesarios, e Illinois podría perder $1,400 por persona por año por cada uno de quienes no llenen su forma del Censo. Esa es la razón por la que "Hágase contar" es uno de los lemas más frecuentes del Censo 2020.

Se trató de una oportunidad especialmente grande para los latinos, que son el 17% de la población de Illinois con 2.2 millones de personas. Con todo, el Censo de 2010 omitió a 1.5% de ellos, cerca de 32,600 personas. Eso sumó cerca de $457 millones que pudieron haber llegado a comunidades con elevadas poblaciones latinas, como Hanover Park y Waukegan.

Se proyectó que los latinos serían de los más difíciles de contar en Illinois por varias razones. Una es la barrera del lenguaje: sin información confiable en español, muchos latinos fueron vulnerables a la desinformación. Este fue un reto especialmente grande este año, cuando la administración presidencial intentó forzar a las personas a revelar el estatus de su ciudadanía en sus formularios del Censo. Ese intento no fue exitoso, por supuesto, pero la controversia misma tuvo el potencial de atemorizar a los indocumentados o a quienes viven con un indocumentado.

Otras áreas de confusión frecuente para los latinos fueron si el Censo es confidencial (sí, ni siquiera el presidente tiene acceso a las respuestas individuales del Censo) o si todos los niños deben ser incluidos en la forma (sí, incluso los recién nacidos que aún están en el hospital). La cantidad neta de niños pequeños latinos no contados fue 7.1% en 2010, comparada con 4.3% entre los no latinos. Aproximadamente uno de cada cuatro niños en Illinois de cinco años de edad o menos son latinos.

Esto es muy importante, en parte porque los datos del Censo –determinan los fondos para quienes estudian inglés: niños que entran a kindergarten sin hablar inglés, la enorme mayoría de ellos latinos hispanohablantes.

Adicionalmente, cuatro programas federales de asistencia –Head Start; el Programa Suplementario Especial para Mujeres, Infantes y Niños (WIC); la Subvención de Desarrollo del Cuidado Infantil (CCDBG); y los Servicios de Salud para Madres e Hijos (MCH) – distribuyen $20,000 millones anuales a los estados con base en parte en el conteo del Censo de la población de cinco años de edad o menos.

Por añadidura, existe también la barrera de la brecha digital. El 2020 fue el primer año en el que el Censo se condujo primordialmente en línea, además de vía los métodos tradicionales de correo, teléfono y mediante enumeradores que dan seguimiento a quienes no responden y tocan a sus puertas. La probabilidad de tener internet en casa es menor entre los latinos en Illinois.

Álvarez ofreció guías a organizaciones no lucrativas de todo el estado para superar estos obstáculos, contactar a sus comunidades e impulsar de modo efectivo sus índices de respuesta al Censo. Su perfil le sirvió bien en este rol, tanto por ser latino como por su experiencia en el sector de las organizaciones no lucrativas. Antes de que Álvarez se involucrara con ellas, su experiencia era en economía.

"Algo que sé es que la cultura vende, produce dinero", dijo él. "Y en el momento en que tú puedes hacer que la industria privada la venda, y que la gente la compre, tú logras crear un movimiento".

Él presenta uno de los momentos definitorios de la década como ejemplo. "Si uno piensa en la comunidad LGBT, el momento en que su movimiento se extendió y en que todos comentaron a preguntarse '¿por qué hay incluso una pregunta sobre el matrimonio gay?' fue cuando uno tuvo a Calvin Klein, Levi y Budweiser agitando la bandera arcoíris. Y ahora es sexy, si uno quiere".

En Latino Policy Forum, una organización no lucrativa de análisis e impulso de políticas públicas con sede en Chicago, un equipo dedicado al Censo desarrolló un sitio de internet lleno de materiales de promoción que organizaciones de base y comunidades pudieron usar para esparcir el mensaje de llenar el Censo, todo disponible en versiones en inglés y en español. Ellos incluyeron hojas de datos, presentaciones virtuales, un kit para redes sociales y, lo más popular, un juego de lotería con el tema del Censo que se podía descargar, imprimir y jugar de modo virtual mediante una presentación de PowerPoint que operaba aleatoriamente.

El Forum tuvo éxito con su juego de lotería. Muchos lo usaron para celebrar noches de juegos de lotería para promocionar el Censo en sus organizaciones y comunidades, en persona antes del golpe de la pandemia y virtualmente después. En febrero, unos 100 socios la jugaron en el evento de lanzamiento de la campaña del Censo del Forum en un bar del centro de Chicago. Miles de juegos fueron enviados por correo a petición de socios y cientos más fueron descargados, pero Álvarez cree que esto tiene menos que ver con ganar premios y más con lo que la lotería representa.

"Los latinos aman recuperar nuestra cultura, nuestra nostalgia", dijo. "Yo impulsé a organizaciones a pensar en esto. Con el juego de lotería lo que funcionó fueron esas imágenes. No se trataba de jugar a la lotería, sino de investirse con ella".

El Forum fue solo una de muchas organizaciones no lucrativas que trabajaron para construir una respuesta al Censo en Illinois. Rincón Family Services, entidad que en Chicago ofrece consejo para la prevención de las adicciones y servicios de tratamiento en el lado oeste de la ciudad, ayudó a contratar artistas que pintaron murales en las calles con el tema del "poder latino". Las imágenes de los murales fueron impresas en camisetas y mascarillas, que se repartieron de modo gratuito a quienes llenaran su formulario del Censo.

Otro esfuerzo colaborativo de múltiples entidades no lucrativas involucró a una camioneta van del Censo que se estacionó en zonas de baja respuesta en los días finales para contestar el Censo con tacos y rifas de boletos para la "máxima quinceañera". Negocios locales donaron premios para crear un servicio completo para una fiesta de quince años, desde el vestido hasta la comida. Participar fue fácil: al llenar su forma del Censo se entraba en la rifa.

Y aunque otras ideas no funcionaron, Álvarez apuntó alto. Una ambiciosa recompensa que trató de organizar para La Villita si allí se alcanzaba una tasa de respuesta del 80% era la promesa del congresista Jesús 'Chuy' García de afeitarse el bigote. La idea fue rechazada, pero no por falta de esfuerzo.

Este enfoque icónico-cultural funcionó, cree Álvarez, porque resonó en un grupo demográfico escondido y difícil de contar: milenials jóvenes e independientes con trabajos esporádicos. De hecho, estas personas fueron aún más difíciles de alcanzar que los latinos más viejos que no hablan inglés que originalmente fueron un objetivo elegido.

"Cada vez que le hablaba a las señoras, comenzaba a ver que ellas decían, 'sí, ¡yo ya lo llené!' y mientras más lo hacía más me daba cuenta de que muchas de las personas que no estaban respondiéndolo eran personas nacidas y criadas en Estados Unidos, que viven en Chicago y que no participan en la economía del mismo modo que nosotros. Ellos no tienen un trabajo de 9 a 5 con seguro médico. Son probablemente trabajadores esporádicos: electricistas, cosmetólogos, usuarios de Instagram".

"Ellos han sido capaces de desarrollarse sin involucrarse en la participación cívica. Incluso temen que si participan podrían tener que pagar más impuestos. Así, ellos piensan que mientras 'más bajo estén ante el radar es mejor'…".

Álvarez señala que los latinos en la actual industria de trabajos esporádicos en efecto siguen una ruta similar a sus padres. Ambas generaciones hallaron el modo de ganar buen dinero sin una educación universitaria y se sumaron a la clase media volando bajo el radar. La única diferencia es que una generación vendió tamales y la otra es conductora de Uber.

"Ellos han sido capaces de lograrlo al margen del gobierno. Y el Censo es el gobierno", dijo Álvarez. Él supo entonces que necesitaba elaborar el mensaje. No estaría basado en escuelas, calles con baches y representación en el Congreso sino en conciertos e Instagram. "En este punto, me di cuenta de que necesitaba hacer al Censo sexy".

Nuevamente, Álvarez apuntó alto e incluso trató de organizar un concierto en Millennium Park con el rapero puertorriqueño Bad Buddy si Humboldt Park alcanzaba una tasa de respuesta del 80%. Como el bigote del congresista, esta idea tampoco funcionó pero el mensaje fue claro: Illinois se esforzaba tan fuerte como cualquier otro estado para que todos fueran contados.

"Un 40% de la población del Barrio de las Empacadores es milenial. Lo mismo que en La Villita", apuntó Álvarez. "Algunas de las organizaciones no lucrativas que trabajan con esta población lo hacen desde el lente de la defensoría. Pero les digo, a muchos jóvenes no les importa la defensoría. Ellos están tratando de comprar Gucci. Es una población entera a la que no estábamos llegando, y yo la necesitaba".

Al ayudar a organizaciones aliadas, Álvarez lanzó esfuerzos en redes sociales sobre respuesta al Censo con base en el tema de la identidad: "soy latino de Chicago", por ejemplo. Forefront, una asociación de alcance en todo el estado que otorgó subvenciones a organizaciones no lucrativas para promover el Censo también coordinó "estruendos" en redes sociales: esfuerzos donde muchas organizaciones publicaban el mismo contenido a la misma hora para desatar una participación viral. Hashtags como #MakeILCount se hicieron tendencia.

Y al no requerir de promoción cara a cara, la participación en redes sociales fue quizá lo único que la pandemia de covid-19 no alteró. Cuando la epidemia forzó al cierre en Illinois a mediados de marzo, los planes de promoción del Censo de repente quedaron patas arriba. Calendarios fueron postergados. La gente quiso evitar que un enumerador tocara a su puerta más de lo que ya hacía antes. Así, muchos esfuerzos de promoción antes recomendados quedaron descartados: reuniones comunitarias, colocar información en escuelas y espacios públicos, dar asistencia en bibliotecas locales. Las redes sociales se volvieron absolutamente críticas.

La pandemia también hizo a los beneficios de salud pública en juego en el Censo mucho más pronunciados, sobre todo porque muchos códigos postales de alta población latina tenían bajos índices de respuesta al Censo y eran de los más afectados por el covid-19.

CLAMOR CHICAGO

Illinois no llegó al 100% de respuesta que mensajeros como Álvarez y todas las organizaciones no lucrativas participantes buscaron, pero sexto lugar en la nación no está mal. El índice de respuesta final en Illinois fue más alto que en 2010 y de los 10 estados con más respuesta Illinois fue el único con una ciudad de más de dos millones de habitantes. Y en el camino, los illinoisianos contemplaron su identidad.

"Muchas de esas conversaciones y preguntas sobre el Censo estaban dándose en los círculos académicos, como la cuestión racial", dijo Álvarez. "Yo comencé a oír decir a la gente: 'espera, ¿cómo me identifico yo? Yo soy latino pero ¿cuál es mi raza?'".

"Me sentí feliz al ver que se formulaban esas preguntas", concluyó Álvarez.

Reclaiming Identity with the 2020 census

By promoting participation and answering the census forms, organizations and the people of Chicago not only made themselves count, but also rediscover their identity and a sense of belonging

by STEVEN ARROYO Published in November, 2020

Earlier this year, Oswaldo Álvarez was meeting with residents in Hanover Park, a village between Cook and DuPage counties about 25 miles west of Chicago. They were pushing for more COVID-19 testing sites in their community, and Álvarez wanted to help. He asked everyone a question that they weren't expecting.

"Why should Hanover Park get a COVID testing center if only 25 people live here?"

His question was met with silence and lots of confused faces. As of the 2010 census, approximately 38,000 people reside in Hanover Park. There are tons of people living here, they responded. But Álvarez said that couldn't be correct—at least, not according to Hanover Park's 2020 census responses, which are how residents are formally counted. Meanwhile, Hanover Park's neighbors to the northeast were filling out their census forms at a higher rate. "Maybe we should put that testing site in Schaumburg," he said. "Lots of people live there!"

His message was received. Hanover Park finished with a 77.9 percent self-response rate. That was well above average for the state of Illinois, which finished at a 71.4 percent self-response rate, sixth in the nation.

Álvarez serves as the Census Director for the State of Illinois. He was appointed to the position after over a decade of experience in nonprofit program implementation. Much of that was at the Grand Victoria Foundation, where he worked to reimagine philanthropy by giving more voice to the public on grant-related decisions. Álvarez built his statewide census campaign on the same principle: putting more power into the hands of citizens.

At another community meeting in Waukegan (Lake County), a Chicago suburb where Latinos are under-represented in public office despite comprising over 50 percent of its population, Álvarez asked everyone what they call themselves: "Waukegeños, Waukeganos, or Waukeguenses?" That time, his question was met with laughter, but it made the same point.

"You are from here, so claim your space," he told the residents. "Because if you don't claim it, someone else will claim it for you."

"It was about giving them a sense of identity," Álvarez says about his rhetorical approach. "[Many Latinos and immigrants] are constantly reminded that they are not from here. Part of what I was trying to tell them was, this is the one way to really claim that you *are* from here. I think that gave people a sense of power. One thing that I realized is how many people don't have that sense of power."

Anybody living in Illinois who saw a billboard, commercial, or flyer about the importance of responding to the 2020 census probably saw a similar message. This was a once-in-a-decade opportunity for Illinoisans to claim their identity: The census produces data that determine the distribution of more than $34 billion for Illinois communities where resources are most needed, and Illinois would lose $1,400 per person per year for everyone who did not fill theirs out. There's a reason why "Hágase contar" was one of the common mottos of the 2020 census.

It was an especially huge opportunity for Latinos, who comprise about 17 percent of the Illinois population at over 2.2 million. Yet the 2010 census missed about 1.5 percent of them—roughly 32,600. That added up to about $457 million dollars that could have gone to communities with high Latino populations, such as Hanover Park and Waukegan.

Latinos were projected to be among the hardest to count in Illinois for several reasons. For one, there was the language barrier—without reliable information in Spanish, many Latinos were vulnerable to misinformation or disinformation. That was an especially major challenge this year, when the presidential administration was attempting to force people to reveal their citizenship status on their census forms. That attempt was unsuccessful, of course, but the controversy itself had the potential to scare off undocumented people, or those living with undocumented people.

Other common areas of confusion for Latinos were whether the census is confidential (yes, not even the president has access to individual census responses) and whether all children should be included on the form (yes, even if they are newborns who are still in the hospital.) The net undercount rate for young Latino children in 2010 was 7.1 percent, compared to 4.3 percent for non-Latinos. Approximately one in four Illinois children under the age of five are Latino.

That's a big deal, in part because census data determine funds for English learners: children who enter kindergarten not yet speaking English, the vast majority of whom are Spanish-speaking Latinos. Additionally, four federal assistance programs –Head Start; the Special Supplemental Program for Women, Infants, and Children; the Child Care and Development Block Grant; and the Maternal and Child Health Services Block Grant– distribute $20 billion annually to states based in part on census counts of the population under the age of five.

On top of all that, there was also the barrier of the digital divide. 2020 was the first year that the census was primarily conducted online, in addition to the traditional methods of mail, phone, or by non-response follow-up via enumerators who knock on doors. Latinos in Illinois are less likely to have home internet access.

Álvarez provided guidance for nonprofits all across the state to overcome these hurdles, reach their communities, and effectively boost their census response rates. His background served him well in this role, both as a Latino and as someone so experienced in the nonprofit sector. Before Álvarez was involved in nonprofit, though, his area of expertise was economics.

"One thing that I knew is that culture sells. It's a money maker," he says. "And the moment that you can get the private industry to sell it –and people to buy it– you end up actually creating a movement."

He presents one of the decade's defining movements as an example. "If you think about the LGBT community, the moment that the movement became widespread and that everyone began asking, 'why is there even a question about gay marriage?' was when you had Calvin Klein, Levi, and Budweiser waving the Pride flag. And now it's sexy, if you will."

At the Latino Policy Forum, a public-policy advocacy and analysis nonprofit based in Chicago, a census team developed a website full of outreach materials that grassroots organizations and communities could use to spread the word, all of which were available in English and Spanish versions. They included fact sheets, virtual presentations, a social media toolkit, and, most popularly, a census-themed Lotería set available to download, print, and play virtually through a randomized PowerPoint.

The Forum found success with its Lotería set. Many used it to host census Lotería nights with their own organizations and communities—in person before the pandemic hit, and later virtually. In February, about 100 partners played the game at the Forum's census campaign kickoff event at a bar in downtown Chicago. Thousands of sets were mailed out to partners who requested them, and hundreds more downloaded it, but Álvarez believes that this had less to do with winning prizes and more to do with what Lotería represents.

"Latinos love to buy back our culture, our nostalgia," he says. "I pushed organizations to think about that. With the Lotería game, what worked was those images. It wasn't about playing the Lotería game—it was about wearing it."

The Forum was just one of many nonprofits that worked to build the census response in Illinois. Rincón Family Services, a Chicago nonprofit providing counseling and addiction prevention and treatment services to the west side of Chicago, helped to contract artists to paint street murals with a theme of "Latino Power." The art from the murals was then printed onto T-shirts and face masks, which were free for anyone—just fill out your census and take a shirt.

Another collaborative effort by multiple nonprofit stakeholders involved a census van parking in low-response zones in the final days of census response, with tacos and raffle tickets for an "Ultimate Quinceañera." Local businesses donated a prize package for a full-service quinceañera party, from the dress to the catering. Participating was easy—just fill out your census and enter the raffle.

Even if some ideas didn't pan out, Álvarez aimed high. One ambitious reward that he tried to arrange for Little Village if they reached an 80-percent response rate was a promise from Congressman Jesus 'Chuy' García to shave off his moustache. The idea was rejected, but not for lack of effort.

Taking this cultural, iconic approach worked, Álvarez believes, because it resonated with a hidden hard-to-count demographic: young, independent millennials working in the gig economy. In fact, these people were even harder to reach than the older, non-English-speaking Latinos who were originally such a targeted focus.

"Every time I would talk to las señoras, I started to see that they were like, 'Yeah, I already filled it out!' The more I kept going, the more I realized that many people who *weren't* filling it out were people who were born and raised in the US, living in Chicago, and who don't participate in the same kind of economy as we do. They don't have a nine-to-five job with health insurance. They probably work as a gig worker: electricians, beauticians, Instagrammers."

"They've been able to get through without having to participate in civic engagement. If anything, they're afraid that if they participate, they'll have to pay more taxes. So they think, 'the more under the radar I am, the better'…"

Álvarez points out that Latinos in this modern 'gig' industry actually followed a similar path as their parents. Both generations found ways to make good money without a college education and join the middle class by flying under the radar. The only difference is that one generation sold tamales, and the other drives Uber.

"They have been able to get by without the government. And census is government," Álvarez says. He knew right then how he needed to craft the message. It shouldn't be based on schools, potholes, and congressional representation, but on concerts and Instagram. "At that point, I realized I needed to make the census sexy."

Again, Álvarez aimed high, even trying to arrange a Millennium Park concert from the Puerto Rican rapper Bad Bunny if Humboldt Park reached an 80-percent response rate. Like the Congressman's moustache, that idea didn't work out either, but the message was clear: Illinois is pushing as hard as any state to get everyone counted.

"About 40 percent of the population of Back of the Yards is millennial. Same thing with Little Village," Álvarez notes. "Some of the nonprofits that work with this population, they work from a lens of advocacy. I'm telling you, a lot of young people do not care about advocacy. They're trying to buy Gucci. This is a whole population that we're not honing into, and I needed it."

With the help of partner organizations, Álvarez launched social-media efforts for census response based on a theme of identity: "Soy Latino de Chicago," for example. Forefront, a statewide association that issued grants to nonprofits to do census outreach work, also coordinated social media "thunderclaps": coordinated efforts where many organizations post the same content at the same hour, sparking viral engagement. Hashtags like #MakeILCount started trending.

Since it did not require face-to-face outreach, social-media engagement was perhaps the only thing that the COVID-19 pandemic did not disrupt. When the pandemic first caused Illinois to go into lockdown in mid-March, census outreach plans were suddenly turned upside-down. Timelines were pushed back. People wanted to avoid an enumerator knocking on their door even more than they already did. So many recommended outreach efforts were now off the table: hosting community meetings, posting information in schools and public spaces, providing assistance at local libraries. Social media went from important to absolutely critical.

The pandemic also made the public-health benefits at stake in the census even more pronounced, especially since many zip codes with high Latino populations had low census response rates while being among the most affected by COVID-19.

Illinois did not get the 100-percent response rate that messengers like Álvarez and all the participating nonprofits sought—but sixth in the nation is not bad. Illinois' final response rate was higher than it was in 2010, and of the top ten states with the most responses, Illinois was the only one with a city of over two million people. Along the way, Illinoisans contemplated their identity.

"A lot of these conversations and questions about the census were happening in academic circles—like the race question," Álvarez says. "I started to hear people saying, 'Hold on, how do I identify? I'm Latino, but what is my race?'"

"I was happy to see those questions come up," said Álvarez.

Menú contra la pandemia: la lucha de los restaurantes latinos de Chicago

Ante las restricciones impuestas para frenar el covid-19, restauranteros en barrios latinos como Pilsen, La Villita, Humboldt Park y Albany Park han hecho cambios en su operación, sus menús y sus actividades para seguir abiertos, servir a sus clientes y mantener a sus trabajadores

por IRENE TOSTADO Publicado en noviembre de 2020

En uno de los días más ocupados para el restaurante de comida mexicana Don Pepe, ubicado en el barrio de La Villita, el dueño Roberto Gómez, sus empleados y clientes fieles recibieron una noticia inesperada. El domingo 15 de marzo de 2020 los clientes en el comedor con capacidad para 50 personas degustaban un rico pozole, tacos al vapor y, por supuesto, la especialidad de la casa, carne en su jugo, cuando el gobernador del estado de Illinois, JB Pritzker anunció el cierre al público de todos los bares y restaurantes a partir del lunes 16 de marzo.

"El lugar estaba lleno y de repente vimos en el televisor al gobernador decir que los restaurantes tendrían que cerrar y la gente no sabía qué hacer, quedarse o irse", contó Gómez, desde su restaurante en 3616 W. 26th St, a *La Raza*.

Comenzaba el cierre de actividades para frenar la pandemia de covid-19.

A través de la Cámara de Comercio de La Villita, Gómez aprendería después que los restaurantes y bares se les permitiría tomar pedidos con entrega a domicilio, para llevar en ventanilla del restaurante y en las aceras de los negocios.

Mientras algunos dueños de restaurantes cerraron sus cortinas, colocaron sillas sobre las mesas y aseguraron con candado las puertas de sus instalaciones hasta recibir autorización para reabrir, otros comerciantes se prepararon para la batalla que definiría sus carreras dentro de la industria de la hospitalidad.

"Sé que estas restricciones serán una carga pesada para nuestra comunidad de restaurantes", dijo la comisionada del Departamento de Asuntos de Negocios y Protección al Consumidor (BACP, por sus siglas en inglés), Rosa Escareño, en un comunicado de la Ciudad. "Ahora es tiempo de que la comunidad se una por el bien de nuestra salud".

Las restricciones establecidas en marzo se relajaron en meses siguientes y eso alivió un poco la situación de los restaurantes y bares, pero las nuevas restricciones establecidas el 30 de octubre de 2020 por Pritzker, luego de un alza de casos y hospitalizaciones de covid-19, devuelven severa incertidumbre a este sector. Esas restricciones son no poder servir en interiores, que el servicio en exteriores se detenga a las 11 pm y que no se puedan vender bebidas alcohólicas después de esa hora[21].

Ejemplos de cómo algunos de estos negocios han navegado la pandemia hasta ahora puede ayudar a hacerlo de nuevo.

Navegan las restricciones

La Raza platicó con los dueños de cinco restaurantes afectados económicamente por los cierres y las restricciones impuestas por la ciudad de Chicago y el estado de Illinois como medidas ante el covid-19.

A partir del 16 de marzo, el gobernador Pritzker ordenó el cierre de todos los bares y restaurantes para contrarrestar la propagación del coronavirus. Este decreto permaneció en efecto hasta el 3 de junio, cuando la alcaldesa de la ciudad de Chicago, Lori Lightfoot, permitió el servicio de comida al aire libre o en los patios ubicados en el exterior de los negocios. Además, presentó el plan piloto 'Calles abiertas' para cerrar a la circulación de los automóviles las arterias principales de seis corredores comerciales de Chicago y permitir la expansión del servicio de restaurantes al aire libre.

Jaime di Paulo, presidente de la Cámara de Comercio Hispana de Illinois (IHCC) afirmó en entrevista con *La Raza* que los negociantes de La Villita optaron por no participar en el programa, cuya propuesta cerraría el acceso a la arteria principal del barrio, la calle 26, entre las avenidas Central Park y Harding. Tomaron esa decisión porque esa propuesta afectaría el flujo de tráfico y resultaría en congestión y falta de estacionamiento accesible para las personas recogiendo comida.

---

[21] Algunas de esas restricciones, incluida la relacionada al servicio en interiores, fueron levantadas a finales de enero de 2021.

Aquellos negocios que no tenían patios podrían solicitar permisos para un 'Sidewalk Cafe', que permitiría la colocación de mesas y sillas en una porción de la banqueta en frente de su negocio o de un negocio cercano y en su estacionamiento. Además, para facilitar el proceso y disminuir el impacto económico, se redujo un 75%, de $600 a $150, el costo del permiso y el tiempo de aprobación y procesamiento para establecer este tipo de espacios en zonas comerciales de Chicago.

Reinventarse o morir
Don Pepe es uno de los pocos restaurantes en La Villita que cuenta con un patio pequeño, desde hace 5 años. Las dos mesas que tienen allí, con capacidad de 7 a 10 personas, han sido muy beneficiosas para suplementar las ventas que bajaron un 50% al cerrar el comedor de su negocio a causa de la pandemia. Una combinación de promoción de entrega de comida a domicilio a través de las plataformas en línea y una modificación pequeña del menú de bebidas sirvieron como un gran apoyo para este negocio.

"La gente ya nos buscaba por las [cervezas] micheladas y rápido buscamos la manera de empacarlas para llevar y nos dio mucha respuesta", detalló Gómez. "Llegamos a un 50 y 50 de ventas de comida y bebidas".

En Humboldt Park, este permiso hizo posible la expansión del patio del restaurante Nellie's, ubicado en 2458 W. Division St. Al no permitirse la entrada a clientes a su comedor, Cindy y Pablo Espinosa, los dueños de este restaurante de comida puertorriqueña desde 2006, tuvieron que desmantelar el buffet, que ofrecía varios de sus platillos populares, incluyendo la avena de coco, a un precio económico y fijo y les aportaba una gran porción de sus ventas.

En sus reglamentos, el Centro de Control y Prevención de Enfermedades (CDC) indica a los restauranteros que "eviten ofrecer autoservicio de comidas o bebidas, como un servicio de buffet, barra de ensaladas o bebidas" para proteger a los empleados, clientes y comunidades y desacelerar la propagación del covid-19. Sin el buffet los fines de semana, los dueños de Nellie's Restaurant tuvieron que reestructurar el sistema de trabajo para responder a la demanda en la cocina y la preparación de más platillos individuales. Dos de sus cocineros de la tercera edad se retiraron por miedo a contraer el coronavirus y la pareja de dueños ocupó esos puestos en la cocina para mantener el restaurante a flote y apoyar a su equipo.

Además, ampliaron sus horas de servicio y decidieron permanecer abiertos hasta las 8 pm por primera vez en la historia del local. Aunque ya tenían establecidas las plataformas en línea de pedido de comida a domicilio, como Uber Eats, Grubhub, Postmates y Doordash, tomó un par de meses para que sus clientes se enteraran de sus nuevos horarios y sus ventas disminuyeron un 30 a 40%. Antes de la pandemia, el restaurante, ubicado sobre el Paseo Boricua, cerraba a las 3 pm y así los dueños podrían enfocarse en cumplir con sus pedidos de comida para eventos, como bodas, graduaciones y bautismos. Sus planes para 2020 eran crecer su negocio de 'catering' y rentar el segundo piso del restaurante para eventos especiales. Casi todos los eventos que tenían reservados se cancelaron y tuvieron que regresar los depósitos.

"Los latinos tenemos mucho orgullo y no hay espacio para fracasar porque son tantas las responsabilidades financieras que conseguir un trabajo de 9 a 5 no es suficiente", dijo Espinosa a *La Raza*.

Ambrocio González, propietario de La Catedral Café y Restaurant en La Villita, respondió de inmediato ante la pandemia e implementó un servicio de entrega a domicilio directamente desde su página en línea y en vez de descansar a sus meseros los utilizó para hacer las entregas de comida.

Aunque bajaron un 75% las ventas y cerró el segundo restaurante del mismo nombre, ubicado al norte de la ciudad en el barrio de Lincoln Square, las entregas a domicilio y en las aceras del negocio proporcionaron suficiente para el pago de la hipoteca y los servicios de agua, gas, electricidad y teléfono de las instalaciones en 2500 S. Christiana Ave.

"Me preocupaba que había surtido para un mes entero y al cerrar no quería desperdiciar la comida o perjudicar la calidad de nuestros platillos", contó González a *La Raza*. "Un restaurante pequeño no se puede darse el lujo de cerrar un día, ahora imagínate un mes o más; estamos sobreviviendo".

El menú del restaurante Carnitas Uruapan, fundado en Pilsen en 1975 por Inocencio 'El Güero' Carbajal, está hecho para llevar. Las carnitas estilo Michoacán son un platillo económico que fácilmente se puede empaquetar y comprar para consumir en casa por una familia entera. Durante la pandemia, en ese restaurante se cuadruplicaron las órdenes en línea para recoger de este negocio.

"Nos enfocamos en ser supereficientes en vender comida para llevar a través de un sistema donde nuestros clientes pueden ordenar por adelantado directamente en nuestra página sin tener que pagar comisiones y establecimos una ventanilla para recoger sin tener que entrar al lugar", explicó a *La Raza* Marcos Carbajal, dueño de Carnitas Uruapan en Pilsen y, desde 2019, en el barrio de Gage Park. Similar a la estrategia de Nellie's Restaurant, Carbajal eliminó todas las mesas en el restaurante de la calle 18 en el barrio de Pilsen para enfocarse en comida para recoger y llevar.

No fue hasta el 26 de junio que los restaurantes pudieron finalmente abrir las puertas de sus inmuebles, pero solamente al 25% de la capacidad de sus instalaciones o un total de 50 personas y no más de seis personas por mesa. Bajo estas limitaciones permanecieron trabajando los restauranteros de Chicago por más de tres meses.

El 1 de octubre entraron en vigencia las nuevas reglas que permiten a los dueños de restaurantes operar a un 40% de su capacidad o servirle a un máximo de 50 personas. Se mantuvo en pie el límite de dos horas de servicio por cliente, quienes deben permanecer sentados y utilizar el tapabocas si no están comiendo o bebiendo o cuando se acerca el mesero a su mesa. Además, no se les permite acercarse a la barra a pedir bebidas para llevar.

Ayuda para trabajadores esenciales y negocios pequeños
Al 17 de septiembre de 2020, el estado de Illinois registraba un 11% de desempleo (6.8% en octubre), de acuerdo al Departamento de Servicios de Empleo del Estado de Illinois, cifra que se redujo a 10.2% a mediados de octubre. Para los dueños de restaurantes latinos con los que platicó el periódico *La Raza* no es una opción abandonar a sus empleados y dejarlos sin trabajo durante la pandemia.

"Los restaurantes latinos han sobrevivido porque son negocios propios de familia de donde uno se sostiene y no es fácil decir 'ya, cierro y a ver qué hago'…", contó Gómez. "El no tener otra opción es el motor que nos impulsó a planear".

Según una encuesta realizada por la Asociación Nacional de Restaurantes, casi 100,000 restaurantes en Estados Unidos han cerrado de manera permanente o a largo plazo desde el inicio de la pandemia.

Se estimó que, en Illinois, latinos son dueños de más de 70,000 negocios y cuentan con casi 100,000 empleados, de acuerdo a un estudio difundido por el Centro para Emprendedores Hispanos y la Universidad DePaul en 2013.

Entre ellos se encuentran meseros y cocineros sin acceso a asistencia médica, que no cuentan con la posibilidad de solicitar el seguro de desempleo o apoyo de alguna institución financiera. Además, muchos trabajadores indocumentados no calificaron para recibir el cheque de estímulo, un pago de $1,200 que el gobierno otorgó a personas con ingresos de $75,000 o menos.

Durante la pandemia, la organización comunitaria Arise Chicago ha apoyado a trabajadores con información sobre el tiempo pagado por enfermedad y sus derechos laborales, incluyendo educación sobre el salario mínimo, que aumentó en Chicago el 1 de julio de 2020 a $13.50 para negocios con menos de 21 empleados y $14 para negocios con más de 21 empleados.

Compañías grandes y franquicias, como Lettuce Entertain You, optaron por utilizar una plataforma en línea para la recaudación de fondos. La Asociación de Restaurantes de Illinois, por su parte, ha recopilado enlaces a recursos o información para inmigrantes en la página en línea Recursos para todos[22]. Información sobre asistencia médica y alimentaria, ayuda legal y apoyo financiero para hipotecas y renta está disponible en ese sitio en línea en español.

Dueños de negocios con necesidad de asistencia financiera pueden calificar para alivio financiero a nivel comunitario, local, estatal y federal en forma de becas y préstamos del gobierno y organizaciones comunitarias. De los restauranteros que entrevistó *La Raza*, Nellie's Restaurant fue el único que en 2020 no aplicó para el Programa de Protección de Nóminas (Payroll Protection Program, PPP). Este programa de becas y préstamos formó parte de la Ley de Ayuda, Alivio y Seguridad Económica de Coronavirus (Coronavirus Aid, Relief and Economic Security Act, CARES) que promulgó el gobierno a finales de marzo de 2020 y está a cargo de la Administración de Pequeñas Empre-

---

[22] https://recursosparatodos.org/

sas (SBA) para apoyar a negocios con gastos de nómina, alquiler, transporte y pagos de hipoteca y servicios públicos.

Según IHCC, solamente 12% de los negocios latinos en Illinois que calificaban solicitaron el préstamo del PPP en 2020. "Muchas empresas pequeñas desconfían del gobierno, no tienen acceso a la tecnología para enviar los documentos necesarios y cumplir con los requisitos o simplemente nunca han aplicado y desconocen los procedimientos", explicó a *La Raza* Jaime Groth Searle, directora ejecutiva de The Southwest Collective, organización comunitaria en el suroeste de Chicago.

A través de una red, IHCC y 36 grupos a nivel local, entre ellos varias cámaras de comercio, han recorrido los corredores comerciales para contactar con empresarios latinos para ayudarlos a enviar sus solicitudes y difundiendo información sobre los diferentes programas de asistencia financiera y técnica disponibles para ayudar a pequeñas empresas en el Condado de Cook a recuperarse del impacto económico del covid-19.

"Estamos aplicando para todos los 'grants' para así prevenirnos de lo que pueda suceder porque no podemos planear mucho en el futuro y no sabemos lo que nos espera", dijo González.

Protección y seguridad

El crecimiento de casos de personas contagiadas con el coronavirus forzó el cierre temporal de miles de restaurantes y para algunos podría tratarse de una clausura permanentemente. Nellie's Restaurant en Humboldt Park, Don Pepe y La Catedral Café y Restaurant en La Villita, y Carnitas Uruapan en Pilsen y Gage Park persistieron para sostener a sus familias y a sus empleados y, por lo general, no han tenido que descansar a sus empleados por largo plazo.

Son pocos los restaurantes latinos que han cerrados sus puertas. "Somos una comunidad fuerte, tenemos el apoyo de nuestros vecinos y operamos a base de recomendaciones", exclamó di Paulo. "Los latinos están acostumbrados a comprar local como lo hacían nuestros familiares en sus países natales".

El reto de los dueños de restaurantes en cuanto se les dio permiso de abrir de nuevo fue implementar una serie de reglas para proteger tanto a sus clientes como a sus empleados. Además, al cerrar el comedor de un negocio se requiere de mucha paciencia y energía para revivirlo y recuperar la confianza de los consumidores. "Pierdes el pulso del mercado y toma un tiempo volver a establecerse", dijo Carbajal.

Carnitas Uruapan se convirtió en toda una producción en cadena. Carbajal mandó hacer una serie de barreras hechas a medida de plástico transparente y lámina para dividir las mesas y mantener protegidos a los clientes en fila desde que entran a su restaurante en Gage Park. Además, colocó señales en el suelo cada seis pies y les ofrece cubrebocas a aquellos clientes que los necesiten.

"Competimos a base de precios, de calidad, de atención a la persona y ahora tenemos que competir a base de sanidad y que la gente se sienta segura", contó Carbajal, quien abrió una ventanilla para que las personas que ordenaron por adelantado no tuvieran que entrar al restaurante en Pilsen, con sede en 1725 W 18th St.

En La Catedral Café, González pintó círculos amarillos en la banqueta para mantener a los grupos que esperan mesa separados antes de entrar a su negocio y convirtió el cuarto de espera en un comedor adicional para poder sentar a más clientes.

"Ha sido muy estresante para nuestros empleados porque ahora no es nada más servir a la gente, es también asegurarse de que cumplan todo lo que el estado y la ciudad les está pidiendo. A veces la gente piensa que somos pedantes, pero en realidad estamos siguiendo los requisitos de la ciudad", relató González.

Nellie's Restaurant reemplazó sus platos de cerámica y cubiertos por productos desechables y ordenó un rociador electroestático para limpiar y desinfectar.

Cuando no están sirviendo a un cliente, los trabajadores están limpiando las mesas y las áreas más concurridas, como las puertas y las entradas. Todos los dueños han puesto carteles o mensajes en sus mesas, cerca del cajero o en los baños que promueven medidas de protección, como lavarse las manos, usar tapabocas durante su visita y mantener una distancia de seis pies de distancia de otros grupos.

Golpes duros

El reporte de pérdidas y ganancias es esencial para cualquier empresa. Son muchas las historias de negocios que fueron víctimas de esta amenaza invisible, que no discrimina y sorprendió hasta los mejores planeadores y emprendedores. Carbajal dijo haber ajustado su presupuesto para prevenirse contra una disminución en ventas de 30%. Pero resultó muy difícil prepararse para algo que no estaba en la lista de posibilidades, una pandemia. En la primera semana de restricción, sus ventas de carnitas al estilo Michoacán bajaron un 50 a 60%.

Los golpes a sus finanzas e incluso a su integridad física han sido continuos para los negocios locales. Algunos propietarios que entrevistó *La Raza* debieron blindar sus ventanas y puertas para evitar ser víctimas de los saqueos sucedidos en el contexto de las protestas por la muerte de George Floyd a manos de policías en Minnesota, y buscaron la manera de balancear sus horas para minimizar el impacto financiero y poder reabrir lo más pronto posible.

En 2020 no se dio la fuerte alza de ventas que típicamente sucede durante los desfiles de celebración de la comunidad puertorriqueña sobre el Paseo Boricua y de las Fiestas Patrias mexicanas en la calle 26. Tampoco llegaron los turistas de otras ciudades y estados a disfrutar de los restaurantes con sede en estos centros gastroturísticos durante sus vacaciones de verano.

Y si eso pareciera poco, los precios de la comida y el equipo de protección, como los guantes y las máscaras, subieron drásticamente.

"Ahora pesamos la carne, somos más cuidadosos con la pérdida de comida, compramos en mayoreo cuando hay ofertas, especialmente alimentos no perecederos", contó Cindy Espinosa.

"Eliminamos los gastos innecesarios y toda la publicidad y renegociamos con proveedores", explicó Carbajal, quien vendió tortillas recién hechas su negocio con sede en 2813 W. 55th St. cuando muchas tortillerías en Chicago tuvieron que cerrar.

Y González consideró aumentar el precio de sus platillos moderadamente para sobrevivir. "Tampoco podemos incrementarlos descomunalmente porque la gente dejará de venir y algunas personas no están trabajando regularmente".

Ser un buen vecino y ayudar al prójimo
En barrios como La Villita, Pilsen y Humboldt Park los restaurantes son negocios de familia y se convierten en símbolos de orgullo para la comunidad. Su sobrevivencia se basa en la autenticidad de sus menús y la calidad del ser-

vicio. Es tradición para generaciones de familias regresar al barrio para comer en el mismo lugar.

Después de 45 años de servir a la comunidad de Pilsen, Carnitas Uruapan es una institución cultural y destino culinario y parte de la comunidad. Como un buen vecino, el restaurante Carnitas Uruapan contribuyó a la distribución de comidas preparadas a hospitales locales al ser parte de la iniciativa del famoso chef y restaurantero Rick Bayless.

"Cada jueves regalábamos 150 lonches de carnitas a hospitales y centros de pruebas de covid-19 y la gente y mis proveedores nos comenzaron a patrocinar donaciones", contó Carbajal.

Nellie's Restaurant proporcionó desayunos y almuerzos a personas de la tercera edad en Humboldt Park, al Centro Cultural Segundo Ruiz Belvis, a los niños de una guardería y al albergue para la comunidad LGBT El Rescate.

La Catedral Café prestó su estacionamiento a la organización sin fines de lucro CALOR para la realización de pruebas de covid-19 y VIH.

Realización de proyectos y el futuro

Muchos planes se quedaron a la espera de mejores condiciones. En La Villita, la expansión del restaurante Don Pepe al inmueble del lado se suspendió, el dueño de La Catedral Café tiene pendiente la apertura de un nuevo restaurante de comida mexicana y vegetariana, el crecimiento de la marca de Carnitas Uruapan está en pausa y Nellie's Restaurant no podrá continuar con los planes de rentar el segundo piso de su restaurante para eventos especiales.

Algunos proyectos sí se han realizado. La Cámara de Comercio de La Villita anunció la apertura de la incubadora de negocios y cafetería Xquina Café, que será administrada por el dueño de La Catedral Café y será un gran apoyo para pequeños negocios latinos.

Los Espinosa están explorando la posibilidad de enviar sus platillos más populares a otros estados por petición de sus clientes que se han mudado a otras áreas y de turistas que han preguntado por sus postres hechos en casa y la avena de coco.

El invierno implica una serie de complicaciones para los restauranteros. Los patios al aire libre durante los meses invernales no son una opción para los restaurantes que entrevistó *La Raza*. Los comerciantes tendrán que administrar cuidadosamente su presupuesto y continuar operaciones a niveles de ventas bajas. Para Carbajal, los fondos que ha recibido a través de becas son "el colchón para salir del invierno".

Las redes sociales se han convertido en el mejor amigo de estos negocios latinos porque, sin presupuestos para mercadeo, estas ofrecen una manera económica de promocionar sus menús. De igual manera, la recomendación de boca en boca es aún más valiosa. González les pide a los clientes paciencia y una segunda oportunidad si no les gusta el servicio o la comida. "Debemos apoyarnos entre los negocios y entender las implicaciones de una reseña negativa que, durante la pandemia, en las redes sociales puede afectarnos de una manera más fuerte".

Emprendedora lucha contra las complicaciones del covid-19

Coco Roberta Caro decidió que 2020 sería el año perfecto para realizar su sueño y abrir Coco's Café, un restaurante pequeño de menos de 500 pies cuadrados y capacidad para unas 20 personas con sede en el barrio de Albany Park, en el noroeste de Chicago.

En octubre de 2019, Caro inició conversaciones con el dueño del edificio donde abriría su negocio, quien le otorgó un plazo de tres meses para comenzar a pagar renta.

Aprovechó la oferta y utilizó sus ahorros para remodelar el espacio. En marzo de 2020 estaba a punto de comprar su equipo de cocina cuando llegó la pandemia y el gobernador Pritzker ordenó el cierre de los restaurantes y bares. El proyecto quedó congelado hasta el 1 de junio.

"No podíamos conseguir el equipo necesario para abrir porque todo estaba cerrado por lo del covid-19 y pensé en regresar el local", explicó Caro a *La Raza*. Ella comenzó a sopesar las opciones y determinó que no podía dejar pasar esta oportunidad.

En junio, finalmente consiguió la pieza esencial para su negocio, la máquina de expreso, y comenzó a realizar pruebas del café que la diferenciará de los demás. Junto a su chef, Caro armó un menú de platillos pequeños ideales para llevar.

A meses de la fecha de apertura de su primer restaurante, descubrió que había contraído el coronavirus.

"El 6 de julio comencé a toser y fui a tomarme la prueba y los resultados fueron positivos", contó Caro, quien es originaria de Acapulco, Guerrero, México. Caro consiguió un tanque de oxígeno y se aisló de todos y de su proyecto por casi un mes.

Perdió más de 15 libras pero se recuperó con mucho entusiasmo y ganas de continuar con el proyecto y finalmente cruzar la línea de meta. Sin duda ha sido uno de los momentos más frustrantes, desalentadores y desagradables que vivió en sus 21 años desde que llegó a este país.

"Ya tengo absolutamente todo; nada más me falta recibir la licencia para abrir", dijo Caro, quien está ansiosa por comenzar a operar. Pero una vez más ha tenido que retrasar la fecha de apertura tras no recibir una respuesta sobre la aprobación de su licencia de negocio.

Caro planea vender bocadillos mexicanos, entre ellos un trío de esquites, tacos de cochinita pibil con cebolla y tamales oaxaqueños, al estilo tapas para llevar, que se podrán pedir por adelantado a través de su página en internet y los servicios en línea de entrega a domicilio. A Caro, este concepto culinario le resultaba apropiado para la época de pandemia en que vivimos.

Por el momento, Caro se surtirá de los supermercados para asegurar la frescura de su producto, apoyar a los negocios locales y calcular el costo de los alimentos.

La gran apertura será completamente distinta de lo que se imaginaba, pero seguirá siendo muy especial. Al cierre de esta edición, Caro aún no había comenzado a operar su restaurante.

"Estoy preparando la página en línea para una inauguración virtual", destacó Caro, cuyos vecinos están ansiosos por verla realizar sus sueños y poder disfrutar del lugar.

La experiencia de Caro es un caso de supervivencia y un ejemplo para todos los que tenían planeado abrir un restaurante y temen hacerlo en este entorno de incertidumbre. Caro está segura de que podrá contra todo después de sobrevivir esta crisis de salud y económica.

Ayuda ante la segunda ola

Al cierre de edición de este artículo, la alcaldesa Lori Lightfoot anunció un nuevo plan de apoyo para restaurantes y bares afectados por la emergencia del covid-19[23]. Se trata de un programa de "subvenciones por 10 millones de dólares para restaurantes y bares de Chicago que continúan enfrentando retos significativos a causa de la crisis del covid-19… El Programa de Subvenciones para la Industria de la Hospitalidad de Chicago reasignará fondos de la ley CARES para suplementar programas de ayuda federales y estatales con subvenciones de $10,000 a restaurantes y bares independientes en Chicago que han sido afectados por el reciente cierre del servicio en interiores".

Lightfoot también anunció que "presentará legislación en el Concejo de la Ciudad para temporalmente poner un tope a las tarifas que terceras compañías pueden cobrar a los restaurantes por sus servicios de reparto".

---

[23] https://www.chicago.gov/city/en/sites/hospitality-relief-fund/home.html

CLAMOR CHICAGO

A menu against COVID-19: Chicago's Latino restaurants fight back

Restaurants in Latino neighborhoods such as Pilsen, Little Village, Humboldt Park, and Albany Park have modified their menus to keep their customers happy and made changes to their plans and operations to avoid layoffs and abide by the City's restrictions to curb the spread of COVID-19

by IRENE TOSTADO   Published in November, 2020

On one of the busiest days for the Mexican restaurant Don Pepe in Little Village, its owner Roberto Gómez, employees, and loyal customers, received unexpected news. On Sunday, March 15, 2020, customers were enjoying a delicious pozole, steamed tacos, and the house specialty, meat stew, when Illinois Governor JB Pritzker announced to the public the closure of all bars and restaurants effective Monday, March 16.

"The place was full, and suddenly we saw on the television the governor saying that restaurants would have to close and people did not know what to do, whether to stay or leave," Gómez told *La Raza* from his restaurant at 3616 W. 26th St. in Chicago.

And so it began: the full shutdown of Chicago's bars and restaurants, arts, sports, and entertainment to stop the spread of COVID-19.

Through the Little Village Chamber of Commerce, Gómez would later learn that restaurants and bars would be allowed to do home delivery and take pickup orders.

While some restaurant owners closed their doors, flipped chairs on tables, and padlocked their premises waiting for the green light to reopen, other merchants prepared for the battle that would define their careers in the hospitality industry.

"I know these restrictions will be a heavy burden on our restaurant community," said Rosa Escareño, commissioner of the Department of Business Affairs and Consumer Protection (BACP) in a statement. "Now is the time for the community to come together for the sake of our health."

A menu against COVID-19: Chicago's Latino restaurants fight back

The restrictions to bars and restaurants established in March were relaxed during the following months, and that helped a bit. But new restrictions ordered by Governor Pritzker and effective October 30, amid a rise in COVID-19 cases and hospitalizations, have brought back the uncertainties to this sector. The restrictions include a prohibition to serve indoors, to stop serving outdoors at 11 pm and also to stop the selling of alcohol at that time[24].

Examples of how some of these businesses have been navigating the pandemic until now can help to do it again.

Dealing with the new rules

La Raza spoke with the owners of five restaurants that were economically affected by the state and the City of Chicago's closures and restrictions as measures to stop the spread of COVID-19.

The closure of bars and restaurants remained in effect until June 3, when the Mayor of the City of Chicago Lori Lightfoot allowed food service outdoors or on patios located outside of businesses. Also, it presented the pilot plan 'Open Streets,' which closed the main arteries of Chicago's six commercial corridors to stop traffic and allow the expansion of outdoor dining.

Jaime di Paulo, president of the Illinois Hispanic Chamber of Commerce (IHCC), said in an interview with *La Raza* that Little Village restaurants chose not to participate in the program because it would alter the traffic flow on 26th Street, the neighborhood's main corridor between Central Park and Harding avenues. They said the plan would worsen traffic congestion and decrease accessible parking for customers picking up food.

Businesses that did not have patios could apply for permits for a 'Sidewalk Cafe,' which would allow them to put tables and chairs on the sidewalks in front of their business, or a nearby location, and in their parking lots. Besides, to speed up the process and stall the economic impact, the City reduced permit fees by 75 percent, from $600 to $150, and decreased processing and approval timing.

---

[24] Some of those restrictions, including the one related with indoor service, were lifted in late January, 2021.

Reinvention is the key to survival

Don Pepe is one of the few restaurants in Little Village with a small patio, which has two tables with a capacity of seven to 10 people. Those two tables helped supplement the sales that fell by 50 percent when the restaurant's indoor dining area closed due to the pandemic. Two moves helped the business stay afloat: massive food delivery promotions through online platforms and a small beverage menu modification.

"People were already looking for us for the micheladas [spiced beers], and we quickly looked for a way to make them to-go, and that gave us positive results," Gómez explained. "We reached 50-50 sales of food and beverages."

In Humboldt Park, the outdoor-dining permit allowed Nellie's Restaurant at 2458 W. Division St., to expand its business to the patio. By not allowing customers to enter their dining room, Cindy and Pablo Espinosa, the owners of this Puerto Rican restaurant since 2006, had to dismantle its buffet. The menu offered several of their popular dishes at an affordable price, including its famous coconut oatmeal, which contributed a large portion of their sales.

The Centers for Disease Control and Prevention (CDC) instructs restaurateurs to "avoid offering self-service food or beverages, such as a buffet service, salad bar or drinks" to protect employees, customers, and communities from the virus. Without the buffet on the weekends, the owners of Nellie's Restaurant had to restructure their work system to respond to the demand in the kitchen and prepare individual dishes. Two of their senior cooks quit out of fear of contracting the coronavirus. Hence, the couple rolled up their sleeves and began helping in the kitchen to keep the restaurant afloat and support their team.

Also, they extended their hours of service to 8 p.m. Although they already were using food delivery platforms like Uber Eats, Grubhub, Postmates, and Doordash, it took a couple of months for customers to find out about their new business hours and their sales dropped 30 to 40 percent. Before the pandemic, the restaurant located on Paseo Boricua closed at 3 p.m. so the owners could focus on fulfilling their food orders for events, such as weddings, graduations, and baptisms. Their plans for 2020 were to grow the catering business and rent the restaurant's second floor for special events. Almost every event they had booked was canceled, and deposits had to be returned.

A menu against COVID-19: Chicago's Latino restaurants fight back

"We Latinos have a lot of pride, and there is no room for failure because there are so many financial responsibilities that getting a 9 to 5 job is not enough," Espinosa said.

Ambrocio González, owner of La Catedral Café and Restaurant in Little Village, responded immediately to the pandemic and implemented a home delivery service directly from his online page. He also had his servers deliver the orders.

Although sales fell by 75 percent and the owner had to close its second restaurant (by the same name) in Lincoln Square, the delivery and sidewalk pickups generated enough income to pay the mortgage, phone, and utilities for his restaurant located at 2500 S. Christiana Ave.

"I was worried that I had stocked for a whole month, and when I closed, I didn't want to waste food or harm the quality of our dishes," González said. "A small restaurant cannot afford to close for one day. Now, imagine a month or more. We are surviving."

The Carnitas Uruapan restaurant, founded in Pilsen in 1975 by Inocencio 'El Güero' Carbajal, offers a menu that's ideal for to-go orders. Michoacán-style carnitas is an inexpensive dish that can quickly be packaged. Clients can buy those dishes conveniently for an entire family. During the pandemic, online pickup orders at that restaurant quadrupled.

"We focus on being super efficient in selling carry-outs through a system where our customers can order directly on our webpage without having to pay extra fees. We also set up a window for pickup so the clients wouldn't have to go inside the facility," said Marcos Carbajal, owner of Carnitas Uruapan in Pilsen and, since 2019, in the Gage Park neighborhood.

Similar to Nellie's Restaurant's strategy, Carbajal removed all tables at the 18th Street location in Pilsen to focus on pickups and take-outs.

It was not until June 26 that restaurants were finally able to open their doors, but only at 25 percent capacity, or a total of 50 people, and no more than six people per table. The Chicago restaurateurs remained working under these limitations for more than three months.

The new rules came into effect on October 1, allowing restaurants to operate at 40 percent of their capacity or serve up to 50 people. Customers also couldn't stay inside a restaurant for more than two hours and were required to remain seated, wear masks at all times when not eating or drinking and taking orders. Also, customers are not allowed to approach the bar to order drinks.

Help for essential workers and small businesses

As of September 17, 2020, Illinois had an 11 percent unemployment rate (6.8 percent in October), according to the Illinois Department of Employment Services, a figure that dropped to 10.2 percent in mid-October. For the Latino restaurant owners with whom *La Raza* newspaper spoke, it is not an option to abandon their employees and put them out of work during the pandemic.

"Latino restaurants have survived because they are family businesses from which one sustains himself, and it is not easy to say 'now, I will close and see what I do'," said Gómez. "Not having an option was the motivation to come up with a plan."

According to a survey by the National Restaurant Association, nearly 100,000 restaurants in the United States have closed permanently or long-term since the start of the pandemic.

There are 70,000 Latino-owned businesses in Illinois, which employ about 100,000 workers, according to a 2013 study released by the Center for Hispanic Entrepreneurs and DePaul University.

Among them are waiters and cooks who normally don't have access to healthcare. They also don't have the possibility of requesting unemployment insurance or support from any financial institution. Additionally, many undocumented workers didn't qualify to receive the stimulus check, a payment of $1,200 that the government awarded to people with incomes under $75,000.

During the pandemic, the organization Arise Chicago has kept workers informed about paid sick time and workers' rights, including the minimum wage. On July 1, 2020, the minimum wage in Chicago went up to $13.50 for businesses with less than 21 employees and $14 for companies with more than 21 employees.

Large companies and franchises, such as Lettuce Entertain You, chose to use an online fundraising platform. Moreover, the Illinois Restaurant Association has compiled links to Spanish-language information for immigrants

A menu against COVID-19: Chicago's Latino restaurants fight back

on the Recursos para todos[25] webpage. The site also offers information on medical and food assistance, legal aid, and financial support for mortgages and rent.

Business owners in need of financial assistance may qualify for financial relief at the community, local, state, and federal levels in the form of grants and loans from government and community organizations. Of the restaurateurs that *La Raza* interviewed, Nellie's Restaurant was the only one that did not apply for the Payroll Protection Program (PPP) in 2020. This loan program was part of the Coronavirus Aid, Relief and Economic Security Act (CARES) that the government enacted at the end of March 2020. The program is run by the Small Business Administration (SBA) to support businesses with payroll, rent, transportation, mortgage, and utility payments.

According to IHCC, only 12 percent of qualifying Latino businesses in Illinois applied for the PPP loan in 2020. "Many small companies are suspicious of the government, don't have access to the technology to send the necessary documents and comply with the requirements or simply have never applied and are unaware of the procedures," Jaime Groth Searle, executive director of The Southwest Collective, a community organization in southwest Chicago.

Through a network, IHCC and 36 local groups, including several chambers, have visited commercial corridors to contact Latino entrepreneurs. Their goal is to inform small businesses about the different financial and technical assistance programs available in Cook County to recover from the economic impact of COVID-19. They also assist them in filling out the forms.

"We are applying for all grants to prevent what may happen because we cannot plan much in the future, and we do not know what awaits us," González said.

Security and Safety
The growth in cases of people infected with the coronavirus forced the temporary closure of thousands of restaurants. For some, it could mean a perma-

---

[25] https://recursosparatodos.org/

nent closure. Nellie's Restaurant in Humboldt Park, Don Pepe, and La Catedral Café y Restaurant in Little Village, and Carnitas Uruapan in Pilsen and Gage Park have persisted in supporting their families and employees and haven't had their employees without work for a long time.

Few Latino restaurants have closed their doors. "We are a strong community, we have the support of our neighbors, and we operate based on recommendations," said di Paulo. "Latinos are used to buying local as our relatives did in their native countries."

Once they were permitted to reopen, restaurant owners' challenge was to implement a set of rules to protect both their customers and their employees. In addition, closing the dining room of a business requires a lot of patience and energy to revive it and regain consumers' trust. "You lose the pulse of the market, and it takes a while to re-establish itself," Carbajal said.

Carnitas Uruapan became a whole chain production. Carbajal installed custom-made barriers with clear plastic and foil to divide tables and protect customers waiting in line as they entered his restaurant in Gage Park. He also placed signs on the ground every six feet and now offers face masks to customers who need them.

"Our competition is based on prices, quality, customer service, and now we have to compete based on health and that people feel safe," said Carbajal, who opened a window so that people who ordered in advance wouldn't have to enter the restaurant in Pilsen located at 1725 W 18th St.

At La Catedral Café, González painted yellow circles on the sidewalk to keep groups waiting for tables separated before entering the premises, and turned the waiting room into an additional dining room to seat more customers. "It has been very stressful for our employees because now it is not just about serving the people; it is also making sure that they comply with everything that the state and the city are asking of them. Sometimes people think we are conceited, but in reality, we are following the requirements of the city," González said.

Nellie's Restaurant replaced its ceramic plates and cutlery with disposable products and ordered an electrostatic sprayer to clean and sanitize.

When they are not serving a customer, workers are cleaning tables and busier areas such as doors and entrances. All the owners have posted signs or messages on the tables near the cashier or in the restrooms to remind customers about health-safety measures such as washing hands, wearing masks during their visit, and keeping a distance of six feet from other groups.

Taking a hard hit

Profit and loss reporting is essential for any business. Businesses were victims of this invisible threat, which does not discriminate and surprised even the best planners and entrepreneurs. Carbajal said he adjusted his budget to prepare for a 30 percent decrease in sales.

But it was challenging to prepare for something that was not on the list of possibilities, a pandemic. In the first week of restriction, their Michoacán-style carnitas sales were down 50 to 60 percent.

Local business owners have taken a blow to their finances and even their physical well-being. Some owners claimed they had to board up their windows and doors to protect their businesses from the looting during protests over George Floyd's death caused during an arrest by police in Minnesota. The owners had to look for ways to balance their hours to minimize the financial impact and to reopen as soon as possible.

In 2020, the usual substantial increase in sales that typically occurs during the celebration parades of the Puerto Rican community on Paseo Boricua and the Mexican National Holidays on 26th Street didn't happen. Tourists also didn't show up to enjoy the restaurants located in these gastro tourism centers during their summer vacations.

As if that wasn't enough, the prices of food and protective equipment, such as gloves and masks, rose dramatically.

"Now we weigh the meat, we are more careful with food waste, we buy in bulk when there are sales, especially non-perishable food," said Cindy Espinosa.

"We cut wasteful expenses and publicity costs and renegotiated with suppliers," explained Carbajal, who sold fresh tortillas at her 2813 W. 55th St. business as many tortilla shops in Chicago had to close.

González considered raising the price of her dishes moderately to survive. "We can't just increase the prices too much because people will stop coming, and some people are not working regularly."

Being a good neighbor and helping others

In neighborhoods like Little Village, Pilsen, and Humboldt Park, family-owned restaurants are symbols of community pride. Their survival is based on the authenticity of their menus and the quality of the service. It is a tradition for generations of families to return to the neighborhood to eat in the same place.

After 45 years of serving the Pilsen community, Carnitas Uruapan is a cultural institution and culinary destination and part of the community. Like a good neighbor, Carnitas Uruapan restaurant participated in the celebrity chef and restaurateur Rick Bayless' program to distribute prepared meals to local hospitals.

"Every Thursday, we gave 150 lunches of carnitas to hospitals and COVID-19 testing centers. Residents and my suppliers began to sponsor us with donations," Carbajal said.

Nellie's Restaurant provided breakfast and lunch to seniors in Humboldt Park, the Segundo Ruiz Belvis Cultural Center, children from a daycare center, and the El Rescate LGBT community shelter.

La Catedral Café lent its parking lot to the nonprofit organization CALOR for testing for COVID-19 and HIV.

Project development and the future

Many plans were left waiting for better conditions. In Little Village, the expansion of the Don Pepe restaurant to the property next door was suspended; the owner of La Catedral Café is pending the opening of a new Mexican and vegetarian food restaurant; Carnitas Uruapan's brand growth is on hiatus, and Nellie's Restaurant will not be able to continue with plans to rent the second floor of its restaurant for special events.

Some projects have been carried out. The La Villita Chamber of Commerce announced the opening of the Xquina Café, a business incubator and cafeteria to provide support for small Latino businesses. The owner of La Catedral Café will manage Xquina Café.

The Espinosa family is exploring the possibility of shipping their most popular dishes to other states at the request of their customers who moved and tourists who have inquired about their homemade desserts and coconut oatmeal.

A menu against COVID-19: Chicago's Latino restaurants fight back

Winter brings a series of complications for restaurateurs. Outdoor patios during the winter months are not an option for the restaurants *La Raza* interviewed. Merchants will have to carefully manage their budgets and continue operations at low sales levels. For Carbajal, the funds she has received has been "a blessing to surviving this winter."

Social media has been immensely helpful for Latino businesses as they can promote their menus without spending on marketing. Similarly, word-of-mouth recommendations are even more valuable. González asks customers for patience and a second chance if they don't like the service or food. "We must support each other among businesses and understand the implications of a negative review that, during the pandemic, on social media can affect us more strongly."

Entrepreneur fights against complications of COVID-19

Coco Roberta Caro decided that 2020 would be the perfect year to make her dream come true and open Coco's Café in Albany Park, a small restaurant of less than 500 square feet and a seating capacity for about 20 people.

In October 2019, Caro began conversations with the building owner, where she would open her business, who gave her three months to start paying rent.

She took advantage of the offer and used her savings to remodel the space. In March 2020, she was about to buy her kitchen equipment when the pandemic struck. Governor Pritzker ordered the closure of restaurants and bars. The project stopped until June 1.

"We could not get the necessary equipment to open because everything was closed because of COVID-19, and I thought about returning the premises," Caro explained to *La Raza*. She began to weigh the options and determined that she could not pass up this opportunity.

In June, she finally got the essential piece for her business, an espresso machine, and began testing the coffee that she said will set her apart from the rest. Caro and her chef put together a menu of small dishes ideal for takeouts.

Within months of her first restaurant's opening date, she discovered that he had contracted the coronavirus.

"On July 6, I started coughing, and I went to take the test, and the results were positive," said Caro, who is originally from Acapulco, Guerrero, México.

Caro got an oxygen tank and isolated herself from everyone and her project for almost a month.

She lost over 15 pounds but recovered with great enthusiasm and desire to continue the project and finally cross the finish line. It has undoubtedly been one of the most frustrating, discouraging, and unpleasant moments she lived in the 21 years since she's been in the US.

"I already have absolutely everything; I just need to receive the license to open," Caro said, adding that she is eager to start operating. But once again, she has had to delay the opening date after not receiving a response on her business license's approval.

Caro plans to sell Mexican sandwiches, including *trio of esquites* (corn-based snacks), *cochinita pibil* tacos with onions (a pork-based meal), and Oaxacan tamales, *tapas*, which can be ordered in advance through its website and online home delivery. Caro considered this culinary concept appropriate for the pandemic times in which we live.

For now, Caro will be sourcing from supermarkets to ensure the freshness of her products, supporting local businesses and calculating food costs. The grand opening will be completely different from what she had imagined, but it will still be very special. At press time, Caro had not yet started operating her restaurant.

"I'm preparing the online page for a virtual opening," said Caro, whose neighbors are eager to see.

Caro's experience is an example of survival and an inspiration for those who had planned to open a restaurant and are afraid to do so in these times of uncertainty. Caro is confident that she will be able to fight it all after surviving this health and financial crisis.

Help to face the second wave

By press time of this article, Mayor Lori Lightfoot announced a new relief plan for restaurants and bars affected by the COVID-19 emergency[26]. It includes "a $10 million grant program for Chicago's restaurants and bars that

---

[26] https://www.chicago.gov/city/en/sites/hospitality-relief-fund/home.html

continue to face significant challenges due to the COVID-19 crisis… The Chicago Hospitality Grant Program will reallocate CARES Act funding to supplement state and federal relief programs with grants of $10,000 to independent bars and restaurants throughout Chicago that have been affected by the state's recent closure of indoor service".

Mayor Lightfoot also announced that "she will introduce legislation to City Council to temporarily cap the fees that third-party companies can charge restaurants for their delivery services" in Chicago.

CLAMOR CHICAGO

El muralismo hispano en Chicago: paredes que hablan

Muralistas históricos de Chicago mantienen viva esta forma de arte público mientras surgen nuevos artistas, con visiones y técnicas que no necesariamente coinciden con las de antes. La preservación de los murales ya existentes y la creación de nuevas obras son acciones de gran importancia cultural

por ANTONIO ZAVALA　　　　　　　　Publicado en noviembre de 2020

Para Carlos Tortolero, presidente del Museo Nacional de Arte Mexicano, no hay necesidad de agrupar a los artistas hispanos en una organización ya que ellos, a través de las redes sociales, se comunican entre sí y organizan sus exposiciones de arte.

"No hay necesidad de dirigirlos, ellos son muy inteligentes", indicó Tortolero, el fundador en 1987 de este popular museo.

Bajo el programa Yollocalli Arts Reach, creado en 1997, este museo ha podido enseñar a los jóvenes a crear murales. Hasta la fecha este programa ha creado cerca de 50 murales, incluyendo tres en el interior del Rauner YMCA en Pilsen.

Uno de los murales más icónicos de Pilsen es el creado por los jóvenes del programa Yollocalli en 2016 cerca de la calle 18 y la avenida Blue Island. El mural, de dos pisos de alto, se titula 'Declaración de inmigración', el cual, entre otras cosas, proclama que "Ningún ser humano es ilegal".

El último mural de este programa es el que fue develado recientemente en la biblioteca pública de La Villita en la calle 23 y la avenida Kedzie, en el barrio del mismo nombre.

El museo, apuntó Tortolero, también actúa como un centro de recursos y conecta a las escuelas públicas que buscan crear un mural en el interior de sus planteles con los artistas.

"Desde nuestro inicio siempre hemos estado involucrados con los artistas y no cobrábamos una cuota, muchas veces el honorario es para los artistas", afirmó Tortolero.

"Los murales están muy de moda y en Pilsen los murales están en todas partes", aseguró Tortolero.

Aunque no hay un conteo exacto de los murales en los barrios hispanos, el Registro de Murales de la Ciudad enumera 356 obras, que incluyen murales en los vecindarios de habla hispana y en el resto de la ciudad.

Marcos Raya

Quizás el crítico más acérrimo de la tendencia de crear murales con las técnicas del grafiti y de plasmar imágenes ya repetidas en muchos lugares del barrio es el pintor y muralista Marcos Raya, oriundo de Irapuato, Guanajuato, México, quien llegó a la ciudad en 1964.

Después de estudiar arte en Massachusetts, Raya regresó a Chicago y trabajó en Casa Aztlán como artista en residencia y se dedicó a ofrecer talleres de arte a los jóvenes de la comunidad.

Raya sorprendió al barrio y al mundo del arte en 1972 cuando plasmó su mural 'Homenaje a Diego Rivera', ubicado al lado de una ferretería en la esquina de las calles May y 18.

Otro de los murales sobresalientes de Raya es el que pintó en la esquina de la calle 18 y la avenida Western titulado 'No más dictaduras'. Ahí una multitud derriba la estatua del dictador nicaragüense Anastasio Somoza.

Pero Raya, ya reconocido a nivel nacional, está librando una batalla contra lo que el artista denomina 'Taco Art', que identifica como los clichés culturales mexicanos ya trillados una infinidad de veces en las paredes del barrio.

Estas imágenes, apuntó Raya, no contribuyen al arte ni a enviar un mensaje político a las comunidades en donde aún hay muchos problemas sociales.

"En vez de tomar el arte en serio, se pasan el tiempo copiando, diseñando las mismas imágenes, esta es una manera de hacer arte muy simple y chicharronero", señaló el artista.

Inclusive, a veces Raya piensa que todos los jóvenes de origen mexicano han perdido su identidad. Es un temor que le aflige.

"El consejo que les puedo dar, lo que yo les puedo decir, es que pintar murales es parte de un movimiento real, un movimiento social", aseguró Raya. "El muralismo es para educar".

"Yo no entiendo al grafiti, este no te dice nada", afirmó este muralista. "Puede hasta ser reaccionario para que no se pinte ningún mensaje".

Roberto Ferreyra

Roberto Ferreyra es reconocido en Pilsen por su trabajo con la danza azteca y la música del grupo Son Monarcas, pero es también reconocido por su trabajo en el arte.

Ferreyra, nativo de Morelia, Michoacán, México, plasmó en 2019 un mural gigante dedicado al caso de los 43 normalistas de Ayotzinapa desaparecidos en Iguala, Guerrero, México, hace seis años.

El mural, titulado 'La noche de Iguala', está en las cercanías de la avenida Western y la calle 18 en el barrio de Pilsen.

Ese mural, de una dimensión de 275 pies de largo y 16 pies de alto, es en sí un grito de protesta y un llamado contra el olvido sobre este caso que estremeció las conciencias de México y del mundo entero.

Ferreyra reconoce que el tipo de muralismo que comenzó en los barrios hispanos de la ciudad en el pasado ya no existe.

"Lo que vemos en las paredes ahora es otra cosa, no es el muralismo que conocíamos hace 30 años", destacó Ferreyra.

Décadas atrás, las paredes de barrios como Pilsen fueron bañadas de imágenes creadas por muralistas como Mario Castillo, Ray Patlan, Salvador Vega y Marcos Raya.

Pero ahora, según este artista, las nuevas generaciones de jóvenes han traído otro estilo a los muros de los vecindarios.

"Ha invadido el grafiti con imágenes grandotas, pero no significativas", señaló Ferreyra, quien fue traído a la ciudad en 1993 por el Fondo Nacional de las Artes y al encontrar aquí a una vibrante población mexicana decidió quedarse.

En el trasfondo, Ferreyra, de 63 años, indicó que las nuevas generaciones deben aprender más de las corrientes del muralismo mexicano y del concepto de arte público.

"Yo creo que los artistas no están a la altura de lo que está pasando, los muralistas de antes tuvieron una relevancia con lo que estaba pasando", dijo este pintor.

Sandra Antongiorgi

La pintora y muralista Sandra Antongiorgi nació en Utuado, Puerto Rico, pero a una temprana edad sus padres decidieron mudarse a Chicago para irse a vivir al barrio Pilsen.

"Éramos una familia puertorriqueña viviendo en un barrio mexicano," recuerda ella.

Después la familia se mudó a Humboldt Park, pero luego se trasladó a La Villita, en el lado suroeste de la ciudad.

Antongiorgi señala que lleva tres décadas como pintora y muralista y siempre le ha fascinado el poder del arte para influenciar a las personas.

"Una de las razones que me entregué al arte es que vi el poder que este tiene para hablarle a un número grande de personas", afirmó ella. "El arte también enciende conversaciones y esperamos que inspire el cambio social".

Antongiorgi en cooperación con la artista Sam Kirk plasmó el mural 'Tejiendo culturas' en la cercanía de la calle 16 y la avenida Blue Island en Pilsen en 2016. El mural de 15 pies de alto por 40 pies de ancho rinde un homenaje a las mujeres marginadas que no siempre son reconocidas por la sociedad.

Antongiorgi emprendió una campaña en 2018 para que el municipio de Chicago creara un registro de los murales en la ciudad después de que un equipo del Departamento de Calles y Limpieza borró su mural 'Es tiempo de recordar', que estaba en la calle Pulaski y avenida Bloomingdale en Humboldt Park.

El mural honraba la cultura, la música y el arte de Puerto Rico pero un día apareció borrado sin previo aviso.

Después de esa experiencia, la Ciudad creó el Registro de Murales de Chicago, el cual, como ya se mencionó, cuenta con 356 murales registrados para protegerlos.

"Tenemos que unirnos y tenemos que proteger estos lugares, ahí a veces hay obras maestras", destacó Antongiorgi.

Como mujer, Antongiorgi asume los retos de encontrar los espacios para pintar y "representar a la gente puertorriqueña lo más que pueda".

"Allá en los días en que yo empecé a pintar, el trabajo siempre se lo daban a los hombres, yo no puedo dejar que eso ocurra a la próxima generación de mujeres artistas", recalcó ella.

Roberto Valadez

A Roberto Valadez no le incomoda en lo más mínimo que los jóvenes de ahora usen otras técnicas para plasmar sus murales al aire libre.

"Hay mucha gente joven creando nuevos trabajos espontáneos como los que vimos en la madera contrachapada en las tiendas saqueadas [las placas de madera colocadas en ventanas y puertas de comercios luego de las olas de saqueos sucedidas en la ciudad a mediados de 2020]", dijo Valadez. "A mí me gusta la naturaleza espontánea de estos trabajos, aunque a veces son un poco caóticos".

Valadez, de 57 años, comenzó su carrera en el arte cuando era joven y ayudó a otros muralistas a crear obras de arte público en el interior de las paredes de la Secundaria Benito Juárez.

"Comencé a pintar con el programa de verano de Casa Aztlán", indicó Valadez, quien está a punto de iniciar la renovación de la imagen del sol azteca y la luna Coyolxauhqui en la plataforma del tren CTA en la estación de la Calle 18. Esas imágenes las creó el finado Francisco Mendoza, y Valadez ha sido comisionado por la Ciudad para renovarlas.

Valadez precisa que hoy en día hay más disposición por parte de los comerciantes de permitir a los artistas plasmar arte, incluyendo murales, en las fachadas de sus edificios.

"Muchos más artistas están creando murales hoy en día, aunque cabe decir que muchas veces son imágenes básicas, pero se está creando un lenguaje visual", dijo Valadez. "Yo soy de la opinión que entre más competencia *haiga*, es mejor".

Quizá la obra maestra de Valadez es el mural al lado de un banco en las cercanías de las calles 26 y Pulaski en La Villita. Ese bello mural, lleno de un imaginario extenso, contiene imágenes del líder latino pro derechos civiles César Chávez, las figuras históricas mexicanas Miguel Hidalgo y Emiliano Zapata, el activista comunitario Rudy Lozano y la pintora mexicano Frida Kahlo, entre otras.

Este mural lo pintó originalmente el finado artista Vicente Mendoza en los años 80 y Valadez, comisionado por el banco Second Federal Savings, lo repintó en 2016, pero en su propio estilo.

Milton Coronado

La vida del artista Milton Coronado ha sido como un viaje en una montaña rusa.

A los cinco años perdió a su madre, Ema Coronado Díaz. Después su padre, Ramiro Coronado, se casó otras dos veces y esto causó en Milton un comportamiento antisocial. Incluso llegó a pertenecer a una pandilla y hoy acepta que de joven vandalizó la propiedad ajena con letras de grafiti.

Después, su padre Ramiro fue asesinado en septiembre de 2001. Milton recapacitó y le dio un nuevo giro a su vida. Estudió en la Academia Americana de Arte, se graduó en ilustración y diseñó y aprendió todas las técnicas de pintar.

Coronado, de 40 años, es ahora diestro en el uso de los estilos de la acuarela, el acrílico, el aerosol, el óleo y otros.

Un mural que él creó en honor a su padre lo llevó a pensar en lo colectivo y a buscar dar esperanza, no agravio, a los demás.

Milton es hoy en día un reconocido muralista que plasmó en 2018 un emotivo mural a Marlen Ochoa, la joven asesinada cuyo bebé fue arrancado de su vientre.

Coronado ha creado otros murales en honor a Vanessa Guillén, Chance the Rapper, Canelo Álvarez, los trabajadores esenciales y muchos más.

Aunque se inició con la tradición del grafiti, este artista indicó que conoce el muralismo mexicano.

A través del arte, Coronado, cuya familia llegó de Guadalajara, México, intenta sacar el dolor que causan los problemas sociales en los barrios.

"Las artes como la música, la literatura y todo lo que tiene que ver con el arte son componentes de una ayuda espiritual", finalizó este muralista.

Héctor Duarte

Héctor Duarte llegó a Chicago en 1985 procedente de Zamora, Michoacán, México, con el trasfondo de haber estudiado el muralismo en el taller de David Alfaro Siqueiros, uno de los tres grandes muralistas de México.

Duarte, de 68 años, ha pintado cerca de 50 murales en Chicago y otros lugares, incluyendo varios en México.

Su casa en Pilsen, localizada cerca del Museo Nacional de Arte Mexicano, atrae el interés de los visitantes pues está decorada con un mural, 'Oliver en el país de las maravillas', entrelazado en el exterior de la casa.

Duarte dice admirar a los jóvenes muralistas de hoy que usan la técnica de los botes de aerosol para crear nuevos murales.

"Yo no lo veo como algo negativo", dijo Duarte. "Con los botes de spray ellos hacen una imagen en un instante".

"Hay unos jóvenes que son muy buenos para pintar, dominan la técnica del bote spray y han llegado al realismo", precisó Duarte.

Sin embargo, este muralista recomienda a los jóvenes leer y estudiar la historia "para saber qué pasó antes".

Esto, afirmó, es para evitar que los jóvenes caigan en el panfletismo que "después de dos o tres meses ya no tenga valor".

Los muralistas, advirtió Duarte, deben también considerar la cultura de los diferentes barrios para así transmitir su solidaridad a dichas comunidades.

Lo que antes tomaba meses, ahora con las nuevas técnicas un mural puede lograrse en pocos días, algo que facilita la creación del arte público.

A Duarte le gusta pintar sus murales con colores brillantes que se asemejan al sol. "Yo atribuyo esto a mis orígenes latinoamericanos", recalcó Duarte.

Este artista también ha creado murales móviles y uno de ellos fue exhibido en el Festival Cervantino de la ciudad de Guanajuato en México.

Víctor A. Sorell, historiador de arte

Para el historiador de arte Víctor A. Sorell, distinguido profesor emérito de la Universidad Chicago State, los murales en la ciudad juegan un papel importante. "Son un testimonio de la realidad de que los eventos sociales, los eventos políticos, informan al arte y, a su vez, el arte informa a la sociedad en la que vivimos", dijo el profesor Sorell.

Las recientes protestas de Black Lives Matter, dice él, están creando muchos murales.

Sorell, nacido en la Ciudad de México, señaló que en la década de los años 60 y 70 la ciudad tenía quizás unos 40 muralistas latinos que fueron muy influyentes.

"Creo que ahora, en los últimos años, se ha producido una fusión entre el arte del grafiti y los murales o la escritura de grafiti y los murales", afirmó Sorell.

Entre sus muchos logros, Sorell editó el libro sobre la vida del finado artista local Carlos Cortez, titulado 'Carlos Cortez Koyokuikatl: Soapbox Artist & Poet'.

Sobre si piensa que la memoria de los tres grandes muralistas de México (Diego Rivera, José Clemente Orozco y David Alfaro Siqueiros) ya no está tan fresca en la mente de la nueva generación de muralistas hispanos, el distinguido profesor destacó que "sí, creo que la influencia de los tres grandes ha eclipsado algunos esfuerzos, pero creo que la ideología detrás de los murales de México, especialmente la ideología de Siqueiros, todavía ha informado a algunos de los muralistas Latinx en Chicago y en otros lugares".

"Pero a medida que nos adentramos en el siglo 21, creo que su legado no es tan evidente en los murales que vemos ahora", indicó Sorell.

En cuanto a los fundamentos del muralismo, indica que son su gran tamaño, su ubicación y su mensaje.

"Los murales tienen que ser grandes y estar en tu cara. Lo que los hace únicos en Estados Unidos, no solo en Chicago, es que son arte callejero. Supongo que ese mensaje lo es todo para los murales. Los murales le hablan directamente a la gente, es como dijo Marshall McLuhan: el medio es el mensaje", finalizó Sorell.

CLAMOR CHICAGO

Chicago's hispanic murals: the walls that talk

Historic Chicago muralists keep this public art form alive as new artists emerge with visions and techniques that aren't necessarily the same as the most traditional methods. Experts and artists agree on one thing: it's important to preserve existing murals and create new ones

by ANTONIO ZAVALA   Published in November, 2020

For Carlos Tortolero, president of the National Museum of Mexican Art, there is no need to group Hispanic artists in an organization since they communicate with one another and organize their art exhibitions through social networking.

"There is no need to direct them; they are very intelligent," said Tortolero, the 1987 founder of this iconic museum in Chicago.

Under the Yollocalli Arts Reach program, created in 1997, this museum has been able to teach young people how to create murals. To date, this program has completed nearly 50 murals, including three inside the Rauner YMCA building in Pilsen.

One of the most iconic murals in Pilsen is the one created by the youth of the Yollocalli program in 2016 near 18th Street and Blue Island Avenue. The two-story-high mural is titled 'Immigration Declaration,' which, among other messaging, proclaims that "no human being is illegal."

The program's most recent mural was recently unveiled in the Little Village Public Library on 23rd St. and Kedzie Ave. in the Little Village neighborhood.

The museum, Tortolero noted, also acts as a resource center and connects public schools seeking to create a mural inside their campuses with the artists.

"From our beginning, we have always been involved with the artists, and we did not charge a fee; many times, the professional compensations are for the artists," said Tortolero.

"Murals are very fashionable, and in Pilsen, murals are everywhere," said Tortolero.

Although there is no exact count of murals in Hispanic neighborhoods, the City's Register of Murals lists 356 artworks, including murals in Spanish-speaking neighborhoods and the rest of the city.

Marcos Raya

Perhaps the staunchest critic of the trend to create murals with graffiti techniques and images that have already been repeated in many places in the neighborhood is the muralist painter Marcos Raya, a native of Irapuato, Guanajuato, México, who moved to Chicago in 1964.

After studying art in Massachusetts, Raya returned to Chicago and worked at Casa Aztlán as an artist in residence and dedicated himself to offering art workshops to young people in the community.

Raya amazed the neighborhood and the world of art in 1972 when he painted his mural 'Homenaje a Diego Rivera' or 'Tribute to Diego Rivera' (a famous Mexican artist) located next to a hardware store on the corner of May and 18th streets.

Another of Raya's outstanding murals is the one he painted at the corner of 18th Street and Western Avenue titled 'No More Dictatorships.' The mural displays a crowd demolishing the statue of Nicaraguan dictator Anastasio Somoza.

But Raya, already nationally recognized, is putting up a battle against what the artist calls "taco art," which he describes as the Mexican cultural clichés already overused countless times on the neighborhood walls.

These images, Raya pointed out, don't contribute to art nor send a political message to communities that continue to experience social problems.

"Instead of taking art seriously, they spend time copying, designing the same images, and this is a very simple and clumsy way of making art," the artist said.

Raya even believes that all young people of Mexican origin have lost their identity. That's a fear that afflicts him.

"The advice I can give them, what I can tell them, is that painting murals is part of a real movement, a social movement," said Raya. "Muralism is to educate."

"I don't understand graffiti; it doesn't tell you anything," said the muralist. "It can even be reactionary so that painting is not sending a message."

Roberto Ferreyra

Roberto Ferreyra is recognized in Pilsen for his work with Aztec dance and the Son Monarcas music group music, but he is also known for his art.

Ferreyra, a native of Morelia, Michoacán, México, painted a giant mural in 2019 dedicated to the case of the 43 Ayotzinapa students who disappeared in Iguala, Guerrero, México, six years ago.

The mural 'The Night of Iguala' is in Western Avenue and 18th Street in the Pilsen neighborhood.

That 275-feet long by 16-feet high mural is in itself a cry of protest and a call not to forget this horrific case that shocked México and the world.

Ferreyra acknowledges that the type of muralism that began in the city's Hispanic neighborhoods in the past no longer exists.

"What we see on the walls now is something else; it is not the muralism we knew 30 years ago," said Ferreyra.

Decades ago, the walls of neighborhoods like Pilsen were immersed in images created by muralists such as Mario Castillo, Ray Patlan, Salvador Vega, and Marcos Raya.

According to this artist, new generations of young people have brought another style to the walls of the neighborhoods.

"Graffiti has invaded with huge insignificant images," said Ferreyra, who was brought to the city in 1993 by the National Endowment for the Arts, and after finding a vibrant Mexican population in Chicago, he decided to stay.

Ferreyra, 63, said that the new generations must learn more about the trends of Mexican muralism and the concept of public art.

"I believe that artists are not up to the task of what is happening; the muralists from before had a relevance with what was happening," the artist said.

Sandra Antongiorgi

The muralist painter Sandra Antongiorgi was born in Utuado, Puerto Rico, but her parents decided to move to the Chicago Pilsen neighborhood at an early age.

"We were a Puerto Rican family living in a Mexican neighborhood," she recalls.

The family later moved to Humboldt Park but eventually moved to Little Village on the city's southwest side.

Antongiorgi notes that she has been a muralist painter for three decades and has always been fascinated by the power of art to influence people.

"One of the reasons I dedicated myself to art is that I saw the power it has to speak to a large number of people," she said. "Art also ignites conversations, and we hope it inspires social change."

Antongiorgi, in cooperation with artist Sam Kirk, created the mural 'Weaving Cultures' in the vicinity of 16th Street and Blue Island Avenue in Pilsen in 2016. The 15-foot tall by 40-foot wide mural pays tribute to marginalized women who haven't been recognized by society.

Antongiorgi launched a campaign in 2018 for the City of Chicago to create a mural registry after a crew from the Department of Streets and Sanitation removed her 'It's Time to Remember' mural, which was on Pulaski Street and Avenue Bloomingdale in Humboldt Park.

The mural honored the culture, music, and art of Puerto Rico. One day, the mural was gone without warning.

After that experience, the City created the Chicago Register of Murals, which, as previously mentioned, has 356 registered murals.

"We have to unite, and we have to protect these places; sometimes these are masterpieces," Antongiorgi said.

As a woman, Antongiorgi takes on the challenges of finding the spaces to paint murals and "represent the Puerto Rican people as much as possible."

"Back in the days when I started painting, work was always given to men. I can't let that happen to the next generation of female artists," she said.

Roberto Valadez

Roberto Valadez doesn't mind in the least that young people today use other techniques to capture their murals outdoors.

"There are a lot of young people creating new spontaneous jobs like the ones we saw in plywood in looted shops [businesses covered their windows and doors with wooden plywood to protect their buildings from the looting in the city in mid-2020]," Valadez said. "I like the spontaneous nature of these works, although sometimes they are a bit chaotic."

Valadez, 57, began his career in art when he was young and helped other muralists create works of public art inside the walls of Benito Juárez High School.

"I started painting with the Casa Aztlán summer program," said Valadez, who is about to begin the renovation of the image of the Aztec sun and the Coyolxauhqui moon on the platform of the CTA train at the 18 Street station. The late Francisco Mendoza created those images, and Valadez has been commissioned by the City to renew them.

Valadez points out that today there is more willingness by merchants to allow artists to capture art, including murals, on their buildings' facades.

"More artists are creating murals today, although it can be said that many times they are basic images, but a visual language is being created," Valadez said. "My opinion is that the more competition, the better."

Perhaps Valadez's most notorious masterpiece is the mural next to a bank near the 26th and Pulaski streets in Little Village. This beautiful mural, full of rich imagination, contains images of civil rights activist César Chavez, historical Mexican figures Miguel Hidalgo and Emiliano Zapata, community activist Rudy Lozano, and Mexican artist Frida Kahlo, among others.

This mural was originally painted by the late artist Vicente Mendoza in the 1980s. Valadez, sponsored by Second Federal Savings bank, repainted it but in his own style in 2016.

Milton Coronado

The life of artist Milton Coronado has been like a roller-coaster ride.

At the age of 5, he lost his mother, Ema Coronado Díaz. Later his father, Ramiro Coronado, married two more times, which caused Milton to misbehave. He even belonged to a gang, and today he admits that he vandalized properties with graffiti when he was young.

Later, his father, Ramiro, was assassinated in September 2001. After some soul searching, Milton turned his life around. He studied at the American Academy of Art, where he graduated in arts and design and learned painting and illustration techniques.

Coronado, 40, is now skilled using watercolor, acrylic, spray and oil painting, and other styles.

A mural that he created in honor and memory of his father led him to think collectively and inspire hope, not grievance, to others.

Today, Milton is the renowned muralist who painted in 2018 a touching mural in memory of Marlen Ochoa, the pregnant mother who was brutally murdered and whose baby was torn from her womb.

Coronado has created other murals honoring the murdered Army soldier Vanessa Guillén, hip-hop artist Chance the Rapper, Mexican boxer Canelo Álvarez, essential workers, and many more.

Although he began with the tradition of graffiti, this artist indicated that he knows Mexican muralism.

Through art, Coronado, whose family came from Guadalajara, México, tries to alleviate the pain caused by social problems in the neighborhoods.

"The arts such as music, literature and everything that has to do with art foment our spiritual growth," the muralist reflected.

Hector Duarte

Hector Duarte arrived in Chicago in 1985 from Zamora, Michoacán, México, with a muralism background, which he learned from workshops by the well-known muralist David Alfaro Siqueiros, one of México's three greatest muralists. Duarte, 68, has painted about 50 murals in Chicago and elsewhere, including several in México.

His house in Pilsen, located near the National Museum of Mexican Art, attracts visitors as it's decorated with the mural 'Oliver in Wonderland,' which intertwines on the house's exterior.

Duarte says he admires today's young muralists who use the aerosol-can technique to create new murals.

"I don't see it as a negative thing," Duarte said. "With the spray cans, they make an image in an instant."

"There are some young people who are very good at painting; they have mastered the spray-can technique and have reached realism," Duarte added.

However, this muralist recommends that young people read and study history "to find out what happened before."

This, he said, is to prevent young people from falling into pamphleteering that "after two or three months [the art] no longer has value."

Muralists, Duarte warned, must also consider the culture of the different neighborhoods to transmit their solidarity to those communities.

What used to take months, artists can do a mural in a few days thanks to the new methods, which facilitates the creation of public art.

Duarte likes to paint his murals in bright colors that resemble the sun. "I attribute this to my Latin American origins," he said.

This artist has also created mobile murals, and one of them was exhibited at the Cervantino Festival in Guanajuato, México.

Victor A. Sorell, art historian

For art historian Victor A. Sorell, distinguished professor emeritus at Chicago State University, murals in the city play an important role.

"They are a testament to the reality that social events, political events, inform art and, in turn, art informs the society in which we live," said Professor Sorell.

The recent Black Lives Matter protests, he says, are creating a lot of murals. Sorell, a native of México City, noted that in the '60s and '70s, the city had perhaps 40 or so Latino muralists who were very influential.

"I think now, in the last few years, there has been a fusion between graffiti art and murals or graffiti writing and murals," Sorell said.

Among his many achievements, Sorell edited the book on the life of the late local artist Carlos Cortez titled 'Carlos Cortez Koyokuikatl: Soapbox Artist & Poet.'

On whether he thinks that the memory of the three great muralists of México —Diego Rivera, José Clemente Orozco, and David Alfaro Siqueiros— is no longer so fresh in the minds of the new generation of Hispanic muralists, the distinguished professor said: "Yes, I think the influence of the Big Three has overshadowed some efforts, but I think the ideology behind the murals of México, especially the ideology of Siqueiros, has still informed some of the Latinx muralists in Chicago and elsewhere. But as we move into the 21st Century, I think that legacy is not so evident in the murals we see now."

What are the fundamentals of muralism? The large size, location, and message, he said.

"The murals have to be big and be on your face. What makes them unique in America, not just Chicago is that they are street art. I guess that message is everything for murals. The murals speak directly to people; it's like Marshall McLuhan said: the medium is the message," Sorell said.

CLAMOR CHICAGO

Lightfoot incrementó la protección a inmigrantes en Chicago pero persistió la colaboración con ICE en casos penales

Activistas y concejales consideran que deben ser eliminadas las cuatro excepciones en la norma 'Welcoming City' que aún permiten a las autoridades locales colaborar con ICE cuando se trata de asuntos de índole criminal[27]. La Ciudad de Chicago aprobó en paralelo una nueva ordenanza con protecciones y servicios adicionales para los inmigrantes que cancela la colaboración con ICE en asuntos civiles de inmigración

por BELHÚ SANABRIA y JESÚS DEL TORO Publicado en febrero de 2020

Desde su campaña por la alcaldía y ya al frente de la Ciudad de Chicago, Lori Lightfoot ha prometido mantener a Chicago como una urbe abierta hacia los inmigrantes y ha dicho que los defenderá con los medios a su alcance de los embates de la administración del presidente Donald Trump.

En 2013, durante la gestión del Rahm Emanuel, se aprobó en Chicago la ordenanza 'Welcoming City' o 'Ciudad de Bienvenida', creada para propiciar que Chicago sea una ciudad amigable para los inmigrantes mediante la incorporación de protecciones para los indocumentados, pero con ciertas excepciones. La citada ordenanza prohíbe, en líneas generales, que la Policía de Chicago pregunte sobre el estatus migratorio de las personas y no le permite cooperar con agentes de la Oficina de Inmigración y Aduanas (ICE) a menos de que exista una orden judicial.

Bajo esa norma, las órdenes administrativas que emite ICE no son consideradas válidas para esa clase de colaboración si solo están vinculadas a violaciones civiles de las leyes de inmigración.

---

[27] El pasado 27 de enero de 2021 finalmente el concejo municipal de Chicago aprobó una enmienda, impulsada por la alcaldesa Lori Lightfoot y los concejales Carlos Ramírez Rosa, Rosanna Rodríguez Sánchez y Michael D. Rodríguez, que eliminó todas las excepciones en la ordenanza 'Welcoming City' que antes permitían a la policía de la ciudad mantener colaboración con agentes de Inmigración y Aduanas (ICE).

Pero defensores de los derechos de los inmigrantes consideran que las excepciones en la ordenanza deben ser eliminadas porque impactan negativamente a la comunidad indocumentada en Chicago. Y esperan que la alcaldesa Lightfoot cumpla su promesa de campaña de eliminar esas excepciones de la ordenanza 'Welcoming City'. La alcaldesa ha reiterado que lo hará. Aunque eso no sucederá de modo inmediato.

En 2019, durante su campaña electoral, Lightfoot dijo a *La Raza* que "no es suficiente ser una ciudad acogedora. Tenemos excepciones en la ordenanza de las que tenemos que deshacernos, pero más allá de eso también debemos crear un entorno en el que decimos que [todos] son bienvenidos aquí y tienen el derecho de participar de todo lo bueno de la ciudad".

Las causales (excepciones) que permiten que la Policía de Chicago colabore con funcionarios federales de inmigración son que existan contra el inmigrante indocumentado órdenes penales pendientes, que tenga cargos pendientes por un delito grave, que haya sido condenado por delitos graves o que su nombre aparezca en la base de datos de pandillas de la Policía de Chicago.

Hasta el momento, 31 concejales de Chicago y una coalición de grupos comunitarios han apoyado una enmienda que busca eliminar esas excepciones en la norma 'Welcoming City'[28].

El concejal Carlos Ramírez Rosa, del Distrito 35, y el concejal Mike Rodríguez, del Distrito 22, son los patrocinadores de esa enmienda, que fue presentada el 24 de julio de 2019.

Según Ramírez Rosa, actualmente la ordenanza 'Welcoming City' tiene un lenguaje que aún permite que la Policía de Chicago coopere con autoridades migratorias. "Nosotros queremos cambiar la ley para sacar esas excepciones, para asegurar que tenemos una ordenanza clara y directa que diga que en ningún caso Inmigración y Aduanas puede trabajar con la Ciudad de Chicago para deportar a un residente de nuestra ciudad", comentó Ramírez Rosa.

"El enfoque siempre ha sido tratar de eliminar la colaboración entre la policía e Inmigración, y que no haya excepciones por tener una convicción de felonía o un cargo de felonía y una orden pendiente. También queremos evi-

---

[28] Como se mencionó, estas excepciones fueron eliminadas el 27 de enero de 2021.

tar el uso de la base de datos de pandillas", señaló Reyna Wences, organizadora comunitaria de Comunidades Organizadas contra las Deportaciones (Organized Communities Against Deportations, OCAD).

Antecedentes de la ordenanza

La ordenanza 'Welcoming City' tiene antecedentes que limitaron la información y colaboración que agencias y funcionarios de la ciudad pueden ofrecer a las autoridades de Inmigración y condicionan esas acciones a que estuvieran en el contexto de un proceso legal o una orden judicial.

El 7 de marzo de 1985, el alcalde de Chicago Harold Washington firmó la Orden Ejecutiva 85-1 que señalaba que "ningún empleado o agencia de la ciudad puede pedir información o investigar o colaborar en una investigación sobre la ciudadanía o estatus de residencia de ninguna persona a menos que ese indagatoria o investigación sea requerida por estatuto, ordenanza, regulación federal o decisión de una corte" y señalaba que "ningún empleado o agencia de la ciudad diseminará información sobre ciudadanía o estatus de residencia de ninguna persona a menos que se le requiera en un proceso legal".

Esa orden también señalaba que "ningún empleado o agencia condicionará beneficios, oportunidades o servicios de la Ciudad de Chicago a la ciudadanía o el estatus de residencia salvo que se le requiera hacerlo por ley, ordenanza, regulación federal o decisión de una corte".

Unos años después, el 25 de abril de 1989, el alcalde Richard M. Daley emitió la Orden Ejecutiva 89-6 que ratificaba los términos de la Orden 85-1 de Washington. Luego, en 2006, el Concilio Municipal de Chicago convirtió esa orden ejecutiva en ley.

Pero más allá de la letra de esas ordenanzas, es crítico que la normatividad sea realmente respetada.

Juan Soliz, abogado de inmigración, dijo que ha visto casos en los que no se respeta la ordenanza 'Welcoming City'. "De alguna forma Inmigración interviene y muchas veces resultan esas personas [indocumentadas] en custodia de Inmigración antes de que las hayan encontrado culpables".

Ante la pregunta de qué peso tiene una ordenanza municipal a nivel federal en materia de inmigración Soliz respondió que "Inmigración toma la posición de que ellos tienen una autoridad superior a los municipios y por eso muchas veces no respetan las ordenanzas municipales y esto es esencialmente porque la ley federal se antepone a la ley municipal".

Es por ello que la existencia de excepciones deja huecos en la normatividad municipal que, en su caso, pueden ser aprovechados por las autoridades federales para lograr la colaboración de las locales en cuestiones de inmigración. Una situación que es rechazada por activistas desde hace años.

Lightfoot, durante su campaña, se comprometió a eliminar las excepciones de la ordenanza 'Welcoming City". Y aunque la alcaldesa ha actuado y mantiene empatía en favor de las comunidades inmigrantes, esas excepciones aún no han sido eliminadas.

La razón de ello, de acuerdo a la alcaldía y a concejales, es que el tema de las excepciones es parte de un litigio que la ciudad tiene contra el gobierno federal y para no interferir con ello se ha optado por no eliminar por ahora esas excepciones.

En paralelo, la oficina de Lightfoot añadió que la alcaldesa "ha visitado varias comunidades inmigrantes y de refugiados a lo largo de Chicago durante el verano y otoño pasados cuando el gobierno federal amenazaba con redadas y personalmente compartió la información 'Conoce tus derechos' con empresarios y miembros de la comunidad".

Además, Lightfoot firmó en diciembre pasado una carta en la que avala la llegada de nuevos refugiados a Chicago, una respuesta a la orden ejecutiva de Trump que requiere que las jurisdicciones locales señalen que aprueban que en su territorio sean ubicados refugiados. Sobre ello Lightfoot, quien también se ha opuesto al alza de tarifas de servicios de inmigración dispuesta por la administración de Trump, afirmó en esa carta que Chicago "seguirá abierta a refugiados de todo el mundo que buscan un nuevo hogar para ellos y un nuevo futuro en nuestro gran país".

La base de datos de pandillas

Activistas y líderes comunitarios dicen que el contar con una base de datos de pandillas errónea no cumple con la promesa de una ciudad que se autodenomina 'santuario' para los inmigrantes indocumentados.

Incluso para los residentes permanentes legales y los beneficiarios de la Acción Diferida para los Llegados en la Infancia (DACA), aparecer en la base de datos de pandillas, así sea por error o confusión, podría convertirlos en el blanco de una redada de inmigración o hacerlos sujetos de deportación.

La Oficina del Inspector General de la Ciudad de Chicago hizo un estudio de la base de datos de pandillas y encontró muchos errores, dijo el concejal Ramírez Rosa: "No había forma en la que uno podía saber la razón por la cual la policía te puso en esa lista. Había gente que aparecía en la lista cinco veces y en cinco diferentes pandillas unas opuestas con otras".

Para un inmigrante, legal o indocumentado, estar incluido en esa base de datos es una de las excepciones que posibilita que las autoridades locales colaboren en su contra con las de Inmigración.

"La Constitución de Estados Unidos es bien clara: eres inocente hasta que te encuentran culpable y tienes oportunidad de presentar tu caso en una corte. Pero Inmigración y Aduanas ha usado tu nombre apareciendo en esa lista para perjudicarte, para decirte criminal y para deportarte", señaló Ramírez Rosa en entrevista con *La Raza*.

Reyna Wences, de OCAD, dijo que el tema de los errores en la base de datos de pandillas se ha estado comentando con otras organizaciones que también han estado denunciando el uso impropio de esa base de datos. "No nada más porque ICE tiene acceso a ello, sino porque impacta a la comunidad", dijo Wences.

El informe publicado por la oficina de Joe Ferguson, Inspector General de Chicago, el 11 de abril de 2019 encontró errores en la base de datos de pandillas de la ciudad. Ferguson señaló que la base de datos de pandillas incluye los nombres de más de 134,000 personas que la Policía de Chicago ha calificado como miembros de pandillas. Pero se ha criticado que sus datos contienen errores graves.

La falta de precisión en la base de datos de pandillas ha perjudicado a decenas de personas que han sido el blanco de la aplicación de la ley federal de inmigración o perdieron oportunidades de trabajo después de haber sido incluidos erróneamente en esa base de datos, destacó Ferguson.

Según el informe, organismos públicos han accedido a la base de datos de pandillas más de 1 millón de veces en la última década, incluidas unas 32,000 consultas provenientes de autoridades federales de Inmigración.

Un caso que ejemplifica la falla de la base de datos de pandillas es el de Wilmer Catalán Ramírez, de 32 años, quien resultó herido en un arresto después de que agentes de Inmigración ingresaron a su domicilio sin una orden de cateo, según documentos judiciales.

Catalán Ramírez, residente del barrio de Las Empacadoras, fue detenido como parte de una operación a nivel nacional dirigida contra posibles miembros de pandillas el 27 de marzo de 2017.

Según sus abogados, el hombre nunca perteneció a una pandilla. Sin embargo, había sido incluido en la base de datos de pandillas del Departamento de Policía de Chicago y por ende esto lo excluía de cualquier protección bajo la ordenanza 'Welcoming City' de la ciudad de Chicago.

En 2018, tras 10 meses de reclusión en la Cárcel del Condado de McHenry, Catalán Ramírez fue liberado y la Ciudad de Chicago debió admitir que no podía probar que él era miembro de una pandilla y retiró su nombre de la base de datos.

Este y otros casos ejemplifican el reclamo de que se eliminen todas las excepciones en la ordenanza 'Welcoming City' y se amplíen en general las protecciones que la ciudad ofrece a la comunidad inmigrante.

Byron Sigcho, concejal del Distrito 25, dijo que se necesita una ordenanza que no tenga ningún tipo de excepción y que proteja a la comunidad inmigrante: "Nosotros como representantes latinos queremos que no haya ningún tipo de excepción en esta ordenanza que tiene todavía algunas falencias por lo que nosotros pedimos se hagan las enmiendas".

Sigcho hizo hincapié en que lo que se busca es que las instituciones públicas protejan a cabalidad a la comunidad inmigrante y que este sea una 'ciudad santuario' donde las personas se sientan tranquilas y con garantías. "Con leyes claras y concretas podemos tener el mismo tipo de protecciones para que nuestra comunidad sea bienvenida como ha sido desde siempre", indicó el concejal.

En declaración a *La Raza*, la oficina de la alcaldesa Lightfoot dijo que "la Ciudad de Chicago está comprometida a una reforma integral de la forma como su Departamento de Policía rastrea a las pandillas en la ciudad e identifica a sus miembros.

La oficina de la Alcaldesa trabaja activamente en una nueva política que asegurará que todas las designaciones [de una persona en la base de datos de pandillas] son precisas y validadas con información específica, documentada y confiable". Y reiteró que "información vinculada a pandillas, como todos los sistemas de la Policía de Chicago, no será compartida con ICE o usada para propósitos de aplicación civil de inmigración".

Una nueva ordenanza, aún incompleta

En ese contexto, Lightfoot presentó en la reunión del Concilio Municipal del miércoles 18 de diciembre de 2019 la propuesta de ordenanza 'Accountability on Communication and Transparency' o ACT.

"La alcaldesa Lightfoot se enorgulleció de presentar enmiendas a la ordenanza 'Welcoming City' a través de la ordenanza ACT, que fortalece las protecciones y proporcionar recursos adicionales para las comunidades inmigrantes", de acuerdo a una declaración de la Alcaldía a *La Raza*. La ordenanza ACT fue aprobada el 15 de enero de 2020.

Esta ordenanza, se indica, limita la asistencia que agencias y empleados de la Ciudad pueden dar a operaciones de aplicación de la ley de inmigración y los datos que pueden compartir con ICE.

De acuerdo a una declaración de la oficina de Lightfoot, la nueva norma "cancela oficialmente el acceso a las bases de datos del Departamento de Policía de Chicago para cuestiones relacionadas con actividades civiles de aplicación de la ley de inmigración". La ordenanza también requiere que el Departamento de Policía de Chicago documente las solicitudes de asistencia que recibe de las autoridades federales de inmigración.

Pero la ordenanza ACT no aborda el tema de las cuatro excepciones a la ordenanza 'Welcoming City', lo que implica que aún es posible la colaboración entre ICE y las autoridades locales en el contexto de esos cuatro supuestos.

El concejal Ramírez Rosa, que apoya tanto la enmienda a la 'Welcoming City' para eliminar las excepciones como la nueva ordenanza ACT, reiteró que no se ha abordado en la segunda de las normas el tema de las excepciones porque éstas son parte de un juicio federal que aún no ha concluido, y no se ha querido interferir con él. Pero añadió, según reportes en los medios, que se tiene la intención de abordar ese tema una vez el citado juicio haya terminado. La fecha, con todo, se encuentra aún en la incertidumbre.

La ordenanza ACT también busca desarrollar políticas para "garantizar que instalaciones de la Ciudad sean seguras y accesibles a todos los residentes de Chicago independientemente de su condición migratoria", señaló un comunicado de la Alcaldía.

La ordenanza además establece que la Ciudad dará "pasos razonables para que el servicio telefónico 311 ofrezca información sobre recursos de inmigración, incluso si quien llama tiene manejo limitado del inglés", lo que sugiere que esa información podría ofrecerse en varios idiomas.

Activistas y organizadores comunitarios pro inmigrantes calificaron la aprobación de la ordenanza ACT como un primer paso en un proceso más largo de fortalecer las protecciones de inmigración de la Ciudad, que deben incluir la eliminación de excepciones a la ordenanza 'Welcoming City'.

"Hay más trabajo por hacer, pero este es un verdadero paso adelante con importantes medidas de información para garantizar el cumplimiento", destacó Mary Meg McCarthy, directora ejecutiva del Centro Nacional de Justicia para Inmigrantes.

La Coalición de Illinois por los Derechos de Inmigrantes y Refugiados (ICIRR) y otras organizaciones del Grupo de Trabajo de Inmigración de Chicago (CIWG) en una declaración conjunta reafirmaron el compromiso de eliminar las excepciones restantes en la ordenanza 'Welcoming City'.

"Si bien la ordenanza ACT es un paso importante hacia nuestro objetivo de hacer de Chicago una verdadera ciudad acogedora, no protege a todos los inmigrantes, especialmente a aquellos de nuestras comunidades más vulnerables y marginadas", dijo Glo Harn Choi, inmigrante indocumentado y organizador comunitario en Centro HANA.

"Como la propia alcaldesa ha declarado anteriormente, debemos eliminar las excepciones de las protecciones de la Ciudad que continúan haciendo que los inmigrantes de las comunidades negras y marrones criminalizadas sean vulnerables a las operaciones federales de inmigración", añadió.

"Esperamos trabajar con la Ciudad lo más rápido posible para deshacernos de las excepciones y hacer de Chicago una verdadera 'Welcoming City', no solo de nombre sino también en su esencia, donde los inmigrantes y sus familias no solo se sientan bienvenidos sino también estén seguros y puedan progresar", mencionó Citlalli Bueno, organizadora de la agencia Enlace Chicago.

Un testimonio de acoso antiinmigrante

"Siempre ICE busca la manera de cómo hacer sus arrestos, redadas y detenciones porque dicen que por ley federal ellos tienen el poder para hacerlo", dijo Emma Lozano, activista y pastora de la iglesia Lincoln United Methodist Church en el barrio de Pilsen.

Lozano es de la idea de que "debe haber una ordenanza para que si las autoridades [locales] ayudan o cooperan con el Servicio de Inmigración y Control de Aduanas (ICE), los castiguen".

Las ordenanzas 'Welcoming City' y 'Accountability on Communication and Transparency' (ACT) ofrecen importantes protecciones a los inmigrantes en Chicago, pero debido a sus excepciones las autoridades locales aún pueden colaborar con ICE en casos de índole penal.

La activista añadió que las ciudades y estados tienen que hacer leyes autónomas para proteger a los inmigrantes indocumentados y lograr que no sean deportados. "Ahora que el gobierno federal no nos protege y nos está atacando bajo la administración de Trump, se deben tener leyes a nivel local y estatal que los defiendan [a los indocumentados]", dijo la activista, cuya iglesia ha dado apoyo y refugio a personas en riesgo de deportación.

Además, se han dado casos en Chicago, por ejemplo, de grupos antiinmigrantes que acosan a organizaciones protectoras de los indocumentados.

Lozano dijo que actualmente percibe un fuerte clima antiinmigrante: "Nuestra iglesia estuvo bajo ataque: vinieron seguidores [supremacistas blancos] del presidente Donald Trump a mi iglesia para atacarnos, diciendo que yo estoy organizando la invasión a este país, que soy antiamericana, que soy comunista, puras mentiras".

"El ambiente está mal, porque vivimos en una comunidad mexicana, Pilsen, y seguidores de Trump vinieron hasta acá con valor y no tuvieron miedo de rompernos la puerta y atacar a uno de mis voluntarios", agregó Lozano en entrevista con *La Raza*. Los incidentes contra su iglesia que menciona Lozano sucedieron en septiembre y octubre de 2019.

En una declaración a *La Raza*, la oficina de la alcaldesa Lori Lightfoot indicó que "ha sido y continuará siendo una firme defensora de las comunidades de inmigrantes y refugiados mediante el reforzamiento del rol de ciudad santuario de Chicago. Ella [Lightfoot] condena toda acción que amenace la seguridad de los residentes de la ciudad".

Ayuda legal

Ante la pregunta sobre el funcionamiento de la Oficina de Nuevos Americanos de la Alcaldía de Chicago, que ofrece ayuda en materia de asistencia legal a inmigrantes, Lozano la considera efectiva y que opera a la medida de sus posibilidades en materia de presupuesto.

"Funciona al alcance de lo que ellos pueden porque también no les pusieron un presupuesto adecuado para la situación. Es como una gota en una cubeta de ayuda cuando es una crisis nacional. Estamos hablando de miles de personas que están viviendo esta crisis y no hay suficientes lugares donde ellos puedan obtener la ayuda. La única manera de cómo resolver esta crisis es cambiando la ley", concluyó Lozano.

De acuerdo a una declaración de la alcaldesa Lightfoot a *La Raza*, la ciudad destinó 250,000 dólares adicionales al Fondo de Protección Legal de Chicago, un aumento de cerca del 20%, para proveer asistencia jurídica a inmigrantes

Esa declaración de la oficina de Lightfoot añadió que "un elemento clave de ser una ciudad santuario es garantizar que la Ciudad ofrece las herramientas a los inmigrantes para construir vidas exitosas en Chicago. La Oficina de Nuevos Americanos provee esas herramientas que ayudan a los inmigrantes y refugiados a establecer una vida estable y saludable en Chicago. Además de aplicar todas las protecciones para todos los inmigrantes y refugiados, la Oficina de Nuevos Americanos está planeando iniciativas, políticas y programas que ayudaran a que los inmigrantes se incorporen a la ciudad. Eso incluye incrementar acceso a lenguajes [diferentes al inglés], trabajar con emprendedores inmigrantes, reducir las barreras a la educación superior y trabajar con otras formas der protección que son necesarias en las comunidades inmigrantes".

CLAMOR CHICAGO

Lightfoot boosted protection for immigrants in Chicago, but collaboration with ICE continued in criminal cases

Chicago's Welcoming City Ordinance includes four exceptions, which allow authorities to collaborate with ICE agents when dealing with criminal cases[29]. But advocates and council members want these exceptions removed from the Ordinance for once and for all. Meanwhile, the City of Chicago approved a new ordinance that creates additional protections and services for immigrants and eliminates all ICE access to Police database for civil immigration enforcement activities

by BELHÚ SANABRIA & JESÚS DEL TORO   Published in February, 2020

During her campaign for mayor and already at the helm of the City of Chicago, Lori Lightfoot has promised to maintain Chicago as a welcoming city to immigrants, and has said that she will defend and protect immigrants with all means necessary from the ongoing attacks from the Trump Administration.

In 2013, during the Rahm Emanuel Administration, Chicago passed the Welcoming City Ordinance, created to promote Chicago as a friendly city for immigrants through the incorporation of protections for the undocumented. But this ordinance includes four exceptions.

This ordinance prohibits, in general terms, the Chicago Police from asking about a person's immigration status and from cooperating with U.S. Immigration and Customs Enforcement (ICE) agents unless there is a court order. Under this norm, ICE's administrative warrants are not considered valid for this type of collaboration if those are only linked to civil violations of immigration laws.

---

[29] On January 27, 2021, the Chicago City Council finally approved an amendment, promoted by Mayor Lori Lightfoot and Aldermen Carlos Ramírez Rosa, Rosanna Rodríguez Sánchez and Michael D. Rodríguez, which eliminated all the exceptions in the Welcoming City Ordinance that previously allowed the Chicago Police to collaborate with Immigration and Customs Enforcements (ICE) agents.

But immigrant rights advocates consider that the exceptions in the ordinance should be eliminated because they are negatively impacting the undocumented community in Chicago. They are hoping that Mayor Lightfoot fulfills her campaign promise of removing these exceptions. She has reiterated that she will. But this is a process that will take time.

In 2019, during her electoral campaign, Lightfoot told *La Raza* that "it is not enough to be a welcoming city, we have exceptions in the ordinance that we have to get rid of, but beyond that we also need to create an environment where we say that you [the immigrants] are welcomed here, you have the right to participate in all the good of the city."

The Welcoming City Ordinance exceptions allowing the Chicago Police and other municipal agencies to collaborate with ICE apply when the subject of the investigation: has an outstanding criminal warrant; has been convicted of a felony in any court of competent jurisdiction; is a defendant in a criminal case in any court of competent jurisdiction were a judgment has not been entered and a felony charge is pending; or has been identified as a known gang member in a law enforcement agency's database or by his own admission.

So far, 31 Chicago aldermen and a coalition of community advocates have supported an amendment that would eliminate these exceptions[30]. The amendment, sponsored by Ward 35 Alderman Carlos Ramírez Rosa, and Ward 22 Alderman Mike Rodríguez, was introduced on July 24, 2019.

According to Alderman Ramírez Rosa, the Welcoming City Ordinance contains language that still allows for Chicago Police to cooperate with federal immigration agents.

"We want to change that law to remove those exceptions to ensure that we have a clear and direct ordinance that says that in no case ICE can work with the City of Chicago to deport a resident in our city," said Ramírez Rosa.

Reyna Wences, a community organizer of Organized Communities Against Deportations (OCAD), added, "the focus has always been to try to eliminate the collaboration between the police and immigration agents, and to elimi-

---

[30] As mentioned, these excemptions were removed on January 27, 2021.

nate exceptions such as having a felony conviction, or a felony charge and a pending order. We also want to avoid using the gang database."

A Welcoming City: history and background

Prior to the Welcoming City Ordinance, the City of Chicago promulgated executive orders and ordinances that partially limited local agencies, police officers, and city employees from providing information to federal immigration authorities or collaborating with them.

On March 7, 1985, Mayor Harold Washington signed the Executive Order 85-1 that stated that "no agent or agency shall request information about or otherwise investigate or assist in the investigation of the citizenship or residency status of any person unless such inquiry or investigation is required by statute, ordinance, federal regulation or court decision." It also indicated that "no agent or agency shall disseminate information regarding the citizenship or residency status of any person unless required to do so by legal process." Executive Order 85-1 also stated that "no agent or agency shall condition the provision of City of Chicago benefits, opportunities or services on matters related to citizenship or residency status unless required to do so by statute, ordinance, federal regulation or court decision."

A few years later, on April 25, 1989, Mayor Richard M. Daley signed Executive Order 89-6, which ratified the elements of Executive Order 85-1. In 2006, City Council made Executive Order 89-6 into law.

Beyond these ordinances' language, these regulations must be truly and thoroughly respected.

Immigration Attorney Juan Soliz said that he had seen cases in which the rules are not being followed. "In some ways, when immigration authorities intervene, some [undocumented] people end up in immigration custody before they are even found guilty."

When asked what influence a city ordinance has on a federal level on immigration matters, Soliz said that "immigration determines that they have superior authority over city laws, and for that reason, they don't respect city ordinances, and that's essentially because federal law is placed before a city law."

For years, activists have strongly argued that these ordinance exceptions leave many gaps in city regulations allowing federal agents to get collaboration from local entities on immigration issues.

Lightfoot, during her campaign, pledged to eliminate those exceptions to the Welcoming City Ordinance. Although the Mayor has remained empathetic to the immigrant community, these exceptions have not yet been eliminated.

The reason they have not eliminated those exceptions, according to Lightfoot's Office and several council members, is that there is currently litigation between the City of Chicago and the federal government. Therefore, they prefer not to interfere and wait.

Meanwhile, Lightfoot's Office added that the Mayor has "visited several immigrant and refugee communities throughout Chicago during the summer and fall months when the federal government was threatening raids to personally share 'Know Your Rights' information with businesses and community members."

Moreover, Lightfoot signed a letter this past December in which she praised the arrival of new refugees to Chicago in response to an executive order by Trump that requires local jurisdictions to decide if they approve of the allocation of refugees in their territories.

On that letter, Lightfoot, who also opposed the rising cost of immigration services fees established by the Trump Administration, affirmed that the City of Chicago ensures "our doors continue to remain open to refugees from around the world that are seeking a new home for themselves and a new future in our great country."

Gang database: controversial and often inaccurate

Advocates and community leaders say that relying on a gang database that's plagued with errors doesn't comply with the promise of a Sanctuary City for undocumented immigrants.

Even for legal permanent residents and Deferred Action for Childhood Arrivals (DACA) recipients, to be listed in a gang database, whether by error or confusion, could automatically make them a target in an immigration raid or be subject to deportation.

The City of Chicago Office of the Inspector General conducted a study of Chicago's gang database and found several errors, said Alderman Ramírez Rosa. "There was no way of knowing what could be the reason why the police added you on that list. Some people were listed five times as members of five different and opposite gangs."

For legal or undocumented immigrants, to be included on a gang database is one of the exceptions that allow local authorities to collaborate with ICE against them.

"The United States Constitution is very clear: you are innocent until proven guilty, and you have the opportunity to present your case in court. But ICE has used your name which appears on the list to harm you, to claim that you are a criminal and deport you," said Ramírez Rosa in an interview with *La Raza*.

Wences, with OCAD, said that the issue of gang database errors has been discussed with other organizations that have also denounced the misuse of the database. "Not only because ICE has access to it, but also because it affects all communities," she said.

A report published on April 11, 2019, by Chicago Inspector General Joe Ferguson, found errors in Chicago's gang database. Ferguson indicated that the database includes the names of 134,000 people that Chicago Police has classified as gang members. But the database it's being scrutinized and criticized for containing serious errors.

The lack of accuracy of this gang database has affected dozens of people who have been targeted by federal immigration law enforcement and have missed job opportunities after being mistakenly included, Ferguson said.

According to the report, public entities have accessed the gang database more than 1 million times over the past decade, including some 32,000 inquiries from ICE federal agents.

One case that exemplifies the flaws of the database is one of a 32-year-old man named Wilmer Catalán Ramírez, who was severely injured in an arrest that took place after ICE agents entered his home without a search warrant, according to court documents.

Catalán Ramírez, a resident of the Back of the Yards neighborhood, was detained as part of a nationwide raid operation by ICE held on March 27, 2017, which targeted possible gang members.

His attorneys claim their client never belonged to a gang. However, he had been included on the gang database by Chicago Police; therefore, Catalán Ramírez was automatically excluded from any protection under Chicago's Welcoming City Ordinance.

In 2018, after 10 months of detention at the McHenry County Jail, Catalán Ramírez was released and the City of Chicago admitted it could not verify whether he was a member of a gang. Soon, the City removed Catalán Ramírez name from the gang database.

This and other cases reinforce the demands to remove the exceptions of Chicago's Welcoming City Ordinance, and expand the protections that Chicago offers to the immigrant community.

Ward 25 Alderman Byron Sigcho said that there is a need for an ordinance that doesn't have any type of exception and that fully protects the immigrant community. "We, as representatives of Latinos, want no exceptions in this ordinance, which still has some defects. That's why we are asking for amendments."

Sigcho emphasized that what's being sought is that public entities fully and comprehensibly protect the immigrant community and that Chicago is a real Sanctuary City, where people can live peacefully.

"With concise and clear laws, we can have the same type of protection so that our community is welcomed the same way it has always has been," the Alderman said.

In a statement to *La Raza*, the Office of Mayor Lightfoot said that "the City is committed to a comprehensive reform of the way in which the Chicago Police Department tracks gangs in the City and identifies gang members. The Mayor's Office is actively working on a new policy that would ensure all designations are accurate and supported by specific, documented, and reliable information. It would build in robust protections for individuals, and would be consistent with best practices from around the country. Gang-related information – like all of CPD's systems – would not be shared with ICE or used for civil immigration enforcement purposes."

A new ordinance, still incomplete

In this context, Lightfoot presented at the City Council meeting on December 18, 2019, the proposed ordinance Accountability on Communication and Transparency (ACT).

"Mayor Lightfoot was proud to introduce amendments to the Welcoming City Ordinance, through the ACT Ordinance, that strengthens protections and provides additional resources for immigrant communities," according to a statement by the Office of the Mayor to *La Raza*. The ACT Ordinance was approved on January 15, 2020.

This ordinance limits the assistance that City agencies and employees may provide to immigration law enforcement operations and also limits the data they may share with ICE. According to a statement from Lightfoot's Office, the ACT Ordinance "officially terminates ICE's access to Chicago Police Department databases related to civil immigration enforcement activities."

The ordinance also requires for Chicago Police to document requests for assistance it receives from federal immigration authorities.

But the ACT Ordinance does not address the issue of the four exceptions to the Welcoming City Ordinance, implying that collaboration between local authorities and ICE is still possible in the context of the four exceptions.

Alderman Ramírez Rosa, who supports both the amendment to the Welcoming City Ordinance to eliminate exceptions and the new ACT Ordinance, reiterated that the issue of exceptions has not been addressed in the second of the rules because they are part of a federal trial that has not yet concluded. That's the reason they have decided not to interfere.

According to media reports, Ramírez Rosa said that he and other council members intend to address this issue once litigation is over. It is still uncertain as to when this will take place.

The ACT Ordinance is also looking "to develop policies for City facilities to ensure that these facilities remain safe and accessible to all Chicago residents, regardless of immigration status," according to a press release from Lightfoot's Office. The ordinance also establishes that the City will take "reasonable steps to establish a service through 311 that provides callers with information on immigration resources, even if the caller has limited proficiency in the English language," which suggests that this information could be provided in different languages.

Pro-immigrant community activists and organizers described the approval of the ACT ordinance as the first step in a longer process of strengthening Chicago's immigration protections, which should include removing exceptions to the Welcoming City Ordinance. "There is more work to be done, but this is a real step forward with important information measures to ensure compliance," said Mary Meg McCarthy, executive director of the National Immigrant Justice Center.

In a joint statement, the Illinois Coalition for Immigrant and Refugee Rights (ICIRR) and other organizations belonging to the Chicago Immigration Working Group (CIWG) reaffirmed their commitment to eliminate the remaining exceptions.

"While the ACT Ordinance is an important step toward our goal of making Chicago a true welcoming city, it does not protect all immigrants, especially those in our most vulnerable and marginalized communities," said Glo Harn Choi, an undocumented immigrant and community organizer at HANA Center. "As the Mayor herself has stated previously, we must remove exceptions from the City's protections that continue to make immigrants from criminalized black and brown communities vulnerable to federal immigration operations."

Citlalli Bueno, immigration organizer with Enlace Chicago, added, "we look forward to working with the City as quickly as possible to get rid of the exceptions and to make Chicago a true welcoming city, not only by name but also in essence, where immigrant and their families feel welcomed and safe so they can progress."

A testimony of anti-immigrant harassment

"ICE always looks for ways on how to make arrests, raids, and detentions because they say that by federal law they have the power to do so," said Emma Lozano, activist and pastor of the Lincoln United Methodist Church in the Pilsen neighborhood.

Lozano believes the City "should have an ordinance to punish [local] authorities if they help or cooperate with ICE agents."

The Welcoming City and Accountability on Communication and Transparency (ACT) ordinances offer important protections for immigrants in Chicago, but due to their exceptions, local authorities can still collaborate with ICE in criminal cases.

She added that cities and states need to make autonomous laws to protect undocumented immigrants and ensure they are not deported. "Now that the federal government is not protecting us and is attacking us under the Trump administration, we must have laws at the local and state levels to defend them [the undocumented]," said the activist, whose church has given support and refuge to immigrants at risk of deportation.

Besides, there have been cases in Chicago, for example, of anti-immigrant groups harassing organizations protecting the undocumented.

Lozano said she currently senses a strong anti-immigrant climate. "Our church was under attack: President Donald Trump's [white supremacist] supporters came to my church to attack us, saying that I am organizing the invasion of this country, that I am anti-American, a communist, pure lies."

"The atmosphere is bad because we live in a Mexican community, Pilsen, and Trump supporters came here bravely and were not afraid to break our door and attack one of my volunteers," Lozano added in an interview with *La Raza*. The incidents against her church happened in September and October of 2019.

In a statement to *La Raza*, Lightfoot's Office said that "Mayor Lightfoot has been, and will continue to be, a staunch advocate for immigrant and refugee communities by reinforcing Chicago's role as a sanctuary city. She condemns any action that threatens the safety and security of Chicago residents."

Legal aid

When asked about the operation of the Chicago Mayor's Office of New Americans, which provides legal assistance to immigrants, Lozano considers it effective, and that it operates to the extent of their budgeting possibilities.

"It works within reach of what they can do. But they didn't add an adequate budget suitable for the situation. It's like a drop in a bucket of aid when it's a national crisis. We are talking about thousands of people who are experiencing this crisis, and there are not enough places where they can get help. The only way to solve this crisis is by changing the law," Lozano said.

According to a statement from Mayor Lightfoot to *La Raza*, the city allocated an additional $250,000 to the Chicago Legal Protection Fund, an increase of about 20 percent, to provide legal aid to immigrants.

That statement explained that "a key tenant to being a sanctuary city includes ensuring that the City offers accessible tools for immigrants to build successful lives in Chicago. The Office of New Americans provides these tools to help immigrants establish a stable, healthy life in Chicago. In addition to enforcing all immigrant and refugee protections, the Office of New Americans is planning initiatives, policies, and programs that will help fold immigrants into the city. This includes increasing language access, working with immigrant entrepreneurs, diminishing barriers to higher education, and working on other forms of protection that are needed in immigrant communities."

CLAMOR CHICAGO

Trabajan para ampliar los limitados servicios de salud mental en comunidades hispanas en Chicago

Defensores de la salud mental y pacientes quieren que se reabran las seis clínicas públicas de salud mental cerradas 2012, pero hoy la alcaldesa Lori Lightfoot y expertos impulsan un enfoque más amplio para dar atención a pacientes

por BELHÚ SANABRIA y JESÚS DEL TORO   Publicado en septiembre de 2020

La atención de los problemas de salud mental es de importancia crítica para las comunidades de Chicago, pues además de los padecimientos originados en situaciones médicas, psiquiátricas o psicológicas individuales o familiares, muchas personas se encuentran bajo enorme presión por haber sido víctimas o testigos de violencia, sufrir acoso, enfrentar problemas de pobreza o desempleo o padecer incertidumbre por el estatus migratorio, por solo mencionar algunos de los retos que enfrentan la comunidades latinas de Chicago.

La pandemia de covid-19 y la crisis económica que ha desatado han agravado los problemas que muchas personas enfrentan, y si a eso se añade el estrés por la enfermedad en sí, el desempleo, el confinamiento y otros factores, la necesidad de mayores recursos y opciones de atención en salud mental son imperativos para la población de Chicago.

Pero los barrios habitados mayormente por minorías han enfrentado carencias en la disponibilidad y alcance de la atención en materia de salud mental, un problema que se agudizó en 2012 con el cierre de seis clínicas de salud mental operadas por el municipio, ubicadas en el sur y el oeste de Chicago.

Ante ello, se ha registrado un movimiento en dos vías. Una ha exigido que la Alcaldía reabra esas seis clínicas especializadas en salud mental, una propuesta que la actual alcaldesa Lori Lightfoot apoyó durante su campaña electoral en 2019. La otra ha sido ampliar la capacidad de las clínicas especializadas actuales y apoyar a otras, operadas por organizaciones y entidades diversas, para incrementar las opciones de atención en Chicago. Aunque Lightfoot apoyó en su campaña la primera vía, hasta ahora sus acciones se han enfocado en la segunda.

La crisis del coronavirus ha catalizado la ampliación de esos servicios por parte de la ciudad y otras entidades, a causa de la enorme presión sobre la salud mental de la población que ha provocado la pandemia, pero la reapertura de las seis clínicas es aún una meta incumplida.

"Hay mucho trabajo por hacer en la comunidad"

Tener depresión no le ha impedido salir adelante en la vida. Estela Díaz reconoce que es una lucha constante con altibajos, y añade que compartir su experiencia además de ayudar a la gente también le ha servido terapéuticamente.

Díaz, de 41 años, sufrió abuso sexual cuando tenía seis años. Esta dura experiencia le provocó ataques de pánico, ansiedad y depresión. "No sabía que tenía depresión sino hasta que llegué a la edad adulta, más o menos a los 22 años, que me dio un ataque de pánico y ansiedad en la calle. Fui al médico y me recetó antidepresivos y pastillas para dormir pero no me refirió a ningún consejero o terapista".

Díaz estuvo tomando medicamentos por años porque las crisis de depresión y ansiedad seguían, hasta que a la edad de 35 años intentó suicidarse sin éxito.

Díaz empezó a involucrarse como voluntaria en la escuela de sus hijos y fue allí a donde llegaron dos terapistas para hablar sobre salud mental. Ella les compartió su experiencia y le ofrecieron ayudarla. "Ofrecieron darme el apoyo en terapia de grupo, no terapia individual porque la lista de espera estaba ya saturada. Tuve que esperar mucho tiempo para obtener la terapia uno a uno que es lo que yo estaba necesitando".

Díaz recibe terapia individual cada semana desde hace dos meses y trabaja para la campaña de salud mental de la organización Brighton Park Neighborhood Council (BPNC) desde hace un año. "El escuchar todas esas experiencias y sabiendo que he podido ayudar a más gente de la comunidad que está en una situación como la mía o está empezando o está en una situación peor que la mía me llena de satisfacción, aunque falta más esfuerzo y mucho trabajo por hacer en la comunidad".

Tras batallar por años para recibir terapia individual, Díaz asegura que reabrir las seis clínicas de salud mental de la ciudad cerradas durante la gestión del alcalde Rahm Emanuel sería una excelente opción para los pacientes de bajos recursos que buscan estos servicios en comunidades de minorías.

Las preocupaciones más grandes en el área de salud mental son la depresión, la ansiedad, el estrés por la aculturación, la necesidad de apoyo para padres y los traumas.

En un estudio realizado en 2018 se halló que al menos 178,000 personas en Chicago informaron que durante el año previo necesitaron atención de salud mental durante pero no la obtuvieron, según una encuesta del Departamento de Salud Pública de Chicago.

La alcaldesa de Chicago Lori Lightfoot ha destinado un presupuesto de $9.3 millones para proveer un sistema coordinado e integral de atención en la salud mental.

Lightfoot, cuando era candidata a la alcaldía de Chicago, hizo campaña con la promesa de reabrir las seis clínicas de salud mental cerradas por Emanuel en 2012. Pero hasta la fecha esas clínicas públicas no se han reabierto y la estrategia de la alcaldía se ha enfocado en ampliar los servicios existentes y en apoyar a otras organizaciones dedicadas a la atención la salud mental.

En una declaración a *La Raza*, la oficina de Lightfoot indicó que los citados 9.3 millones de dólares serán usados para "financiar 20 centros de salud públicos y de entidades no lucrativas para expandir la atención en vecindarios con alta necesidad y sin que importe la capacidad de pago de los pacientes o el estatus de su seguro".

Además, esos recursos serán destinados a "crear programas de prevención de la violencia para atender las necesidades de salud mental de las comunidades más impactadas por la violencia y la pobreza, invertir en equipos de prevención y respuesta para personas que tienen retos de salud mental adicionales y tienen problemas para acceder a las clínicas físicas, y coordinar el sistema de salud mental de la ciudad para asegurar que cada residente pueda acceder a la atención que requiera cuando la requiera, incluyendo una línea de ayuda 311 mejorada".

Disparidad en servicios de salud mental

Arturo Carrillo, coordinador del Centro para el Bienestar Comunitario del Hospital St. Anthony y de la Asociación Colaborativa para el Bienestar Comunitario, ha abogado para que se reabran las seis clínicas de salud mental de la ciudad cerradas durante la gestión de Emanuel. "Estas son las clínicas que nosotros con nuestros esfuerzos aseguramos que puedan servir a las personas que no tienen seguro médico brindándoles acceso a servicios de salud mental".

Según las investigaciones de la Colaborativa para el Bienestar Comunitario, los terapistas que están entrenados para dar este tipo de servicios a personas que han experimentado trauma en su vida se encuentran mayormente en las comunidades más ricas que pueden pagar por esos servicios.

"Si ves el mapa en todo Chicago, las comunidades latinas son los que menos tienen acceso a salud mental, mientras que las comunidades blancas tienen una proporción de terapistas muy alta", dijo Carrillo.

En 2018, la Colaborativa para el Bienestar Comunitario informó que mientras en el área del Gold Coast de Chicago, de las más ricas de la ciudad, había 381 profesionales de la salud mental con licencia (4.45 por cada 1,000 residentes), las comunidades de bajos ingresos del lado del suroeste tenían 63 profesionales (0.17 por cada 1,000 residentes).

Este informe se centró en 2,859 adultos de suroeste de Chicago de 10 comunidades: Archer Heights, Barrio de Las Empacadoras, Brighton Park, Chicago Lawn, Gage Park, La Villita, McKinley Park, Pilsen, West Elsdon y West Lawn.

Las clínicas públicas

Parte de los servicios de salud mental en Chicago son ofrecidos por cinco clínicas públicas especializadas operadas por el Municipio y una por el Condado de Cook y por clínicas médicas comunitarias generales, que ofrecen atención en materia de salud mental como uno de los diversos servicios de salud que prestan.

Algunos pacientes dicen que en las clínicas médicas comunitarias hay listas de espera y que las terapias duran entre 20 a 30 minutos.

"Tengo este trauma desde los seis años y ahora tengo 41 años y en una sesión de 20 minutos a mí no me hacen sentir mejor… El terapista está viendo el reloj haber a qué hora acaba, no tiene sentido", mencionó Díaz.

"Las clínicas públicas ahora no tienen lista de espera. Las clínicas médicas [comunitarias] que proponen tener servicios de salud mental dan citas de media hora, es muy poco tiempo para dar una consulta cuando una persona está hablando sobre una experiencia de violación, experiencia de trauma que han vivido en su vida", dijo Carrillo. Y agregó que en las clínicas públicas tienen el tiempo y espacio para dar las consultas de una hora, pero como quedan solo cinco no hay suficientes para servir a toda la comunidad.

En el análisis hecho por la Colaborativa para el Bienestar Comunitario en barrios mayoritariamente mexicanos en el suroeste de Chicago se encontró que 80% de los latinos encuestados dijeron que de modo seguro o muy probablemente buscarían ayuda profesional para atender sus problemas. Pero el costo y la falta de servicios resultaron ser las principales barreras para acceder a esos servicios de salud mental.

"Estamos pidiendo a la alcaldesa Lightfoot lo que es necesario, más que nada es que se contraten los terapistas y si no pueden trabajar en esas cinco clínicas porque no están al alcance de la comunidad veamos otras posibilidades donde puedan trabajar, por ejemplo con las escuelas, con las bibliotecas, con centros comunitarios, para que estos terapistas de la ciudad estén en las comunidades trabajando en alianza con las organizaciones que puedan brindarles el espacio pero no tienen la forma de contratar personal", indicó Carrillo.

"Necesitamos más enfoque y más fondos para otros recursos"

Según Jessica Boland, directora de servicios de salud mental en los Centros de Salud Esperanza, las clínicas de la ciudad de Chicago son buenas porque ofrecen servicios de terapia y de consejería gratis, pero estas pueden atender a un porcentaje muy pequeño de los residentes de Chicago. "Los servicios de estas clínicas sí son importantes, pero no son los únicos recursos. Necesitamos más enfoque y más fondos para otros recursos por toda la ciudad también, porque hay otro tipo de proveedores, otras clínicas, organizaciones que también estamos haciendo este trabajo de tratamiento de salud mental".

De acuerdo a datos proporcionados por la oficina de la alcaldesa Lightfoot, en Chicago hay más de 100 clínicas que reciben fondos públicos y ofrecen servicios de salud mental. El 25% del personal clínico actual es bilingüe inglés y español.

Trabajan para ampliar los limitados servicios de salud mental en comunidades hispanas

Para Boland, Chicago cuenta con profesionales que brindan servicios de salud mental pero el problema es que no hay los suficientes trabajando en los vecindarios donde hay más necesidad.

En las áreas más ricas de la ciudad, como en el centro o en los vecindarios de Wicker Park y Gold Coast, el número de profesionales de salud mental, terapistas y psicólogos, es mucho mayor.

En cambio, en áreas latinas como La Villita la proporción de profesionales es sustancialmente menor.

En cuanto a las barreras para acceder a la atención de salud mental, Boland mencionó la transportación porque muchas veces los sitios donde hay servicios de salud mental no están cerca de donde viven las personas. El costo de la cita es otra barrera especialmente para las personas sin seguro médico, además del idioma y el estigma.

"El problema es más complejo que el abrir o cerrar clínicas"

El concejal del Distrito 12, George Cárdenas, quien presidió el Comité de Salud de la ciudad en el tiempo que se cerraron las citadas clínicas dijo que el enfoque en salud mental debe ser integral. "Una persona con problemas de salud mental es probable que tenga otro tipo de problemas, por ejemplo falta de vivienda, enfermedad, desempleo, adicciones, se está divorciando, perdió la custodia de sus hijos o está presionada por mil cosas".

En ese sentido, Cárdenas dijo que hay que ver cómo se puede mejorar y cómo se puede dar mejor servicio a la gente. "No solo servicios de salud mental sino de todo tipo, como sociales, de acceso a trabajo, porque todo es un conjunto".

Para Esther E. Sciammarella, directora ejecutiva de la Coalición para la Salud Hispana de Chicago, el problema es más complejo que abrir o cerrar clínicas. "La idea es integrar salud con salud mental, no puedes considerar salud mental algo independiente de lo que es salud", dijo.

Sciammarella, quien también integra el Grupo de Trabajo de salud mental de la ciudad, es de la idea que hay que tener sistemas más integrales y menos fragmentados que ayuden a la comunidad. "Al paciente que se le atiende por salud mental, hay que ver qué otras cuestiones subyacentes o condiciones de enfermedad tiene. No es tratar un tema sino ver una cosa más comprensiva, holísticamente".

La alcaldesa Lightfoot coincide con ello. De acuerdo a una declaración de su oficina a *La Raza*, el plan en materia de salud mental para Chicago "construirá equidad y transformará la atención en salud mental mediante la inversión y el apoyo de un sistema holístico que priorice a las personas y comunidades que más lo necesitan".

Esfuerzos ante el covid-19

La crisis del covid-19 ha agudizado los problemas de salud mental que muchas personas sufren en Chicago, y ante ello la alcaldesa Lightfoot anunció hace algunas semanas nuevas iniciativas para atenderlos.

Lightfoot dijo, en un comunicado, que "estos problemas [de salud mental] que estamos atendiendo no empezaron cuando el covid-19 golpeó nuestra ciudad, y no van a terminar con la epidemia tampoco. Nosotros continuaremos trabajando con los defensores, expertos, pacientes y comunidades de nuestra ciudad para mejorar el cuidado de la salud mental en Chicago y dar a nuestros residentes y familias el apoyo que muchos necesitan desesperadamente.

Por ejemplo, el Departamento de Salud de Chicago se ha vinculado a cuatro organizaciones de salud mental comunitarias para ampliar el acceso de personas que sufren esquizofrenia, desorden bipolar y otros desórdenes relacionados. $1.2 millones en apoyo han sido asignados en apoyo de las organizaciones Friend Health, Healthcare Alternative Systems, Thresholds y Trilogy Behavioral Healthcare.

Varias de las clínicas de esas organizaciones se encuentran en barrios con alta concentración de hispanos.

Y, en un comunicado, la comisionada del Departamento de Salud de Chicago, Allison Arwady, anunció en junio de 2020 la adquisición del sistema de telemedicina doxy.me[31], que será utilizado para ofrecer servicios digitales de salud mental en las cinco clínicas de salud mental operadas por el municipio.

---

[31] https://doxy.me/

Trabajan para ampliar los limitados servicios de salud mental en comunidades hispanas

Esos servicios se ofrecerán sin importar el nivel de ingreso, el estatus de seguro médico o la situación migratoria de los pacientes.

El Departamento de Salud ofrecerá asistencia a otras organizaciones de salud para incrementar sus capacidades de proveer servicios de telemedicina en el contexto de la presente pandemia de covid-19.

Recursos de salud mental durante la pandemia
- La organización National Alliance on Mental Illness (NAMI) ofrece una línea telefónica de ayuda con asesoría sobre salud mental. Llame al 311 o directamente al 833-626-42-44. Una guía de recursos en español está disponible en internet[32].
- Servicios gratuitos de teleterapia de los centros de salud mental del Departamento de Salud de Chicago pueden obtenerse en el 312-747-1020.
- Fuera del horario laboral puede obtener ayuda las 24 horas enviando el texto HOME al número 741741.
- Más información sobre covid-19 en Chicago en Chicago.gov[33].

---

[32] https://www.nami.org/Support-Education/NAMI-HelpLine/COVID-19-Information-and-Resources/Covid-19-Guia
[33] https://www.chicago.gov/city/en/sites/covid-19/home.html

CLAMOR CHICAGO

Advocates push for expansion of mental healthcare to Latino communities in Chicago

In 2012, six public mental health clinics were closed, aggravating the lack of access to mental health to thousands of Hispanics residing in Chicago. Today, several advocates and patients want them reopened, but Mayor Lori Lightfoot and experts promote a different approach to mental healthcare

by BELHÚ SANABRIA & JESÚS DEL TORO   Published in September, 2020

The access to mental healthcare is increasingly becoming a critical need for Chicago's Latino communities. In addition to the disorders that stem from medical, psychiatric, or psychological conditions, many Hispanics face additional pressure as they may be victims or witnesses of violence or harassment, face poverty or unemployment, or live in uncertainty due to their immigration status, among a myriad of other challenges.

The COVID-19 pandemic and the economic crisis it has unleashed have exacerbated the problems many people face. More resources and mental healthcare options are more imperative than ever for Chicagoans as they face the dangers of the disease itself, unemployment, confinement, and other issues.

All in all, neighborhoods inhabited mostly by minorities have faced deficiencies in the availability and scope of mental healthcare. This problem worsened in 2012 with the closure of six municipally-operated mental health clinics in the south and west sides of Chicago.

Given this, a movement to fight healthcare disparities has shifted into two different directions.

One move has been to demand City Hall to reopen all six specialized mental health clinics, a proposal that Mayor Lori Lightfoot supported during her electoral campaign in 2019.

The other push has been to expand the specialized clinics' capacity and support other clinics that are being operated by organizations and entities to provide a range of options to Chicago residents.

Advocates push for expansion of mental healthcare to Latino communities in Chicago

Although Mayor Lightfoot supported the first option in her campaign, her actions have focused on the second.

However, the coronavirus crisis has catalyzed the expansion of these services by the City and other entities, due to the enormous pressure on the population's mental health caused the pandemic. Still and yet, the reopening of the six clinics is a promise that hasn't been fulfilled.

'There is a lot of work to do in the community'

Living with depression has not stopped Estela Díaz from getting ahead in life. She acknowledges that it is a constant struggle with ups and downs, but says that sharing her experience and helping people has been therapeutic.

Díaz, 41, suffered sexual abuse when she was 6 years old. This traumatizing experience caused her to have panic attacks, anxiety, and depression. "I didn't know I suffered from depression until I reached adulthood, more or less at age 22, when I suffered a panic attack and anxiety in public. I went to the doctor, and he prescribed antidepressants and sleeping pills, but he did not refer me to any counselor or therapist."

As her depression and anxiety worsened, Díaz continued taking medication for years. At the age of 35, she tried to commit suicide.

Díaz began to volunteer at her children's school, and it was there where two therapists came to talk about mental health. She shared her experience, and they offered help. "They offered to give me the support in group therapy, not individual therapy because the waiting list was already full. I had to wait a long time to get one-on-one therapy, which I was needing."

Díaz has been receiving individual therapy every week for two months and has been working for the Brighton Park Neighborhood Council mental health campaign for a year. "Hearing all those experiences and knowing that I have been able to help more people in the community who are in a situation like mine, or are starting to, or are in a worse situation than mine, fills me with satisfaction, although we still have much work to do in the community."

After struggling for years to receive individual therapy, Díaz says that reopening the City's six mental health clinics that were closed during Mayor Rahm Emanuel's administration would be an excellent option for low-income patients seeking these services in minority communities.

Some top concerns in the mental health area are depression, anxiety, stress from acculturation, the need for parental support, and trauma.

A 2018 study found that at least 178,000 people in Chicago reported that they needed mental healthcare during the previous year but did not get it, according to a survey by the Chicago Department of Public Health.

Chicago Mayor Lori Lightfoot has allocated a budget of $9.3 million to provide a coordinated and comprehensive mental healthcare system.

When Lightfoot was running for mayor, she campaigned to reopen the six mental health clinics. But to date, those public clinics have not reopened. Lightfoot's strategy to tackle this crisis has instead focused on expanding existing services and supporting other organizations dedicated to mental healthcare.

In a statement to *La Raza*, her office indicated that the $9.3 million would be used to "funding 20 public and nonprofit health centers to expand care in high-need neighborhoods, regardless of patients' ability to pay or insurance status."

Besides, these resources will be used to "creating violence prevention programming to address mental health needs in communities most impacted by violence and poverty; investing in crisis prevention and response teams for people who have additional mental health challenges and have trouble accessing brick-and-mortar clinics; and coordinating the city's mental health system to ensure every resident can access the care they need, where they need it, including an enhanced 311 helpline."

The disparity in mental health services

Arturo Carrillo, coordinator of the St. Anthony Hospital Wellness Center and the Collaborative for Community Wellness, has advocated for the reopening of the City's six mental health clinics closed during Emanuel's administration. "These are the clinics that we, with our efforts, ensure that they can serve the uninsured by providing access to mental health services."

According to research by the Collaborative for Community Wellness, therapists who are trained to provide these services to people who have experienced trauma in their lives are mostly in the wealthiest communities that can afford these services.

Advocates push for expansion of mental healthcare to Latino communities in Chicago

"If you look at the map across Chicago, Latino communities have the least access to mental health, while white communities have a very high ratio of therapists," Carrillo said.

In 2018, the Collaborative for Community Wellness reported that while in the Chicago's Gold Coast area, one of the wealthiest in the City, there were 381 licensed mental health professionals, or 4.45 per 1,000 residents, whereas, in low-income communities on the southwest side there were only 63 professionals or 0.17 per 1,000 residents.

This report focused on 2,859 adults from the southwest side from 10 communities: Archer Heights, Back of the Yards, Brighton Park, Chicago Lawn, Gage Park, Little Village, McKinley Park, Pilsen, West Elsdon, and West Lawn.

Public clinics

Part of mental health services in Chicago are offered by five specialized public clinics operated by the City of Chicago and one by Cook County, and by general community medical clinics, whose services include mental healthcare.

Some patients say that there are waiting lists in medical nonpublic community clinics and that the therapy sessions they offer only last between 20 to 30 minutes.

"I have had this trauma since I was 6 years old, and now I am 41 years old, I won't get better in a 20-minute session. The therapist is watching the clock to see when the session will end. It doesn't make any sense," Díaz said.

"Public clinics now have no waiting list. Medical [nonpublic community] clinics that propose to offer mental health services give half an hour appointments. It is very little time to consult when a person is talking about an experience of rape [or another traumatic] experience that they have lived in their life," said Carrillo. Also, he added that public clinics have the time and space to give one-hour consultations, but since there are only five clinics, there are just not enough clinics to serve the entire community.

The analysis conducted by the Collaborative for Community Wellness in mostly Mexican neighborhoods in southwest Chicago found that 80 percent of Latinos surveyed said that they would surely or very likely seek professional help to address their problems. But cost and lack of services turned out to be the main barriers to accessing mental health services.

"More than anything, we are asking Mayor Lightfoot to hire therapists. If they cannot work in those five clinics because they are not within the community's reach, let's see other possibilities where they can work, for example, with schools, libraries, and community centers, so that these therapists [work] in the communities in partnerships with organizations that can provide them with the space [and] don't have the way to hire personnel," Carrillo said.

'We need more focus and more funds for other resources'

According to Jessica Boland, director of mental health services at Esperanza Health Centers, Chicago city clinics are good because they offer free counseling and therapy services, but they can serve a very small percentage of residents. "The services in these clinics are important, but they are not the only resources. We need more focus and more funding for other resources across the city as well, because there are other types of providers, other clinics, organizations that are also doing this mental health treatment work."

According to data provided by Mayor Lightfoot's Office, there are more than 100 clinics in Chicago that receive public funds and offer mental health services. About 25 percent of the current clinical staff is bilingual in English and Spanish.

For Boland, Chicago has professionals who provide mental health services, but the problem is that there aren't enough of them working in neighborhoods where there is the greatest need.

In the city's wealthiest areas, such as downtown or the Wicker Park and Gold Coast neighborhoods, the number of mental health professionals, therapists, and psychologists is much higher. In contrast, in Latino areas, such as Little Village, the number of mental healthcare professionals is substantially lower.

Regarding barriers to accessing mental healthcare, Boland mentioned transportation because these mental health services are often not close to where people live. The appointment cost is another barrier, especially for the uninsured, in addition to language and stigma.

Advocates push for expansion of mental healthcare to Latino communities in Chicago

'The problem is more complex than opening or closing clinics'

Ward 12 Alderman George Cárdenas, who chaired the City's Health Committee at the time the six clinics closed, said the focus on mental health should be comprehensive. "A person with mental health problems is likely to have other types of problems, such as homelessness, illness, unemployment, addictions, [is more likely to] divorce, lost custody of their children, or is pressured by a thousand things."

In this sense, Cárdenas said that we must see how we can improve and how we can better serve people. "Not only mental health services but of all kinds, such as social, access to work because everything is a set."

For Esther Sciammarella, executive director of the Chicago Hispanic Health Coalition, the problem is more complex than the opening or closing clinics. "The idea is to integrate health with mental health. You cannot consider mental health something independent of what health is," she said.

Sciammarella, who is also a member of the City's working group on mental health, believes that systems need to be more integrated and less fragmented. "We have to look at what other underlying issues or conditions of illness the mental health patient has. It's not about a one-issue topic but rather treating the case comprehensively and holistically."

Mayor Lightfoot agrees. According to a statement from his office to *La Raza*, the Chicago mental health plan "will build equity and transform mental healthcare by investing in and supporting a holistic system of care that prioritizes the people and communities most in need."

Efforts against the Covid-19

The COVID-19 crisis has exacerbated the mental health problems that many people suffer in Chicago.

In light of this problem, Mayor Lightfoot announced a few weeks ago new initiatives to address them.

Lightfoot said in a statement that "the [mental health] issues we're addressing now didn't start when COVID-19 hit our city, and they aren't going to end with it either. We will continue to work with our city advocates, experts, patients, and communities to enhance mental healthcare in Chicago and give our residents and families the support many so desperately need."

For example, the Chicago Department of Public Health has teamed up with four community mental health organizations to expand access for people with schizophrenia, bipolar disorder, and other related disorders. About $1.2 million has been allocated in support of organizations, including Friend Family Health Center, Healthcare Alternative Systems, Thresholds, and Trilogy Behavioral Healthcare.

Several of those organizations' clinics are located in neighborhoods with a high concentration of Hispanics.

And, in a statement, Chicago Department of Public Health Commissioner Allison Arwady announced in June, 2020 the acquisition of doxy.me[34], a telemedicine system that will offer digital mental health services at the five municipally operated mental health clinics. Those services will be provided regardless of the patients' income, health insurance status, or immigration status.

The Chicago Department of Public Health will also offer assistance to other health organizations to increase their capacities to provide telemedicine services during the COVID-19 pandemic crisis.

Mental health resources during the pandemic

- The National Alliance on Mental Illness (NAMI) offers a helpline with mental health advice. Call 311 or directly at 833-626-4244. A resource guide in Spanish is available online[35].
- Call 312-747-1020 for free telehealth therapy services from the Chicago Department of Health mental health centers.
- Text HOME to the 741741. This service is available 24-hours a day.
- For more information on COVID-19 in Chicago, visit chicago.gov[36].

---

[34] https://doxy.me/
[35] https://www.nami.org/Support-Education/NAMI-HelpLine/COVID-19-Information-and-Resources/COVID-19-Guide.pdf
[36] https://www.chicago.gov/city/en/sites/covid-19/home.html

La cruda realidad de los robos de salarios: trabajadores del Condado de Cook siguen siendo engañados

Trabajadores en el Condado de Cook pierden alrededor de $9 millones de dólares semanales en robo de salarios, según expertos. Los inmigrantes suelen ser los más perjudicados ya que muchos trabajan en industrias que pagan el salario mínimo, no conocen sus derechos laborales y temen acudir por ayuda por temor a represalias

por MARCELA CARTAGENA   Publicado en diciembre de 2020

Nicolás Fuentes nunca olvidará el día en que cuando se presentó a su trabajo en Olmarc Packaging Co., en North Lake, a él y su esposa, Isabel, quien también trabajaba ahí, y a otros cientos de trabajadores se les notificó repentinamente que la planta cerraría sus puertas para siempre y que sus servicios ya no eran requeridos.

Fuentes, líder de un sindicato de trabajadores que trabajaba en Olmarc Packaging desde 1990, y todos los afectados quedaron en absoluto estado de shock. Fue el comienzo de una larga trayectoria para poder recuperar lo que la empresa les quedó debiendo a los Fuentes, alrededor de $1,014 a cada uno por tiempo de vacaciones no usadas y una semana entera de salario.

Después de tres largos años de lucha que comenzó con una queja ante el Departamento del Trabajo de Illinois y que terminó en las manos de la fiscalía del estado, se determinó que los Fuentes y al menos unos 500 trabajadores no recuperarían ni un dólar de los salarios que se les debían porque la empresa se declaró en quiebra.

"Mire, la central de labor [Departamento del trabajo] no ayuda a los pobres. Solamente a las empresas y a los ricos. Ya no hubo forma de hacer nada", dijo Fuentes. "La mayoría de los trabajadores tenían de 15 a 20 años trabajando en esa empresa. Muchos confiaban en la palabra del dueño. Y muchos confiaban en mí. Había mucha gente que tenía la esperanza de que yo iba a seguir luchando. Cuando nos enteramos se sintieron defraudados de mí y de todos, y ya no quisimos saber nada", dijo Fuentes con inmensa frustración como si el hecho hubiese ocurrido ayer.

Cuando la empresa Olmarc Packaging cerró en 2008, tenía instalaciones en North Lake y Franklin Park y empleaba aproximadamente a 2,000 trabajadores, según Martín Unzueta, director ejecutivo de la organización Derechos de los Trabajadores de la Comunidad de Chicago (Chicago Community and Worker's Rights).

"Esta empresa acostumbraba a decirles a sus trabajadores que acumularan vacaciones y que si no se las tomaban se las traspasarían al siguiente año. Entonces era como una cosa normal acumular las vacaciones. Habían trabajadores que llevaban hasta tres a cuatro años acumulando de vacaciones", dijo Unzueta.

Muchos sospechan, entre ellos Unzueta y Fuentes, que los dueños de la empresa, los hermanos Aldo, Dennis and Ken Marchetti, abrieron otra fábrica bajo otro nombre y en otra localidad, haciéndose de millones en ganancias. La empresa vendió sus bienes por medio de una subasta en línea en BIDITUP[37] el 28 y 29 de octubre del 2008.

Pero esta suposición ha sido difícil de comprobar. Según Dona Leonard, funcionaria de la Secretaría de Estado de Illinois, la agencia no tiene la capacidad de "determinar qué negocio habría abierto este empleador con un nuevo nombre. Necesitamos el nombre del negocio para hacer una búsqueda en nuestros registros", dijo.

Nicolás Fuentes, de 79 años de edad, y su esposa Isabel, de 67 años, nunca más pudieron encontrar otro trabajo. Él piensa que las oportunidades de empleo se les negaron a ambos debido a la edad. Y aunque disfrutan del apoyo económico y moral de sus hijos, el recuerdo de lo que les pasó les causa pena y desilusión por la injusticia que les tocó vivir no solo a ellos sino que a cientos de trabajadores.

Trabajadores pierden aproximadamente $9 millones a la semana

Un estudio masivo del 2008[38] sobre el robo de salarios, llevado a cabo colaborativamente por un grupo de investigadores, organizaciones y universidades, in-

---

[37] https://www.biditup.com/auction.php?id=180
[38] https://www.nelp.org/wp-content/uploads/2015/03/BrokenLawsReport2009.pdf

cluyendo el Centro de Desarrollo Urbano de la Universidad de Illinois en Chicago, descubrió que los trabajadores en el Condado de Cook pierden alrededor de $7.3 millones de dólares semanalmente.

Tomando en cuenta la inflación económica del país, esa cifra equivaldría hoy a aproximadamente $9 millones de dólares, según Alison Dickson, profesora del programa de educación laboral de la Universidad de Illinois en Urbana-Champaign. Dickson, quien participó en la investigación, indicó que la cantidad se calculó en base a miles de encuestas a trabajadores en industrias donde se pagan salarios mínimos.

"Este estudio provocó un gran efecto dominó porque los hallazgos fueron tan impresionantes. Por ejemplo, Hilda Solís, la secretaria de trabajo en ese momento bajo el presidente Obama, inmediatamente después de leer ese informe contrató a 1,000 inspectores más para el Departamento de Trabajo de Estados Unidos. Esos son el tipo de impactos que queremos tener", dijo Dickson.

Los funcionarios electos en Chicago también prestaron atención al estudio, generando diferentes ordenanzas para ayudar a los trabajadores, incluyendo la Ordenanza de Licencia por Enfermedad que comenzó a regir en el 2017 y la Ordenanza de la Semana Laboral Justa, que entró en vigor en julio de 2020, para regular los horarios de los trabajadores.

La irregularidad de los horarios de trabajo, según Dickson, "es algo que se ve especialmente en el comercio de *retail* y el servicio de alimentos, donde los trabajadores realmente no pueden saber cuántas horas van a trabajar a la semana".

A pesar de las medidas, el problema de los robos de salarios en el país no ha mejorado sino que ha empeorado, según Dickson y otros profesionales dedicados a batallar contra este crudo problema, que afecta desmedidamente a trabajadores inmigrantes e indocumentados.

"El salario mínimo ha subido. Por lo tanto, hay empleadores que están encontrando nuevas maneras de engañar a los trabajadores para minimizar sus pérdidas y obtener ganancias [aprovechándose] de los trabajadores pobres", dijo Dickson. "Estoy viendo a mucha gente que se enfrenta a cosas como trabajar fuera de los horarios establecidos o trabajar en lo que se conoce como 'cierre y abre', que es cuando tú cierras, terminas el turno al final de la noche pero luego tienes que abrir a primera hora de la mañana".

CLAMOR CHICAGO

Con el covid-19 el robo de salarios es 'peor que nunca'

¿Han empeorado los robos de salarios durante la pandemia? "Es peor que nunca. Hemos visto muchas irregularidades", aseveró Jorge Mujica, organizador de campañas laborales de la organización Arise Chicago. Antes de la pandemia Arise recibía de 30 a 40 llamadas a la semana de trabajadores que necesitaban ayuda. Desde abril de 2020 hasta fin de año, Mujica dice que reciben entre 80 y 100 llamadas al día con reclamos de robos de salarios.

Como los salarios mínimos[39] aumentaron a partir del primero de julio de 2020 en Chicago —$13.50 por hora para empleadores con cuatro a 20 trabajadores y $14 por hora para empleadores con 21 o más trabajadores— Mujica dijo que su organización ha visto muchos casos donde los patrones le dicen a los trabajadores que no pueden darles los aumentos debido a la crisis. Por lo tanto, muchos están recortando los salarios ilegalmente.

Mujica añadió que ha sido difícil confirmar si estas empresas han recibido la ayuda del gobierno por medio del Programa de Protección de Nóminas (PPP en inglés), una medida de ayuda federal para negocios pequeños que han sido afectados por la crisis del coronavirus. "La ayuda no era exclusivamente para pagar salarios por lo que no hay obligación", dijo Mujica. "En los restaurantes, por ejemplo, los patrones les han dicho a los trabajadores que 'pues no hay dinero, por lo que no te doy salario'. [Los restaurantes] siempre han sido un gran problema".

Martín Unzueta, quien también es vicepresidente del consejo de la Alianza Levantando el Piso (Raise the Floor Alliance), dijo que la situación más crítica se está viendo entre los trabajadores de hoteles, restaurantes y construcción en Chicago, pero más directamente los que están ubicados en el centro. "Hemos recibido muchas quejas de personas que tienen que trabajar de las 3 de la tarde hasta la medianoche, y luego abren a las 7 de la mañana, por ejemplo. Eso es una violación de la ley", dijo Unzueta.

La Ordenanza de Semana Laboral Justa de Chicago dicta que todo trabajador debe ser notificado de cambios de horario con siete días de anticipación. La medida fue diseñada para que las empresas establecieran horarios más estables.

---

[39] https://www.chicago.gov/city/en/depts/bacp/supp_info/minimumwageinformation.html

Robos de salarios: trabajadores del Condado de Cook siguen siendo engañados

Según Unzueta, otro asunto que está sucediendo con más frecuencia es la táctica del abrir y cerrar para pagar menos a los trabajadores. "Lamentablemente la ley se los permite. Muchos lugares dicen 'pues ya no necesitamos tanta gente, vamos a cerrar'. Entonces cierran y a la semana reabren y contratan nueva gente con menos salarios. Desgraciadamente no es en contra de la ley porque las compañías pueden contratar y despedir a quienes quieran mientras no tengan un contrato colectivo", dijo Unzueta.

La trabajadora de ascendencia mexicana Elizabeth Pérez fue una de las afectadas. Todo comenzó cuando entró a trabajar en el restaurante Capri Lounge & Grill en Willow Springs en febrero de este año para lavar platos y ayudar en la cocina. El restaurante es parte de una cadena de la empresa 5 Brothers Inc., cuyo presidente es un empresario llamado Fillipo Rovito, según registros de la Secretaría de Estado. Mientras que la familia Rovito maneja los negocios, la persona a cargo del restaurante Capri en Willow Springs se presenta como 'Joey Capri', aunque es miembro de la familia Rovito.

Según Pérez, 'Joey Capri' le dijo que le pagaría en efectivo $75 al día sin tomar en cuenta las horas que ella trabajara. "La verdad es que nunca me dijo qué me iba a pagar hasta que al final del día me dijo que eso era lo que me iba a pagar. Yo acepté porque cualquier dinero que pueda ganar me urge porque tenía cuentas atrasadas," dijo Pérez, madre soltera de una niña de 11 años.

Ella dijo que sus horarios variaban, pero normalmente trabajaba desde las 2 de la tarde hasta las 12 de la noche los miércoles, viernes y sábados. En promedio estaba ganando más o menos $7.50 la hora. Los problemas surgieron rápidamente al darse cuenta de que el dueño no le pagaba lo que correspondía y que varios cheques fueron rebotados por falta de fondos. "Siempre me quedaba debiendo, a mí y a mi hermana", dijo Pérez, quien aseguró que esta práctica de pago también la hacía con los ayudantes de camareros o *busboys* y los cocineros, todos hispanos.

Cuando el restaurante cerró en marzo a causa de la pandemia, Pérez se quedó sin trabajo y sin un pago de $800. A su hermana, Ma Selissa Nieto, quien también trabajó en el restaurante, se le quedó debiendo $250. "'Mañana te los doy', me decía. Pero nunca me lo dio", dijo. "Me siento triste porque la gente abusa de gente como yo. Nos dejaron sin comer. Me quedé un mes entero sin dinero y se me acumuló todo".

Tras semanas de intentos por conseguir lo que se les debía, el dueño finalmente las echó gritando y amenazándolas de llamar a la policía y a inmigración.

La Raza se contactó por teléfono con 'Joey Capri', quien negó deberles dinero a las trabajadoras y aseguró que él les paga a todos sus empleados lo que les corresponde y a tiempo. Furioso le aseguró a *La Raza* que él había despedido a Pérez al descubrir que no era ciudadana y que si lo seguían molestando iba a llamar a inmigración para que fuese deportada [Pérez es indocumentada]. Un día después de la llamada telefónica con *La Raza*, la contadora del restaurante, quien se negó a confirmar su nombre completo, le afirmó a *La Raza* que el manager aceptó pagarles. Sin embargo, según Sandy Moreno, organizadora de trabajadores de la organización Trabajadores de Bodegas por la Justicia (Warehouse Workers for Justice), los abogados que representan a las hermanas exigirán una suma más alta ya que el dueño no les pagaba el salario mínimo.

Pérez y su hermana recibieron consejería laboral por parte de Moreno y los abogados son miembros de la organización Raise the Floor Alliance.

Trabajadores indocumentados

El hecho de que un trabajador sea indocumentado no significa que no tenga derechos laborales, aseveran expertos. "La gente no lo sabe, pero todos los trabajadores tienen derechos por ser trabajadores. Si eres trabajador, tienes derechos laborales. Entonces la gente piensa que por no tener papeles no tienes derechos en el trabajo", aseveró Mujica.

Cuando un empleador amenaza a un trabajador de llamar a inmigración por ser indocumentado es ilegal. "Eso es tráfico de personas. Es esclavitud", dijo Mujica. "Por eso la educación es muy importante. Pero es una tarea titánica. Hay gente que lo sabe pero así y todo no reclaman por temor".

Mujica comentó sobre un caso ocurrido hace unos años en una cadena de restaurantes chinos que recibía a trabajadores por medio de una agencia temporal. La cadena tenía un sistema donde los trabajadores empezaban un día lunes y al día siguiente los dueños empezaban a provocar riñas con los empleados. Para el miércoles la situación se ponía insoportable y al llegar el jueves los trabajadores eran despedidos sin pago. "Y esto lo hacían varios restaurantes chinos sistemáticamente todas las semanas. Todos los trabajadores eran indocumentados y en su mayoría latinos. Eso se detectó, denunció y la Procuraduría de Illinois y el FBI cerraron varios de esos restaurantes en una redada", dijo Mujica.

"Es importante darse cuenta de que todos los trabajadores en este país, independientemente de su estatus migratorio, están protegidos por las leyes laborales y de empleo", dijo la profesora e investigadora Dickson. "Pero durante la administración Trump ha sido mucho más difícil para muchos trabajadores, especialmente para los inmigrantes indocumentados, hacer valer sus derechos debido a temores muy reales, como lo qué les sucedería si le dijeran a las autoridades gubernamentales sobre los abusos en el trabajo".

'El robo de salarios se hace de muchísimas formas'

Hay algunas empresas en industrias como en la construcción, restaurantes, lavado de autos y empacadoras, entre otras, que aplican astutas tácticas para no pagar o pagar de forma incompleta a sus trabajadores.

Tras representar a cientos de trabajadores desde 1991, la organización Arise Chicago ha determinado que existen al menos 22 formas de robos de salarios[40]. Entre ellas no pagar el total del pago de los salarios (común entre los contratistas de construcción, que prometen pagar al terminar un trabajo y luego desaparecen); falta de pago de tiempo y medio por horas extras trabajadas; pago inferior al salario mínimo; pago atrasado; negar un último cheque cuando un empleado sale de la empresa o la empresa cierra; descontar, multar o deducir dinero a los trabajadores por violar algún reglamento o romper algún producto en el trabajo; descontar dinero a los trabajadores por los uniformes proporcionados por la empresa o por el transporte proporcionado por la compañía sin solicitar permiso por escrito del trabajador; no pagar a los trabajadores por tiempo acumulado pagado como vacaciones no usadas; no dar a los trabajadores la totalidad de sus propinas u obligarlos a compartirlas con trabajadores que no reciben propinas; y pagar a los trabajadores con tarjetas de débito que cobran una tarifa, entre otras.

De acuerdo a expertos, la falta de pago de tiempo y medio por horas extras trabajadas es una práctica común. Mariteré Gómez, organizadora de campañas

---

[40] https://d3n8a8pro7vhmx.cloudfront.net/arisechicago/pages/2330/attachments/original/154056 4277/ac_workers_rights_manual_span_%281%29.pdf?1540564277

laborales para Arise Chicago, comentó sobre el caso de un joven mexicano cuyo oficio era similar al de un mecánico de automóviles y trabajaba en un suburbio de Chicago.

El joven, cuyo nombre no fue revelado debido a un acuerdo legal que él tiene con el empleador, logró recuperar casi $20,000 de tiempo extra que no le habían pagado.

"Le pedían que trabajara 12 horas al día con el mismo pago de $16. No le pagaban tiempo y medio después de las 40 horas, algo que ese sitio de trabajo no hacía", dijo Gómez. El joven trabajó allí por casi 10 años "pero la ley también dice que solo se pueden recuperar tres años".

El joven se percató de que la empresa le debía mucho dinero por las horas extras que trabajaba gracias a que su esposa asistió a un taller de Arise sobre derechos laborales. Ella le dio la información y fue así como el joven se contactó con esa organización.

Tres a cuatro semanas después, el abogado de la empresa y el joven llegaron a un acuerdo. "Si se hubiese ido a demanda, la ley dice que se tiene que pagar tres veces la cantidad que se le debe al trabajador", dijo Gómez.

Gómez indicó que la empresa no mantenía registros apropiadamente y que no les daba a sus empleados un recibo de nómina con los detalles de las horas y deducciones aplicadas, como lo dicta la ley. Ella piensa que es por eso que decidieron arreglar el caso lo más rápido posible.

Se estima que muchos otros trabajadores fueron afectados de la misma forma pero solo este trabajador presentó la queja por medio de Arise.

El eterno dilema de los lavados de autos

"Los *car washers* (lavados de autos) son lugares terribles. Son lugares de trabajos muy irregulares", dijo el organizador laboral Mujica. "Hay un estudio que hicieron en 2012, donde el 56% de los trabajadores reportaban robo de salarios".

La profesora Dickson afirmó lo mismo. "Las personas que trabajan en los lavados de autos ya son los más pobres y los más desposeídos. Esos son los peores lugares para trabajar… y muchos trabajan bajo condiciones de trabajo que son increíblemente poco seguras".

Robos de salarios: trabajadores del Condado de Cook siguen siendo engañados

Un ejemplo de un caso que terminó trágicamente debido a los peligros de este oficio ocurrió en julio de 2019, cuando un trabajador hispano quedó atrapado en la maquinaria del Express Car Wash ubicado en la Avenida West Lawrence en Jefferson Park. Al sufrir una grave lesión, dijo la Policía de Chicago y la Oficina del Médico Forense del Condado de Cook, el hombre fue llevado al Hospital Masónico de Illinois, donde falleció a las 10:46 de la noche. El trabajador, Adam Cerceo, tenía 45 años.

Otro incidente que terminó trágicamente en un car wash sucedió cuando un trabajador fue asesinado a tiros por un cliente. El hecho sucedió en agosto del 2010 en el Citgo car wash ubicado en el 1345 de la Calle North Pulaski cuando un cliente llevó su Toyota Camry para ser lavado. Cuando se armó una discusión entre el cliente y un trabajador que se rehusó a secar su auto porque el cliente era conocido por no dar propinas, el cliente se fue del recinto para luego volver y matar a tiros al trabajador César Rosales, de 43 años.

Aunque no se ha podido confirmar, según Mujica los empleados del lugar aseveraron que el dueño no quería lidiar con el suceso, por lo que les pidió a los trabajadores del lugar que movieran el cuerpo de Rosales hacia la acera para que pareciera que el trabajador había sido asesinado en un área pública y no el establecimiento.

"El propietario afirmó que no era responsable porque dijo que técnicamente no eran sus trabajadores, ya que estaban allí voluntariamente", dijo Mujica.

Los recintos de lavados de autos también son conocidos por la explotación al trabajador. Mujica detalló el caso de un lavado de autos llamado National Carwash ubicado en la Calle Broadway en el barrio de Uptown en Chicago, que ofrecía lavados de autos por $4, convirtiéndose en el lugar más barato de la ciudad para este tipo de servicios.

Sucedía que la empresa usaba un modelo de negocio que consistía en contratar a personas en situaciones de indigencia. Los trabajadores se presentaban a eso de las 6 de la mañana y se les exigía pagar $12 cada día por la oportunidad de poder ser seleccionado para trabajar ahí. Además, tenían que proporcionar su material de trabajo como jabones, aerosoles y toallas.

Después de que una pareja presentó una queja contra ellos a través de Arise, los propietarios acordaron pagarles varios miles de dólares (la cantidad exacta no puede ser revelada debido a un acuerdo legal), según Mujica. Los dueños del establecimiento terminaron cerrando el negocio. Se desconoce si otros trabajadores presentaron quejas similares contra este recinto.

Burocracia y largos procesos: Casi 80% de los casos no son resueltos
Un gran desafío que cientos de miles de trabajadores sufren, no solo en Chicago sino que en todo el país, es el largo proceso por el que tienen que pasar si sus reclamos no son resueltos por medio de intermediarios de organizaciones sin fines de lucro.

Cuando los casos llegan a manos de entidades estatales, el proceso podría demorar entre dos a tres años en resolverse. Ha habido casos que han durado hasta ocho años.

Hay varias formas de presentar quejas contra un empleador que no está cumpliendo con las leyes de derechos laborales. Una es por medio de alguna organización sin fines de lucro que se dedica a abogar por los trabajadores. Si el empleador y la organización llegan a un acuerdo, entonces el caso se resuelve.

Cuando los empleadores no responden, desaparecen o se rehúsan a pagar, entonces se pueden presentar quejas formales en distintas jurisdicciones y agencias estatales, dependiendo de dónde el trabajador reside y del tipo de reclamo.

La probabilidad de que los casos tomados por agencias estatales o la fiscalía se resuelvan a favor del trabajador son de un 20%, afirmó Dickson. Es así "porque para la mayoría de las personas es su palabra versus el empleador. Y el empleador tiene muchos más recursos y abogados para luchar contra ellos".

En el año fiscal 2019-20, el Departamento del Trabajo de Illinois (IDOL, por sus siglas en inglés) ha recibido más de 4,500 quejas de robos de salarios, en su mayoría por salarios, comisiones, vacaciones y bonos no pagados. El Departamento también logró recuperar $4.4 millones en el año fiscal 2020 y $3.8 millones en el año fiscal 2019 por salarios no pagados.

La Raza se contactó con el vocero de IDOL Michael Matulis, quien emitió respuestas por escrito. En su declaración, la agencia aseguró que no tienen los recursos necesarios para fiscalizar todas las quejas. Se mencionó que la Administración del exgobernador Bruce Rauner les dejó con un altísimo número de reclamos de robos salarios que no fueron examinados. Por esa razón, el gober-

Robos de salarios: trabajadores del Condado de Cook siguen siendo engañados

nador JB Pritzker y el director de IDOL Michael Kleinik instituyeron un plan para "garantizar que los trabajadores en Illinois reciban un trato justo".

Pritzker efectivamente decretó una orden que dictaba que dentro de 60 días todos los casos pendientes bajo las leyes salariales que la Administración de Rauner acumuló fuesen revisados inmediatamente. Según el comunicado, IDOL cumplió con el decreto, enviando 149 reclamos involucrando a 13 empleadores al fiscal general del estado.

A pesar de que IDOL ha tomado varias medidas para mejorar los procesos, la agencia reconoce que "la realidad es que en algunos casos existen muchas barreras al intentar recolectar pagos de los empleadores. Por ejemplo, un empleador puede mudarse a otro estado que no tenga un acuerdo de reciprocidad con Illinois o declararse en quiebra".

Asimismo, cuando una decisión ha sido determinada el empleador tiene 35 días para pagar o solicitar al tribunal de circuito revisar la decisión. Si el empleador no paga en 35 días o perdió en la corte, entonces el caso es transferido a la oficina del fiscal general.

En realidad, dijo Mujica, "necesitaríamos un ejército a cargo de esto para que fuese expedito". Como los procesos son tan largos, "mucha gente se da por vencida y pierde el interés", añadió Mujica, que ha logrado recuperar en los últimos 10 años más de 8.5 millones de dólares para los trabajadores. "Te va a llevar una vida y la mitad de otra para que pase algo".

"Los trabajadores también necesitan saber a qué agencia gubernamental recurrir. Deben tener un nivel de alfabetización que sea lo suficientemente bueno como para que puedan averiguar cómo presentar esa queja. Y luego también tienen que ser capaces de hacer eso sin temor a represalias, que es obviamente muy real para muchos trabajadores, no solo los trabajadores indocumentados", explicó Dickson.

En referencia a la lentitud del gobierno para resolver estos casos, Dickson dijo que no cree "que las agencias estén haciendo un mal trabajo. Realmente creo que es cuestión de recursos. Tomemos la industria del lavado de coches, por ejemplo, donde sabemos que no son solo unas pocas manzanas malas, es casi todos los lavados de coches los que están haciendo esto. No hay manera de que nuestro Departamento de Trabajo tenga la mano de obra para salir y revisar proactivamente una industria entera".

Trabajadores de bodegas

Sandy Moreno, quien hasta el pasado 13 de noviembre fue organizadora de trabajadores de la organización Trabajadores de Bodegas por la Justicia (Warehouse Workers for Justice) y quien asesoró a las trabajadoras Elizabeth Pérez y su hermana Ma Selissa Nieto, dijo que otro grupo de trabajadores vulnerables a robos de salarios son los que trabajan en la industrias de bodegas y empacadoras.

La organización Warehouse Workers for Justice trabaja en colaboración con la alianza Raise the Floor y otros servicios legales en los condados de Cook y Will.

"Nos enfocamos en educar a la gente para que conozcan sus derechos", dijo Moreno. "Personalmente he visto a menudo que los empleadores [en estas industrias] han utilizado el covid-19 como una justificación para no pagar o pagar mal a los trabajadores después de haber sido despedidos. Hemos visto que el empleador ha tratado de utilizar la reducción salarial, por ejemplo, de $11 a $10 dólares por hora debido al covid-19".

La joven, originalmente de California, contó que ella eligió esta profesión de ayudar a trabajadores a organizarse después de ver a su propia familia de trabajadores inmigrantes ser víctimas de robos de salarios. Moreno añadió: "Cuando comencé a trabajar en un sindicato en el Área de la Bahía [área de San Francisco] fue cuando empecé a entender y a observar lo que sucedía con los trabajadores. Me di cuenta de que realmente todos tenemos derechos y que podemos hacer algo al respecto. Siento que es mi deber correr la voz. Hay gente que necesita ayuda. Ellos necesitan saber que hay recursos ahí fuera".

La educación es la mejor protección

Los expertos que abogan por los derechos laborales aseguran que la mejor arma para protegerse contra el robo de salarios es la educación. No sirve de mucho tener nuevas leyes si lo trabajadores no están informados.

Unzueta indicó que también es importante que los trabajadores estén organizados. "Los trabajadores son más vulnerables cuando no se organizan", dijo y añadió que los trabajadores de agencias temporales son uno de los grupos más desprotegidos.

"Estos trabajadores son empleados de trabajos diarios, técnicamente lo contratan todos los días y son enviados a trabajar, sin garantías ni derechos, ni acumulan vacaciones, ni seguro médico", dijo Unzueta. "Estas agencias siempre andan tratando de hacer trampa. Hay muchísimas injusticias y violaciones a la ley. Es difícil en este momento porque las empresas se están aprovechando mucho de la vulnerabilidad que tienen los trabajadores, muchos hacen lo que fuese para poder mantener a las familias".

Unzueta, director del Chicago Community and Worker's Rights, añadió que su organización recuperó más de $1.5 millones de dólares en 2019 para trabajadores. La clave para luchar contra estas injusticias "es organizarse siempre, tener a mano la oportunidad de luchar por los derechos. Tenemos que luchar, siempre. No queda otra".

Para obtener información o ayuda sobre sus derechos laborales
- Arise Chicago: www.arisechicago.org, (773) 769-6000
- Raise the Floor Alliance: www.raisethefloralliance.org, 312-795-9115
- Warehouse Workers for Justice: www.ww4.org, 815-722-5003
- Chicago Community and Workers' Rights: www.chicagoworkersrights.org, 773-653-3664
- Departamento del Trabajo de Estados Unidos: www.dol.gov/agencies, 1-866-4-USWAGE (1-866-487-9243)
- Departamento del Trabajo de Illinois: www2.illinois.gov, 312-793-2800

CLAMOR CHICAGO

The grim reality of wage theft: Cook County workers continue to be misled

Workers in Cook County lose about $9 million a week in wage theft, according to experts. Immigrant workers tend to be the hardest hit as many work in industries that pay minimum wage, are unaware of their employment rights, and often don't seek help for fear of retaliation

by MARCELA CARTAGENA   Published in December, 2020

Nicolás Fuentes will never forget the day when he showed up to work at Olmarc Packaging Co. in North Lake. Unexpectedly, he and his wife, Isabel, who also worked there, and hundreds of other workers, were notified that the plant was shutting down and that their services were no longer needed.

Fuentes, a workers' union leader employed at Olmarc Packaging since 1990, along with the rest of the workers, were left in utter shock. It was the beginning of a long journey to recover what the company owed to the Fuentes couple, around $1,014 each, for unused vacation and a full week's salary.

After three years of a legal battle that began with a complaint to the Illinois Department of Labor and that ended up in the hands of the state prosecutor's office, it was determined that the Fuentes and at least 500 workers would not recover a single dollar of the wages owed to them because the company had declared bankruptcy.

"Look, the labor center [Labor Department] doesn't help the poor. They only help companies and the rich. There was nothing we could do," Fuentes said. "Most of the workers had worked at the company between 15 to 20 years. Many trusted the owner's word. And many trusted me. Many people hoped that I would continue fighting. When we found out, they were disappointed in me and everyone. We were done," Fuentes said with immense frustration as if the event had happened yesterday.

When Olmarc Packaging closed in 2008, it had facilities in North Lake and Franklin Park. It employed about 2,000 workers, according to Martín Unzueta, executive director of Chicago Community and Workers' Rights.

"This company got used to telling workers to accumulate vacation time, assuring them that if the vacation time was not used it would be transferred to the following year. So it was like a normal practice to accumulate vacation. There were workers who had been accumulating vacation for up to three to four years," Unzueta said.

Many suspect, among them Unzueta and Fuentes, that the company's owners, the brothers Aldo, Dennis and Ken Marchetti, opened another factory under another name and in another location, making millions in profits. The company sold its assets through an online auction at BIDITUP[41] on October 28-29, 2008.

But this assumption has been difficult to confirm. According to Dona Leonard, an official with the Illinois Secretary of State, the agency cannot "determine what business this employer would have opened under a new name. We'd need the name of the business in order to search our records."

Nicolás Fuentes, 79, and his wife Isabel, 67, were never able to find another job. He believes that job opportunities were denied to both of them due to their ages. Although they appreciate their children's economic and moral support, the memory of what happened to them brings them sorrow and disappointment due to the injustice inflicted upon them and hundreds of workers.

Workers lose approximately $9 million a week

A massive 2008 study on wage theft[42], carried out collaboratively by a group of researchers, organizations and universities, including the Center for Urban Development at the University of Illinois at Chicago, found that workers in Cook County lose around $7.3 million per week in owed wages. Considering the country's economic inflation, that figure today would be equivalent to about $9 million, according to Alison Dickson, an instructor with the labor education program of the School of Labor and Employment Relations at the University of Illinois at Urbana-Champaign. Dickson, who participated in the research, said the amount was calculated based on thousands of surveys to workers in industries that pay minimum wage.

---

[41] https://www.biditup.com/auction.php?id=180
[42] https://www.nelp.org/wp-content/uploads/2015/03/BrokenLawsReport2009.pdf

"This study had such a ripple effect because the findings were so damning. [For example] Hilda Solís was the Secretary of Labor at the time under President Obama. Immediately after reading that report she hired 1,000 more inspectors for the U.S. Department of Labor. You know, those are the kind of impacts we want to have," Dickson said.

Chicago elected officials also took notice, generating several ordinances to support workers, including the Sick Leave Ordinance, which came into effect in 2017, and the Fair Workweek Ordinance, which took effect in July 2020, to regulate workers' hours.

The irregularity of work schedules, according to Dickson, "is something that is especially seen in the retail trade and food service, where workers really cannot count on how many hours they are going to work per week."

Despite the measures, the problem of wage theft in the country has not improved but has worsened, according to Dickson and other professionals dedicated to battling this stark problem, which disproportionately affects immigrant and undocumented workers.

"The minimum wage has gone up. So there are employers who are finding new ways to try to think of a way to cheat and basically to minimize their losses or make profits on the backs of poor workers," Dickson said. "I'm seeing a lot more people who are facing things like working off the clock or working on what's known as 'close openings,' when you close, then you end the shift at the end of the night, but then you have to open first thing in the morning."

With COVID-19, wage theft is 'worse than ever'

Have wage thefts worsened during the pandemic? "It is worse than ever. We have seen many irregularities," said Jorge Mujica, labor campaigns organizer for Arise Chicago. Before the pandemic, Arise received 30 to 40 calls a week from workers who needed help. From April 2020 to the end of the year, Mujica said they receive 80 to 100 calls a day with wage-theft complaints.

As minimum wages[43] increased as of July 2020 —$13.50 per hour in Chicago for employers with four to 20 workers, and $14 per hour for employers

---

[43] https://www.chicago.gov/city/en/depts/bacp/supp_info/minimumwageinformation.html

The grim reality of wage theft: Cook County workers continue to be misled

with 21 or more workers— Mujica said his organization has seen many cases where employers are telling their workers they cannot give them pay raises because of the crisis. Therefore, many are cutting wages illegally.

Mujica added that it has been difficult to confirm whether these companies have received government help through the Payroll Protection Program (PPP), a federal aid measure for small businesses that have been affected by the coronavirus crisis.

"The aid was not exclusively to pay salaries, so there is no obligation," Mujica said. "In restaurants, for example, the bosses have told the workers that 'well there is no money, so I'm just not going to pay you.' [Restaurants] have always been a big problem."

Martín Unzueta, who also serves as board vice president for Raise the Floor Alliance, said that the most critical cases are seen among workers in hotels, restaurants, and construction in Chicago, but more directly in downtown. "We have received a lot of complaints from people who have to work from 3 in the afternoon until midnight, and then they open at 7 in the morning, for example. That is a violation of the law," Unzueta said.

The Chicago Fair Workweek Ordinance dictates that every worker must be notified of schedule changes seven days in advance. The measure was designed for companies to establish stable work schedules.

According to Unzueta, another issue that is happening more frequently is the "open-and-close" tactic to pay workers less. "Unfortunately, the law allows them. Many places say 'well we don't need so many people anymore so we are going to close.' Then, they close the business and within a week they reopen and hire new people with lower salaries. Unfortunately, that's not against the law because companies can hire and fire whoever they want as long as those workers are not under a collective contract," Unzueta said.

A worker of Mexican descent, Elizabeth Pérez, was one of those affected. It began when she started working at Capri Lounge & Grill restaurant in Willow Springs in February of this year to wash dishes and help in the kitchen. The chain restaurant is owned by 5 Brothers Inc., whose president is a businessman named Fillipo Rovito, Secretary of State records show. While the Rovito family runs the business, the person in charge of the Capri restaurant in Willow Springs goes by the name of 'Joey Capri.' He is a member of the Rovito family.

According to Pérez, 'Joey Capri' told her that he would pay her $75 a day regardless of the number of hours she worked. "The truth is that he never really told me what he was going to pay me until the end of my first work day. He told me that that was what he was going to pay me. I accepted because I take any money I can earn and because I had too many past due accounts," said the single mother of an 11-year-old girl.

She said her work hours varied, but her shift typically was from 2 p.m. to midnight on Wednesdays, Fridays, and Saturdays. On average, she was making $7.50 per hour. Problems arose quickly when Pérez realized that the owner did not pay her what was due and that several checks bounced due to lack of funds. "He always ended up owing me and my sister," Pérez said, who claimed that the same problem was happening to the busboys and cooks, all Hispanic.

When the restaurant closed in March due to the pandemic, Pérez was left without a job and $800 in wages. Her sister, Ma Melissa Nieto, who also worked at the restaurant, was owed $250. "'I'll pay you tomorrow,' he would tell me. But he never paid," she said. "I feel sad because people abuse people like me. They left us without food. I ran out of money for a whole month, and the debt piled up." After weeks of trying to recover their wages, the owner finally kicked them out of the restaurant, screaming and threatening to call the police and immigration.

La Raza contacted 'Joey Capri' by phone, who denied owing them money and assured that he pays all his employees what they are due and on time. Furious, he told *La Raza* that he had fired Pérez when he discovered that she was not a citizen and that if they continued to contact him, he would call immigration and get her deported [Pérez is undocumented]. A day after the phone call with *La Raza*, the restaurant's accountant, who refused to confirm her full name, told *La Raza* that the manager had agreed to pay them. However, according to Sandy Moreno, a worker organizer for Warehouse Workers for Justice, the attorneys representing the sisters will demand a higher sum since the owner also did not pay them the minimum wage.

Pérez and his sister received labor rights counseling from Moreno, and the attorneys working in the case are with Raise the Floor Alliance.

The grim reality of wage theft: Cook County workers continue to be misled

Undocumented workers

The fact that a worker is undocumented doesn't mean that they don't have labor rights, experts say. "People don't know it, but all workers have rights because they are workers. If you are a worker, you have labor rights. So people think that because you don't have [immigration] documents you don't have rights at work," Mujica said.

It's illegal when employers threaten workers with calling immigration. "That is human trafficking. It's slavery," Mujica said. "So, education is very important. But it is a daunting task. Some people know it but still don't ever complain out of fear."

Mujica commented on a case that occurred a few years ago when a Chinese restaurant chain was taking in workers through a temporary work agency.

The chain plotted a scheme where the workers started work on a Monday, and then the next day, the owners would begin provoking fights with the employees.

The situation would become unbearable by Wednesday, and when the workers would report to work on Thursday, they would be fired without pay.

"And this was done by several Chinese restaurants on a regular basis every week. All workers were undocumented and mostly Latino. That was detected, reported, and the Illinois Attorney General's Office and the FBI raided and shut down several of those restaurants," Mujica said.

"It is important to realize that all workers in this country, regardless of immigration status, are protected by labor and employment laws," said Dickson, a professor and researcher. "But during the Trump administration, it's been much harder for many workers, especially undocumented immigrants, to enforce their rights because of very real fears of what would happen if they told government authorities about abuses on the job."

'Wage theft is done in many ways'

Some companies in industries such as construction, restaurants, car washes, and packing houses, among others, apply cunning tactics not to pay or underpay their workers.

After representing hundreds of workers since 1991, Arise Chicago has determined that there are at least 22 forms of wage theft[44]. Among them: failure to pay full wages (common among construction contractors who promise to pay upon completion of a job and then they disappear); failure to pay time-and-a-half for overtime; payment under the minimum wage; late payment; denying the last check when an employee leaves the company, or the company closes; fining or deducting money from workers for violating any regulation or breaking a product at work; deducting money from workers for company-provided uniforms or company-provided transportation without requesting written permission from the worker; not paying workers for accrued unused vacation; not giving workers all of their tips or forcing them to share them with non-tipped workers; and paying workers with debit cards that charge a fee, among others.

According to experts, a common unlawful labor practice is not paying time-and-a-half for overtime. Maritere Gómez, a campaign labor organizer for Arise Chicago, talked about a case of a young Mexican worker whose job was similar to an auto mechanic. He worked at an auto shop in the suburbs. The young man, whose name cannot be revealed due to a disclosure agreement from a legal settlement between him and the employer, managed to recover nearly $20,000 of unpaid overtime.

"They would ask him to work 12 hours a day with the same pay of $16 per hour. They didn't pay him time-and-a-half after the 40 hours, something that this workplace didn't do," said Gómez. The young man worked there for nearly ten years but only recovered three years of pay because "the law says only three years can be recovered."

The worker realized the auto shop owed him a large sum of overtime pay when his wife attended a workshop on labor rights presented by Arise. She gave him the information and that's how he contacted the organization.

Three to four weeks later, the workplace's attorney and the worker reached an agreement. "Had it been a lawsuit, the law says that the defendant [if they

---

[44]https://d3n8a8pro7vhmx.cloudfront.net/arisechicago/pages/2330/attachments/original/1540564277/ac_workers_rights_manual_span_%281%29.pdf?1540564277

were to lose] would have to pay three times the amount owed to the worker," Gómez said.

Gómez indicated that the company didn't maintain records properly and that it didn't give its employees a paystub with the details of the hours worked and deductions applied, as dictated by law. She believes that's why they decided to close the case as quickly as possible.

It's estimated that many workers at that auto shop were also affected by underpaid wages. Still, only this worker sought help.

The eternal dilemma of car washes

"Car washers are terrible places to work. They are very irregular workplaces," said labor organizer Mujica. "There is a study from 2012, where 56 percent of workers reported wage theft."

Dickson agreed: "People who work in car washes are already the poorest and the most vulnerable. Those are the worst places to work… and many work under working conditions that are incredibly unsafe."

An example of a case that ended tragically due to car washers' unsafe conditions happened in July of 2019 when a Hispanic worker became entangled in a piece of running machinery at Express Car Wash on West Lawrence Avenue in Jefferson Park. After suffering a severe injury, according to Chicago police and the Cook County Medical Examiner, the man was taken to Illinois Masonic Hospital, where he died at 10:46 p.m. The worker, Adam Cerceo, was 45 years old.

Another tragic incident at a carwash took place when a worker was shot and killed by a customer. The disturbance happened in August of 2010 at a Citgo car wash located at 1345 North Pulaski St. when a customer took his Toyota Camry for washing. When a verbal altercation broke out between the client and a worker, who refused to dry his car because the customer was known for not tipping, the client left the compound and then returned and shot dead 43-year-old worker César Rosales.

Although unconfirmed, according to Mujica, the employees claimed that the owner didn't want to deal with the incident, so he ordered the workers to move Rosales' body to the sidewalk to make it look like Rosales had been killed in a public area and not inside the establishment.

"The owner said that he wasn't responsible because technically those weren't his workers as they were there voluntarily," Mujica said.

Car washers are also known for worker exploitation. Mujica detailed the case of a car wash called National Carwash located on Broadway Street in Chicago's Uptown neighborhood, which offered car washes for $4, becoming the cheapest place in town for this type of service.

The company used a business model that consisted of hiring homeless. The workers would show up at the location at 6 in the morning and had to pay $12 each day for the opportunity to be "selected" to work there. In addition, workers had to provide their work equipment such as soaps, sprays, and towels.

After a couple complained through Arise, the owners agreed to pay thousands of dollars (the exact amount can't be disclosed per a legal agreement), Mujica said. The property owners ended up shutting down the business. It's unknown whether other workers presented similar complaints against this company.

Bureaucracy and lengthy processes:
Nearly 80 percent of cases are never solved

A significant challenge that hundreds of thousands of workers face, not only in Chicago but across the country, is the lengthy process they have to go through if their claims are not resolved through nonprofit intermediaries.

When cases end up in public agencies, the process could last two to three years. Some cases have lasted up to eight years to get solved.

There are several ways to present complaints against an employer that's not abiding by labor rights laws. One way is to submit a complaint through a nonprofit organization specialized in workers' labor rights. If the employer and the organization reach an agreement, then the case is closed.

But when employers don't respond, disappear or refuse to pay, then workers can present formal complaints in different jurisdictions and state agencies depending on where the worker resides and the type of complaint.

"Only 20 percent of these cases are settled," Dickson said. "That's because for most people it's their word versus the employer. And the employer has a lot more resources and lawyers to fight them."

The grim reality of wage theft: Cook County workers continue to be misled

In fiscal 2019-20, the Illinois Department of Labor (IDOL) has received more than 4,500 complaints of wage thefts, mostly for wages, commissions, vacations, and unpaid bonuses. The Department also managed to recover $4.4 million in fiscal 2020 and $3.8 million in fiscal 2019 for unpaid wages.

La Raza contacted IDOL spokesman Michael Matulis, who issued written responses. The statement said the agency doesn't have the necessary resources to handle all complaints. It also claimed that former Governor Bruce Rauner's previous administration left a high volume of unprocessed wage claims. For that reason, Governor JB Pritzker and the agency's director Michael Kleinik "instituted a plan to ensure workers in Illinois are treated fairly."

Pritzker issued an executive order enforcing that within 60 days, all cases pending under the wage laws that the Rauner Administration accumulated should be reviewed immediately. According to the statement, the department fully complied with the executive order, referring a total of 149 claims involving 13 employers to the Attorney General's office for action.

Although IDOL has taken several steps to improve its bureaucratic process, the agency recognizes that "in some cases, significant barriers exist in attempts to collect payment from employers. For example, an employer may move to another state that has no reciprocity agreement with Illinois. They may also declare bankruptcy."

Also, when a decision has been determined, the employer has 35 days to pay or ask the circuit court to review the decision. If the employer doesn't pay in 35 days or loses in court, then the case is transferred to the attorney general's office. In reality, Mujica said, "we'd need an army in charge of this to be expedited."

Because the processes take so much time, "many people give up or lose interest," Mujica said, whose organization has recovered more than $8.5 million for workers in the past ten years. "It would take you a lifetime for something to change."

"Workers also need to know which government agency to turn to. They have to have a level of literacy that's good enough that they can figure out how to file that complaint. And then they also need to be able to do that without fear of retaliation, which is obviously, very real for many workers, not just undocumented workers," Dickson said.

In reference to the government's slowness to resolve these cases, Dickson said she doesn't believe "that agencies are doing a bad job. I really think it's a question of resources. Take the car-wash industry, for example, where we know it's not just a few bad apples, it is almost every single carwash that is doing this. There is no way our State Department of Labor would have the manpower to go out and proactively be tackling an entire industry like this unless they hire hundreds more inspectors."

Warehouse workers

Sandy Moreno, a worker organizer for Warehouse Workers for Justice until November 13 and who advised workers Elizabeth Pérez and her sister Ma Selissa Nieto, said that another group of workers vulnerable to wage theft are those in the warehouse and packaging industries.

Warehouse Workers for Justice work in collaboration with the Raise the Floor Alliance organization and other legal services in Cook and Will counties.

"We focus on educating the people so that they know their rights," Moreno said. "I personally have often seen that employers have used COVID-19 as a justification for not paying or underpaying workers after they've been laid off. We have seen that employers have tried to use wage reduction, for example, from $11 to like $10 an hour because of COVID-19."

Moreno, originally from California, said she decided to focus her career on workers' rights after witnessing her own family of immigrant workers become victims of wage theft. She added: "When I started working at a union in the San Francisco Bay Area, that's when I started understanding and observing what was happening with workers. I realized that we have rights and that we can do something about it. I feel like it's my duty to spread the word. There are so many people who need help. They need to know that there are many resources out there."

Education is the best protection

Labor rights experts unanimously agree that education is the best tool for workers to protect themselves from wage theft. It doesn't do much good to have new laws if workers aren't informed.

Unzueta indicated that it is also crucial that workers are organized. "Workers are most vulnerable when they are not organized," he said, adding that temporary agency workers are one of the most unprotected groups.

"These [temporary] workers are daily-job employees. Technically, the agencies 'hire' them every day and then send them to work without guarantees or rights. Workers can't accumulate vacations nor have health insurance," Unzueta said. "These agencies are always trying to cheat. There are so many injustices and violations of the law. It's difficult because many companies are taking advantage of workers' vulnerabilities as many will do anything for anything so they can maintain their families."

Unzueta, director of Chicago Community and Worker's Rights, added that his organization had recovered more than $1.5 million in 2019 for workers. The key to fighting these injustices, he added, "is to always organize, to fight for our rights. We've got to fight. We have no choice."

For information or assistance in labor rights
- Arise Chicago: www.arisechicago.org, (773) 769-6000
- Raise the Floor Alliance: www.raisethefflooralliance.org, 312-795-9115
- Warehouse Workers for Justice: www.ww4.org, 815-722-5003
- Chicago Community and Workers' Rights: www.chicagoworkersrights.org, 773-653-3664
- U.S. Department of Labor: www.dol.gov/agencies, 1-866-4-USWAGE (1-866-487-9243)
- Illinois Department of Labor: www2.illinois.gov, 312-793-2800

CLAMOR CHICAGO

Pequeños empresarios hispanos de Chicago se reinventan para enfrentar la crisis del covid-19

Cuando la pandemia afectó los negocios con los que se ganan la vida, latinos ajustaron sus productos o cambiaron de giro para salir adelante

por BELHÚ SANABRIA Publicado en diciembre de 2020

En tiempos de covid-19, empresarios hispanos de Chicago han tenido que reinventarse para resistir la crisis económica generada por la pandemia y salvar sus negocios y sus fuentes de ingreso.

Según expertos, el reinventarse surge de la necesidad de cambio provocado por un evento externo como la crisis global actual covid-19 o también por una acumulación de presión emocional.

El covid-19 ha impactado no sólo en lo que respecta a salud pública sino también a la economía, afectando en gran manera a las pequeñas empresas. En ese sentido, un estudio de investigadores de la Universidad de Illinois en Urbana-Champaign, la Universidad de Harvard y la Universidad de Chicago publicado en abril de 2020 y titulado '¿Cómo se están adaptando las pequeñas empresas al covid-19?' ('How are Small Businesses adjusting to COVID-19?')[45], encuestó a 5,800 propietarios de empresas. El 43% de las empresas cerraron temporalmente y, en promedio, las empresas redujeron el número de empleados en 40% en relación a enero de 2020. El estudio también encontró que muchas de esas pequeñas empresas ya eran financieramente "frágiles".

Entre los resultados, los investigadores indicaron que muchas de esas empresas tenían poco efectivo disponible, lo que significaba que ante la crisis debieron reducir drásticamente sus gastos, asumir deudas adicionales o declararse en quiebra. En la última semana de marzo de 2020, cuando arreciaba la

---

[45] https://www.nber.org/system/files/working_papers/w26989/w26989.pdf

pandemia, 38% de las empresas consideraron improbable o solo algo probable que estuvieran abiertas a finales de 2020.

Yelp, plataforma en la que se publican reseñas de restaurantes, bares y otros negocios en línea, publicó un informe de impacto económico[46] indicando que al 15 de junio 139,339 empresas habían cerrado sus puertas. Se tomaron como muestra 10 ciudades importantes de Estados Unidos, entre ellas Chicago, donde se identificaron 4,991 empresas cerradas debido a la pandemia covid-19.

Cubrebocas artesanales salvan negocio de joyería de cuarzos
El hecho de que un cuarzo pueda aliviar a una persona de alguna dolencia puede resultar insólito para los escépticos, pero no para Liz Rojas.

La pasión por la joyería comenzó en su niñez cuando miraba a su abuelo Rodolfo Campos trabajar en su joyería del barrio de Tepito, en Ciudad de México, por lo que el querer hacer empresa este no fue un terreno desconocido para esta emprendedora, proveniente de una familia dedicada al comercio en la capital mexicana.

Cuando dejó su natal México para emigrar a Estados Unidos, Rojas se estableció en el barrio de Pilsen, Chicago, hace 25 años.

Laboró en una fábrica por 20 años pero por cuestiones de salud dejó de trabajar y decidió tener su negocio propio en lo que es su pasión: la joyería de cuarzos.

Energía del Corazón Cósmico es la joyería artesanal de cuarzos establecida en Pilsen por Liz Rojas. Ella trabaja con cuarzos de India, Paquistán, Afganistán, México y otras partes del mundo.

De acuerdo a Rojas, cada piedra tiene sus propias propiedades y por medio de ellas se interactúa con la energía del cuerpo del ser humano. "Me encanta ver cómo la gente puede transformar su vida con una pequeña piedra".

Rojas considera que en la comunidad latina hay muchos mitos y supersticiones, pero ella asegura que lo que el estudio de los cuarzos tiene base científica. Por ejemplo, dice que un cuarzo citrino o un cuarzo rosa se relacionan con la energía del amor y con la energía de calma y tranquilidad.

---

[46] https://www.yelpeconomicaverage.com/yelp-coronavirus-economic-impact-report.html

CLAMOR CHICAGO

Recuerda que cuando empezó a vender cuarzos en las ferias artesanales, personas que se acercaban a ver su mercancía le decían que le dolía la cabeza. Ella les sugería usar un brazalete o un collar de amatista y le respondían: "no, no, eso es brujería, eso es contra Dios".

Ese tipo de respuestas la llevaron a estudiar más y a certificarse en el conocimiento detrás de esos cristales. Para ella los cuarzos son minerales cuya fórmula química interactúa en el cuerpo físico.

Para informar a la comunidad sobre ello tiene un programa de radio en línea desde 2014 y usa la red social YouTube y otras plataformas para difundir información sobre los beneficios de los cuarzos.

Rojas comparte la mitad del espacio del local que alquila con una artesana, pero también abrió la oportunidad para que más artesanos ofrecieran productos en su local. Dice que para muchos emprendedores de ese rubro es difícil colocarse en Pilsen por el precio caro de las rentas. "Prácticamente, lo que hice fue abrir un espacio para que más artesanos puedan exponer sus productos aquí", dijo Rojas.

El negocio de Rojas se ha dedicado exclusivamente a la elaboración de joyas artesanales de cuarzo pero cuando empezó la pandemia de covid-19 sus ventas disminuyeron. Supo entonces que era tiempo de reinventarse.

Ella continúa vendiendo su joyería pero ha añadido más artículos en su negocio para que haya más venta y sigue el mismo concepto que la caracteriza: promover lo auténtico mexicano.

A Rojas le disgusta que a muchas imitaciones chinas de artesanía mexicana las hagan pasar por originales porque "le quitan toda esa esencia, toda esa magia del trabajo hecho a mano mexicano".

Por su experiencia en el negocio, la empresaria reconoce que con la pandemia los cuarzos no son una prioridad de compra para las personas porque no son productos esenciales. "Compran, pero a un mínimo nivel, la gente lo que busca más es algo para comer o que sea esencial".

Como una forma de ayudar a las comunidades de artesanos mexicanos en medio de la pandemia, que siempre la contactaron para ofrecerle sus productos, Rojas asumió el riesgo de invertir en mascarillas y le resultó rentable, ya que le ha ayudado a generar ingresos en tiempos de pandemia.

Pequeños empresarios hispanos de Chicago se reinventan para enfrentar la crisis del covid-19

"Los cubrebocas artesanales son lo que me ha dado de comer en estos meses de pandemia, al principio del virus fue lo único que se estaba vendiendo", contó Rojas a *La Raza*.

Los cubrebocas que tienen flores bordadas 100% a mano pueden lavarse y tener varios usos y han sido fabricados por artesanos mexicanos. El primer envío que recibió fue de 500 cubrebocas y Rojas cuenta que los vendió muy rápido, por lo que sigue encargando más mercadería y vendiéndola durante la pandemia.

Rojas también está vendiendo rebozos hechos a mano pero reconoce que los cubrebocas artesanales son los que han levantado las ventas de su tienda.

El tipo de rebozo que ella vende lleva 3,800 hilos y tiene chaquira colocada en el bordado. Su proceso de confección dura siete días y en él participan tres personas. La familia de artesanos que fabrica estos rebozos lo hace desde hace muchas generaciones y ellos se encargan hasta de teñir los hilos de estos accesorios artesanales.

Las mascarillas y rebozos han logrado tener buena aceptación entre sus clientes en las redes sociales, dice Rojas, que le compran sus productos porque a la gente le gusta lo que es hecho a mano, original y de buena calidad.

Antes de inaugurar su negocio en Pilsen en junio pasado, Liz vendía su joyería de cuarzos en diferentes incubadoras locales y vía las redes sociales desde hace 10 años.

A esta pequeña empresaria le fue difícil al principio ser parte de la comunidad de artesanos y exponer junto con ellos su joyería artesanal de cuarzos, porque cuando pedía oportunidad dentro de esa comunidad, la mayoría le decía que no "porque tú vendes piedras". Esta emprendedora les respondía: "yo hago mis propias pulseras y collares, yo soy una artesana".

Además de atender a sus clientes en su local en Pilsen, Rojas continúa vendiendo su mercancía en diferentes centros comerciales y ferias artesanales de Chicago y suburbios.

Rojas ha recibido capacitación a través del programa Empresarias del Futuro de Mujeres Latinas en Acción.

Esta joyera mexicana cree que un emprendedor tiene que asumir riesgos y aprender a hacer cosas diferentes. Cuenta que tuvo miedo de abrir el negocio en Pilsen en medio de la pandemia de covid-19 y no sabía si la Ciudad le iba dar la licencia para operar. Dice que fueron momentos muy difíciles.

Pese a la pandemia, nuevos negocios se siguen creando en Estados Unidos. Según datos de la Oficina del Censo, más de 1.5 millones de solicitudes de números de identificación de empleador se presentaron en el tercer trimestre de 2020, un aumento del 77.4% en comparación con el segundo trimestre de ese mismo año.

Cerrar no era lo más conveniente para Rojas, porque implicaba perder clientela y recuperarla es difícil, dice. "Hay que tomar riesgos y hacer cosas diferentes, que fue lo que yo hice. Si tomas riesgos puedes ganar o puedes perder, pero por lo menos vas a adquirir experiencia".

Para Alexis Esparza, director ejecutivo de la Corporación del Desarrollo de la Calle 18 en Pilsen (ESDC), la adaptación que han tenido que tener los negociantes bajo las circunstancias de la crisis del covid-19 ha sido extrema, intimidante y hasta cierto punto imposible de lograr con la misma rapidez con la que el coronavirus atacó la economía y la sustentabilidad de las empresas.

"Siempre he dicho que el negociante pequeño es la vértebra de la comunidad, es la vértebra de la ciudad, es la vértebra de Estados Unidos, pero cuando la vértebra no se puede sostener, ¿qué va a pasar con la economía en sí?", se pregunta Esparza.

Mujeres Latinas en Acción es una organización sin fines de lucro conocida por su trabajo en intervención de crisis en violencia doméstica y asalto sexual. A través de su programa Empresarias del Futuro ayuda a mujeres a perseguir sus sueños y metas, a emprender su negocio y a tener estabilidad financiera.

No todas las mujeres que participan en el programa son sobrevivientes de violencia doméstica, pero sí la mayoría de ellas, según la agencia.

"En el programa hay un porcentaje alto de personas que vienen… de violencia doméstica y asalto sexual, por eso nosotros tratamos de tener todo eso en cuenta, de dónde vienen nuestras participantes, y estar conscientes de eso", señaló Guadalupe Ceniceros, facilitadora del programa Empresarias del Futuro de Mujeres Latinas en Acción.

En ese programa que se dicta en español y en dos niveles, las empresarias pueden relacionarse culturalmente y ahora por la pandemia las clases se imparten en línea por medio de la plataforma Zoom.

El programa se enfoca en cómo emprender un negocio, promoción, finanzas, crédito, presupuesto, mercadotecnia, marca, plan de negocio y desarrollo personal como empresaria, entre otros aspectos básicos del negocio.

Cuando empezó la pandemia, algunas emprendedoras pensaban que ya no podrían seguir con su negocio, porque eran negocios de comida y tiendas en mercaditos, lugares en los que ya no se iba a poder vender. "En una conversación con ellas les dije: hay que pensar 'fuera de la caja', ser creativas y ver cómo es que pueden empezar a vender ahora, quizás haya que reinventar su producto o agregar un producto diferente que sí puedan hacer y vender y que las personas lo vayan a comprar", explicó Ceniceros.

El nuevo concepto del restaurante ecuatoriano La Humita

Como si se tratara de armar un rompecabezas, los hermanos Néstor y Ulpiano Correa vienen construyendo desde cero y con sus propias manos un 'food truck' o camión de comida ambulante en la calle de un barrio del noroeste de Chicago.

Los transeúntes se detienen y observan con curiosidad cómo es que estos hermanos ecuatorianos unen y sueldan piezas de metal y trabajan con madera mientras construyen lo que será su segundo camión ambulante de comida, La Humita on Wheels, que ya está casi listo para operar.

Nadie les enseñó a construir estos camiones, ni tampoco lo hacen para venderlos al público. Ellos dicen que su negocio es preparar y vender comida, lo que han hecho por años en su restaurante La Humita, y a causa de la restricción de operaciones de esos establecimientos a causa de la pandemia esos negociantes unieron sus habilidades y sobre todo las ganas de salir adelante para emprender este segundo proyecto que inició a finales de marzo.

Los hermanos Correa obtuvieron una línea de crédito de $10,000 de la organización Acción y se valieron de préstamos familiares para completar el proyecto. El costo total para fabricar su segundo camión de comida ambulante ha sido $65,000.

El querer invertir en un segundo camión ambulante en plena pandemia surge del éxito alcanzado en su primer emprendimiento, cuyo concepto se enfoca en la venta de comida rápida.

Hace cuatro años decidieron emprender ese nuevo negocio y vender comida en su primer camión ambulante. "La Humita on Wheels ha sido nuestro plan b, lo que nos está sacando adelante", destacó Néstor Correa.

Cuando manejaba el camión de comida en uno de sus tantos viajes por los edificios del centro de Chicago, Néstor junto a su hermano Ulpiano y su hijo Alan se dieron cuenta de que la comida ecuatoriana allí no tenía mucha acogida. Así que comenzaron a ver quiénes eran sus potenciales comensales y qué les gustaba a ellos.

Decidieron cambiar el menú en su camión de comida ambulante pero mantuvieron un producto que los distingue y que tienen como logo en todos sus emprendimientos: el choclo, como le llaman muchos sudamericanos al elote.

Introdujeron carne estilo halal porque vieron que sus más asiduos compradores son árabes, indios, paquistaníes, iraquíes y de otros países que practican la religión musulmana y viven en esos edificios.

Halal, palabra de origen árabe que significa permitido y se usa en la comunidad islámica para referirse a todas aquellas acciones y comidas que son aceptadas en la práctica religiosa musulmana.

En su menú también incluyen tacos, sándwiches y cenas con pescado, carne de res y pollo estilo halal con frijoles y ensalada, además de empanadas y el clásico elote presentado al estilo mexicano con queso, mayonesa y chile, lo que ha sido un rotundo éxito, dicen estos emprendedores.

La chef es María Correa, esposa de Néstor. Ella deja todo listo para que salgan a vender en el camión de comida, los siete días de la semana.

Los hermanos Correa venden $500 dólares diarios, lo que dicen es un triunfo para ellos, sobre todo en esta época de pandemia.

Néstor Correa se estaciona frente a edificios de apartamentos y dice que los administradores envían un correo electrónico avisando de ello y quienes quieren bajan a comprar comida. Se le ocurrió esa idea de ir a esas viviendas y le está funcionado, porque la mayoría trabaja desde casa a causa del covid-19, menciona. "Hemos adquirido una clientela más amplia, el mismo taco que nos compra el mexicano nos lo compra el musulmán, porque es de carne estilo halal".

Néstor Correa recibe capacitación en el programa Academy Business Community (CBA) de Sunshine Enterprises, que también lo asesora en el proceso de reinvención de sus negocios.

Los Correa dicen que después de una reunión familiar identificaron las fallas que tuvieron en su restaurante ecuatoriano: la falta de mercadotecnia. Es decir, necesitaban mayor presencia en las redes sociales para promocionar el restaurante y ver qué es lo que más demanda había en el mercado.

El capacitarse le ha dado a Néstor mayor seguridad en sus ideas y estrategias para que junto a su hermano tomen el próximo paso: la reinvención que surgió en medio de la pandemia. "La pandemia y el capacitarme me han hecho más fuerte, más seguro y más visionario para el negocio, tengo más seguridad en mis proyectos. Nuestra reinvención constará de transformar La Humita en un restaurante de comida rápida, que venda lo mismo que se prepara en el camión de comida ambulante".

Los hermanos Correa son propietarios del restaurante ecuatoriano La Humita que opera desde 2003. Este negocio se ubica en pleno corazón del barrio de Old Irving Park, en el noroeste de Chicago.

Tenían un menú de comida ecuatoriana variada, pero en busca de mejoras y de prosperar en el negocio hicieron un cambio en la presentación de sus platillos en 2017. La innovación consistía de una piedra volcánica con base de madera -tipo parrilla- en la que colocaban la carne, el pollo y el pescado a temperaturas altas de 600 a 700 grados y luego la ponían en la mesa al cliente, para que las piezas las cocinaran al gusto.

El restaurante no estaba teniendo el éxito que tuvo en sus inicios, mencionaron los hermanos Correa, pero podían cubrir todos los pagos, como la hipoteca, los servicios públicos y el sueldo al personal.

"No había últimamente ganancia, sólo se mantenía el negocio, pero con la pandemia del coronavirus no entró nada de dinero, eso originó pérdidas muy altas", dijo Néstor Correa.

Con el propósito de prevenir contagios, el gobernador de Illinois JB Pritzker, emitió la orden de permanecer en casa para todo ese estado el pasado 21 de marzo. Aunque los hermanos Correa reconocen que esa decisión estatal era necesaria para frenar el covid-19 dijeron que "eso nos acabó", "nos exterminó", haciendo referencia a su restaurante.

Luego de que se permitiera a los restaurantes ofrecer órdenes para llevar y de entrega a domicilio, los Correa no pudieron ofrecer esos servicios porque no funcionaban con el estilo de comida que presentaban en el menú de su restaurante, que consistía en cocinar las carnes al momento exclusivamente sobre una piedra volcánica a altas temperaturas. "Esta es una comida fresca, que se cocina en la mesa con la piedra volcánica", dijeron.

Al relajarse las restricciones para los negocios de comida en Chicago y permitir cierto porcentaje de comensales en el interior de los establecimientos en mayo pasado, a los Correa tampoco les fue rentable abrir por el espacio reducido que tiene su restaurante y por la escasez de clientela a causa del covid-19.

El restaurante La Humita se encuentra temporalmente cerrado, debido a la pandemia, indicaron sus propietarios.

Néstor y Ulpiano trabajaron en la rama de la hospitalidad desde que emigraron de Quito, Ecuador, a Estados Unidos, en la década de 1980. Néstor fue lavaplatos y mesero y Ulpiano portero de un prestigioso hotel del centro de Chicago.

"Quería tener mi propio restaurante de comida ecuatoriana, trabajar sólo 15 años en el hotel. Mi hermano y yo compramos el edificio en el 2000 y abrimos La Humita tres años después. Se cumplió nuestro sueño", contó Néstor.

Un sueño que en un abrir y cerrar de ojos quedó en riesgo de desmoronarse, pues estaban al borde de la quiebra en medio de la pandemia, lo que implicaba que no sólo se quedarían sin el restaurante sino que también perderían el edificio que con tanto sacrificio lograron comprar. "Este es un negocio de familia, en mi casa no había otra entrada que no sea La Humita. La Humita pagaba todo", mencionó Néstor Correa en entrevista con *La Raza*.

"Lo primero de un buen negociante y de alguien que le gusta trabajar y superarse es aceptar la realidad que tiene. Hay personas que están mal, pero ante la gente quieren aparentar que no pasa nada. Nosotros somos muy abiertos, si estamos mal no lo ocultamos. La cuestión es reconstruirse, renovarse y salir adelante", destacó Correa.

Dado el éxito del primer camión de comida ambulante, Néstor dice que aplicará el mismo concepto para su futuro emprendimiento y asegura que el segundo camión de comida que viene construyendo con su hermano Ulpiano

Pequeños empresarios hispanos de Chicago se reinventan para enfrentar la crisis del covid-19

los ayudará no sólo a saldar sus deudas sino que traerá nuevos aires al negocio. "He aprendido a cortar la carne, el pollo y los vegetales. La necesidad nos ha obligado y tenemos una visión y un objetivo de negocio, que estamos a punto de sacar de nuevo, que nos va a poner donde estábamos antes, en la cima, como antes".

Al igual que los Correa, dueños de negocios en medio de la pandemia de covid-19 han decidido reinventarse y como parte de ese proceso están buscando capacitarse en diferentes organizaciones, cámaras de comercio y centros de negocios locales.

En algunos centros de negocios no ofrecían programas en español y la mayoría de estudiantes sólo eran de ciertas áreas de Chicago, pero con la pandemia esos lugares de capacitación también han tenido que reinventarse y mover sus clases presenciales a plataformas virtuales, brindar clases bilingües y expandir sus cursos a distancia en todo Chicago y suburbios.

Debido al covid-19, en Sunshine Enterprises, un centro de negocios con oficinas en Woodlawn, Lawndale y West Evanston, se decidió por primera vez expandir sus servicios a la comunidad hispana ofreciendo clases en español y en línea desde septiembre pasado.

Ese centro de negocios tiene como enfoque empoderar a los emprendedores que viven en vecindarios de escasos recursos, para hacer crecer sus negocios y transformar sus comunidades.

En Sunshine Enterprises desarrollan un programa llamado Academy Business Community (CBA), en el que imparten cursos sobre presupuesto, contabilidad, mercadotecnia, recursos humanos, planeación estratégica, flujo de efectivo, estrategia de precios y creación de crédito.

"Al terminar las clases, el estudiante va a contar con un entrenador de negocios por 90 días, para que acompañe al emprendedor en su caminar como empresario. Y si es que va abrir un negocio, que lo haga con un buen plan y vaya alcanzando sus metas poco a poco", dijo José Torres, coordinador de admisiones del programa CBA.

De los ocho grupos de estudiantes emprendedores que tiene Sunshine Enterprises, uno recibe clases en español y lo conforman 17 hispanos, la mayoría inmigrantes. Cabe destacar que de los 17 estudiantes hispanos, 13 son mujeres.

CLAMOR CHICAGO

"Cada día son más los inmigrantes que están abriendo sus propios negocios y generando fuentes de trabajo y me da gusto ver que las mujeres están siendo muy emprendedoras", dijo Torres.

Rebeca Fernández, gerente de programa bilingüe de Rogers Park Business Alliance (RPBA), dice que la pandemia ha afectado a los negocios ya sea porque han bajado sus ventas o no han tenido ventas. Destaca también que la comunidad de negocios ha sido afectada por la falta de conocimiento de finanzas y sobre cómo encontrar capital. Se ha visto afectada por no tener los recursos o la educación en manejo de tecnología –cómo abrir un e-mail o abrir una cuenta de Facebook para promover su negocio– y en mercadotecnia, cómo poder hacer llegar sus productos a las personas ahora que todo se hace por internet.

En respuesta al desconocimiento en el proceso de crecimiento de un negocio surgió el programa Business Accessibility Toolkit (BAT), el cual nació de la necesidad de los negocios locales de fortalecerse y salir adelante en medio la pandemia. Además de en inglés y español, se planea impartir este programa en otros idiomas. Fernández señala que también hay otros programas que se ofrecen de forma distinta en grupo y con periodos más largos de tiempo y sesiones de entrenamiento para negocios.

Hay emprendimientos que se están iniciando a pesar de la pandemia y algunos de ellos comenzaron exactamente cuando se dio la orden de quedarse en casa. Eso fue doloroso y desgastante para estos negocios, pero están surgiendo, "nos están buscando para asesorarlos con todo lo que van a necesitar para salir adelante", explica Fernández a *La Raza*. "Me sorprende que nuestra comunidad latina de negocios se haya visto resiliente, se ha adaptado y algunos de ellos se están reinventando".

Esta pandemia nos ha enseñado a que siempre hay que estar preparados para las dificultades, enfatiza Fernández. "Hay que buscar estrategias para reinventarse, asesorarse o buscar información, siempre hay que tener un plan de salida, un plan de emergencia".

De maquillista a fabricante de piñatas

Camilo Santafe tiene una maleta llena de paletas de maquillaje de todos los colores y de las marcas más reconocidas, que lleva cuando maneja su auto-

Pequeños empresarios hispanos de Chicago se reinventan para enfrentar la crisis del covid-19

móvil rumbo al domicilio de las clientas que lo llaman porque quieren que las maquille para matrimonios, quinceañeras y fiestas sociales que se realizan en Chicago y suburbios.

Edgar Muñoz es su nombre de pila pero prefiere que lo llamen por su sobrenombre Camilo Santafe, que es como todas sus amistades y clientas lo conocen.

Este emprendedor, residente del barrio de West Lawn en el suroeste de Chicago, no trabaja para un salón de belleza sino de manera independiente, en el ramo del maquillaje a domicilio, desde hace siete años.

Dice que los fines de semana iniciaba su jornada de trabajo temprano, tipo "maratón", sin descanso, desde las 6 am hasta las 6 pm.

Santafe, originario de San Juan de Los Lagos, Jalisco, México, asistió al seminario porque quería ser sacerdote, pero por discrepancias con las autoridades eclesiásticas donde estudiaba como seminarista fue expulsado. Tiempo después encontró su pasión: el maquillaje.

Santafe es de la idea de que a través de la pintura se trabaja el área emocional de las personas. "Despiertas sus sentimientos, sus emociones, se sienten bonitas. Por medio del maquillaje también sanas, le das paz a la gente, das alegría, sacas lo más bonito de ella. Siempre lo he visto como algo más espiritual y emocional, no tanto como algo físico o monetario".

Cuando estaba en el proceso de descubrir que era gay fueron tiempos difíciles, sobre todo que sus padres aceptaran su homosexualidad. Este emprendedor creció en un ambiente tradicional y con una familia que en su rancho se dedica a la crianza de ganado. El querer ser estilista era un cambio totalmente drástico para ellos, cuenta Santafe, de 33 años.

Y en el pueblo donde creció, dice, la gente ve el arte de maquillar y el estilismo como algo exclusivo para la mujer.

En busca de un mejor futuro emigró a Estados Unidos hace siete años. Aprendió a hacer maquillaje profesional de manera empírica, dice que puede ver las cosas y recrearlas. Le gustaba pintar al óleo, quería ser decorador de interiores en su país, pero no lo logró. "Dije: está bien, si no es en espacios va ser en personas y fue como decidí llegar al maquillaje".

A la semana de llegar a Estados Unidos conoció a una persona de una compañía de fotos de glamour que le ofreció trabajo como maquillista. Fue su primer empleo en ese país.

Santafe recuerda que empezó con marcas de cosméticos que compraba en la farmacia cobrando $25 por servicio de maquillaje. Conforme las personas lo iban conociendo e iba aumentando su cartera de clientes, buscó marcas hipoalergénicas y de larga duración. Ahora que maneja líneas de primera calidad cobra más por su trabajo.

Dicta clases de maquillaje a jóvenes de Chicago, comparte las experiencias que vivió para lograr ejercer su carrera y las insta a no darse por vencidas.

Con respecto a su trabajo de maquillista, Santafe se ha hecho un compromiso consigo mismo: que cada persona que atienda tenga la misma calidad y dedicación, así sea la novia, madrina o invitada. Asegura que esa es su mejor carta de presentación.

Una hora y media le toma maquillar a una persona, por lo que no atiende a más de cinco al día. Dice que con más de siete horas parado se empieza a sentir tensión en los pies, en el cuello y que tampoco le gusta trabajar de manera improvisada.

Este emprendedor es activo en las redes sociales y por su carácter y personalidad ha logrado tener una singular empatía con sus clientas. "No tengo el renombre de un maquillista de una televisora, pero si alguien busca un maquillista por medio de las redes sociales creo que soy el chavo que la gente más recomienda. Y no porque me considere el mejor sino porque logro tener mucha conexión y empatía con la gente".

¿Y cómo logras esa conexión con la gente? Santafe responde: "cuando eres homosexual, y la vida no fue fácil, logras sensibilizarte con situaciones, con las personas, y sientes la necesidad de ayudar, de conectarte porque pasaste por cosas difíciles y por eso logras engancharte más con las situaciones que pasan las personas".

Luego de tener una agenda repleta de citas hasta finales de año, Santafe cuenta que todas se cancelaron a causa de la pandemia de covid-19. Desde marzo hasta agosto no atendió a ninguna clienta. Como no había fiestas nadie se maquillaba, dijo.

Siempre ha trabajado como maquillista pero ante el azote del coronavirus pensó que había que reinventarse. A Santafe y a su pareja Claudio Prieto se les ocurrió entonces la idea de hacer piñatas.

Pequeños empresarios hispanos de Chicago se reinventan para enfrentar la crisis del covid-19

Como trabajaba maquillando para eventos sociales, y en vista que no había fiestas, buscó junto a su pareja un negocio que diera felicidad a las personas sin la necesidad de que haya un salón grande o de tanta gente. Ambos dijeron; "una piñata". Para ellos, la gente y hasta las mascotas se divierten rompiendo la piñata y aseguran que es una forma de sacar el estrés, el cansancio y, al final, el premio son los dulces.

Prieto y Santafe empezaron a mirar tutoriales en YouTube sobre cómo hacer piñatas y se percataron de que les era fácil elaborarlas. Desde marzo comenzaron con su nuevo emprendimiento. Recuerdan que la primera piñata fue de un unicornio. "La verdad fue increíble, ni nosotros creíamos que lo habíamos hecho", comentó Santafe.

Siguieron la lluvia de ideas: desde piñatas con la temática de Bob Esponja, pelotas de fútbol y personajes de Plaza Sésamo hasta figuras del coronavirus.

Crearon una página de Facebook llamada 'La Casa de las Piñatas' para poner fotos y que la gente pudiera verlas y comprarlas. No les fue difícil venderlas, porque sus clientas y amigos las compran y las recomiendan a potenciales clientes.

Santafe y Prieto hacen el molde a mano con papel periódico y cartón, después pegan todas las piezas con engrudo, esperan que seque y luego colocan una pintura base antes de decorarla con papel crepé.

La mayoría del material con el que trabajan es reciclado y la inversión, en algunos casos, es mínima: entre $5 y $15. El proceso es laborioso y puede durar alrededor de 10 horas por piñata.

Cuando fabrican piñatas buscan que cada pieza sea única y el precio depende del tamaño y su elaboración: de $45 a $150, dijo Santafe. "Periódicos que están en las cajas que nadie quiere y cajas de cartón que la gente tira o que las empresas desechan se convierten en una piñata de $50".

"Me marcan mis clientas y me dicen: 'sabes qué, Camilo, no la pudimos quebrar. Mi niño no dejó que lo hiciéramos, estaba tan bonita que no la quebramos'…", contó Santafe.

También hacen cajas de sorpresas de cumpleaños que decoran dependiendo la temática que la persona quiere.

Después de estar sin trabajo desde marzo y a medida que se relajaban las restricciones contra el covid-19 y se permitieron fiestas de hasta 50 personas, a Santafe le comenzaron a llamar algunas clientas para pedirle servicios de maquillaje.

El volver al maquillaje no significa que Santafe y Prieto dejarán de hacer piñatas. Por el contrario, han decidido organizarse para manejar con éxito los dos negocios.

Santafe dedica los fines de semana al maquillaje y el resto de los días trabaja con Prieto en la elaboración de piñatas y cajas sorpresa de cumpleaños.

El fabricar piñatas contribuyó a solventar los pagos de la renta y servicios básicos y también les ayudó los ingresos de su pareja, que se mantenía trabajando, dijo Santafe. Ambos continuarán su negocio de piñatas, y más en la época de invierno cuando regularmente baja el negocio del maquillaje porque no hay muchas fiestas.

A la pareja no le ha sido difícil reinventarse, porque dicen que siempre han sido "aventados" y que no tienen temor cuando deciden hacer algo.

Y es que tampoco hay riesgo de perder: la inversión para estos negociantes, que trabajan con materiales reciclados, no se pierde si las piñatas no se venden.

El apoyo de sus amistades ha sido clave, cuenta Santafe a *La Raza*. "La mayoría de mis clientas sabían que me había quedado sin trabajo y quisieron hacer piñatas con nosotros para apoyarnos".

"La vida es un círculo. A veces estás arriba, a veces abajo y no puedes sobrevivir sin la ayuda de los demás, siempre vas a necesitarla. El ser humano, el crear empatía con los demás ayuda para que cuando estés en el otro lado puedas recibir lo mismo y no sea difícil la vida", dijo Santafe.

Jaime di Paulo, presidente y director ejecutivo de la Cámara de Comercio Hispana de Illinois (IHCC), dijo que hay más de 120,000 negocios latinos en Illinois. Y se estima que 40% de los negocios latinos podrían cerrar sus puertas debido a la pandemia. "Somos una comunidad con resiliencia, que luchamos por lo que tenemos, la gente está perdiendo dinero y sigue con los negocios abiertos por ese orgullo que tenemos, por esas ganas de no sentirnos derrotados como empresarios latinos".

Di Paulo destacó que la reinvención es un factor clave a considerar en esta crisis financiera.

"Donde hay crisis hay oportunidades, sólo hay que identificarlas. Hay que pensar 'fuera de la caja', uno tiene que ser creativo y tomar riesgos. Un empresario es una persona que toma riesgos. Para todo hay riesgos, pero hay que reinventarse", aseguró di Paulo.

"El carrito de tamales es nuestra salvación"
Después de beber unas copas y mover el esqueleto por largas horas de la noche, las ganas de comer son inevitables para algunos bailadores que asisten a las discotecas locales. Los esposos Rossy Guerra y Josué Cárdenas, aprovechando su talento en la cocina, esperaban a esos clientes a la salida de un antro del suroeste de Chicago para venderles sus tradicionales tacos y tamales mexicanos.

Una herramienta clave para captar potenciales clientes ha sido para ellos el uso de las redes sociales. Recuerdan que utilizaban Myspace cuando empezaron con su venta de tacos y tamales en 2007, año en que emigraron de Monterrey, México, a Estados Unidos para establecerse en Chicago.

En vista que la policía les dijo que no podían seguir vendiendo afuera de un club nocturno, sus clientes en solidaridad con ellos los apoyaron comprando sus tacos y tamales y les sugirieron vender charolas de comida. Lo hicieron y promocionaban sus productos en Myspace, que en ese tiempo era una red social muy popular.

Tras estar dedicados de lleno al comercio ambulante por varios años, Guerra y Cárdenas decidieron abrir un restaurante de comida mexicana en el barrio de Brighton Park, en el suroeste de Chicago, en 2016. Estos emprendedores ya tenían muchos clientes que habían logrado captar por medio de su presencia en diferentes plataformas y porque, dicen, trabajaron mucho tiempo para ser reconocidos y tener un nombre en el mercado.

Comenzaron haciendo comida para fiestas de hasta 1,200 personas en un sólo día. Debido a que les era más costeable ese negocio cerraron el restaurante, pero han mantenido el sitio como el centro de operaciones donde funciona su cocina comercial.

Guerra cuenta que recibió capacitación a través del programa Empresarias del Futuro de Mujeres Latinas en Acción, organización comunitaria que le ayudó con el proceso de obtener su licencia y solicitar subvenciones para su negocio, llamado Taquizas y Banquetes El Siete.

Guerra dijo que le pusieron al negocio El Siete porque era el sobrenombre que tenía su padre de joven por enamoradizo y en alusión a una canción mexicana, 'El siete mares'. Como la empresa logró expandirse e ingresar al mercado anglosajón, ellos notaron que se les hacía difícil pronunciar el nombre completo, por lo que decidieron llamarlo El Siete Catering.

El gobernador de Illinois JB Pritzker emitió en junio de 2020 directrices y regulaciones sobre el covid-19 en la fase cuatro de reapertura que permitieron la reactivación o expansión de operaciones de varios rubros de negocios, entre ellos los eventos sociales. En esta fase se amplió el número de personas permitidas en reuniones a 50 para los eventos en espacios cerrados y 100 para espacios abiertos.

Hasta antes de la pandemia del coronavirus, estos emprendedores no aceptaban eventos de menos de 50 personas porque no eran rentables. Con las medidas oficiales para frenar la pandemia tuvieron que hacer ajustes en su negocio y reinventarse.

Cuando hay que pagar por un local y cumplir con todas las regulaciones que implica tener una cocina comercial y no hay eventos grandes debido al covid-19, dice Guerra, hay que hacer algo para seguir adelante.

Guerra menciona que acatan las órdenes de la Ciudad y del estado de Illinois pero los gastos no cambian, siguen siendo los mismos para los dueños de negocio. "A veces tengo incertidumbre y me da nervios no tener para pagar los gastos".

La pareja empezó a atender a más grupos con menos gente, a diferencia de antes, que ofrecían sus servicios a menos grupos pero con mayor cantidad de personas. Esto con la finalidad de obtener la misma ganancia y cumplir con su meta de solventar sus gastos.

En medio de la pandemia de covid-19 y con las restricciones estatales vigentes, la venta de comida para fiestas no les dejaba los ingresos de antes y ellos aprovecharon que tenían un carrito ambulante de comida para empezar a vender tamales, champurrado y atole afuera de su local.

El tener mayor cantidad de eventos pero con menor número de personas cada uno para obtener los mismos ingresos de antes, más el poner a operar el carrito de comida ambulante que ya habían usado en el pasado, ha sido el plan que pusieron en marcha para reinventarse.

La presencia de sus negocios en todas las plataformas digitales, aseguran, ha sido un recurso clave que los ha "rescatado" en esta pandemia.

Volver a hacer lo que hacían al principio, preparar tamales, no significa un retroceso para Guerra y Cárdenas. Ahora tienen una empresa de taquizas y banquetes, una cocina comercial y mucha más clientela de la que tenían en sus inicios como vendedores ambulantes.

"El carrito de tamales es nuestra salvación, vamos con eso, dije con mi esposo y pues ahorita es lo que nos está sacando a flote", menciona Guerra.

Un día antes, estos pequeños empresarios dejan preparados los tamales para al día siguiente en la madrugada cocinarlos y preparar el atole y el champurrado que venderán en su carrito ambulante desde las cinco de la mañana hasta el mediodía.

"Los clientes valoran nuestro esfuerzo y nos compran, nos dicen 'estos son bien jaladores'…", sonríe Guerra.

Guerra y Cárdenas dicen que hay que hacer lo que les permita seguir en la lucha, porque ya pasaron muchos meses y la pandemia sigue y lo que buscan es dar un servicio y seguir teniendo un ingreso.

"La gente viene por su pedido de tamales hasta donde está el carrito de comida. La diferencia de hoy a antes es que ahora tenemos mucha más clientela, ya saben dónde estamos. Antes el desafío era encontrar quién nos comprara", dijo Guerra a *La Raza*.

Como empresarios es fundamental capacitarse, actualizarse, aprovechar las oportunidades y tomar riesgos, destacan los esposos Guerra y Cárdenas. Y para lograr el éxito, dicen, hay que distinguirse del resto de negocios, buscar algo que los identifique, ya sea el buen servicio, el sabor de la comida o la presentación del producto[47].

Alicia Espinosa, directora del programa Empresarias del Futuro, dijo que lo que se busca es que todas las participantes del programa no sólo tengan las herramientas que son necesarias para el mundo de negocios sino que después de que cursaron el programa puedan integrarse en otras plataformas. "Queremos que vayan a las cámaras de comercio, a centros de desarrollo de pequeños

---

[47] Desafortunadamente, Josué Cárdenas falleció de covid-19 en febrero de 2021.

negocios, que se integren y se sientan con esa confianza, que establezcan una red de contactos y busquen recursos en otras organizaciones para que su negocio siga adelante".

En una encuesta de mayo de 2020 sobre el impacto del covid-19 hecha a 81 participantes del nivel 1 y nivel 2 de del programa Empresarias del Futuro se halló que 74% de las participantes dijo que su negocio fue afectado negativamente por la pandemia. También que 56% quedó temporalmente sin trabajo y sin recibir pago, que el 11% perdió su trabajo de forma definitiva y que 59% no era elegible para recibir beneficios de desempleo.

Cuando se hace referencia a la tecnología y al uso de plataformas digitales la encuesta indicó que 99% tiene un Smartphone, 98% tiene y conoce su correo electrónico y 89% cuenta con servicio de internet Wi-Fi. El 80% de los encuestados dijo que usa Facebook Live y sólo el 40% utiliza Zoom.

En el programa hay participantes de todos los niveles, desde personas que no saben escribir bien, no dominan el idioma inglés o son indocumentadas hasta personas con educación universitaria, dijo Guadalupe Ceniceros a *La Raza*. "A todas se les hace sentir cómodas y que están en un lugar seguro".

Hasta antes de la pandemia, estas emprendedoras empezaban un negocio de algo que ya sabían hacer. Ahora cuando les piden que sean creativas o que se reinventen es complicado porque empezaron un negocio de algo que ya sabían hacer. Incorporar esa forma creativa al negocio es uno de los retos que las participantes al programa han tenido, pero que poco a poco están desarrollando, destacó Espinosa.

Hispanic small-business owners in Chicago reinvent themselves to face the COVID-19 crisis

When the pandemic affected their businesses and livelihoods, Hispanics adapted their products or changed their activities to get ahead

by BELHÚ SANABRIA   Published in December, 2020

Hispanic business owners in Chicago are reinventing themselves to withstand the economic crisis caused by the COVID-19 pandemic so they can save their businesses and sources of income.

According to experts, reinventing emerges from the need for change caused by an external event such as the current COVID-19 global crisis or also by an accumulation of emotional pressure.

COVID-19 has impacted not only public health but also the economy, significantly affecting small businesses. A study by researchers from the University of Illinois at Urbana-Champaign, Harvard University, and the University of Chicago published in April 2020 and titled 'How are small businesses adapting to COVID-19?'[48], surveyed 5,800 business owners. Forty-three percent of companies closed temporarily. On average, companies reduced the number of employees by 40 percent compared to January 2020. The study also found that many of those small businesses were already financially "fragile."

Among the results, the researchers also indicated that many of these companies had little cash available, which meant that in the face of the crisis, they had to drastically reduce their expenses, take on additional debt, or file for bankruptcy. In the last week of March 2020, when the pandemic was raging, 38 percent of companies considered unlikely or only somewhat likely that they would be open by the end of 2020.

---

[48] https://www.nber.org/system/files/working_papers/w26989/w26989.pdf

Yelp, a platform that provides online business reviews for restaurants, bars, and other businesses, published a report on the virus' economic hit[49] indicating that as of June 15, 2020, at least 139,339 companies had closed their doors. In the United States, ten major cities were taken as a sample, including Chicago, where 4,991 companies closed due to the COVID-19 pandemic.

The making of handmade face masks saves quartz-jewelry business

Some may be skeptical that quartz may relieve certain ailments, but not Liz Rojas. Her passion for jewelry began as a child when she would watch her grandfather, Rodolfo Campos, work in his jewelry store in the Tepito neighborhood in México City. Raised by a family of entrepreneurs in the Mexican capital, Rojas decided to pursue a jewelry business since she was already familiar with this type of business.

When she left her native México to immigrate to the United States, Rojas settled in the Pilsen neighborhood 25 years ago.

She worked in a factory for 20 years. Due to health reasons, she stopped working there and decided to start her own business and follow her passion: quartz jewelry.

Energía del Corazón Cósmico (Energy of the Cosmic Heart) is the handmade quartz-jewelry business established in Pilsen by Liz Rojas. She brings the mineral stone from India, Pakistan, Afghanistan, México, and other parts of the world.

According to Rojas, each stone has its own properties that can interact with our bodies' energy. "I love seeing how people can transform their lives with a small stone," she said.

Rojas considers that in the Latino community, there are many myths and superstitions. Still, she assures that there have been studies on quartz that present scientific evidence. For instance, she says that citrine quartz or rose quartz are related to the energies of love, calmness, and tranquility.

When she started selling quartz at arts and craft fairs, she remembers people who came to see her merchandise complained of having headaches.

---

[49] https://www.yelpeconomicaverage.com/yelp-coronavirus-economic-impact-report.html

Hispanic small-business owners in Chicago reinvent themselves to face the COVID-19 crisis

She would suggest they wear an amethyst bracelet or necklace, and they would reply: "no, no, that is witchcraft, that is against God."

Those kinds of responses led her to study more and become certified on the hard, crystalline mineral. She assures that quartz is a mineral composed of chemical compounds that interact with the physical body.

To educate the community about quartz and its qualities, Rojas had an online radio program since 2014 and uses YouTube and other social media platforms to spread information about the stone's benefits.

Rojas shares half the space of the premises that she rents with an artisan. She's also given the opportunity to other artisans to sell their products in her store. Not many entrepreneurs in this type of business can afford rent in Pilsen because it's expensive, she says. "Practically, what I did was to open a space so that more artisans can display their products here."

Rojas' business has been exclusively dedicated to handmade-quartz jewelry production, but when the COVID-19 pandemic hit, sales plummeted. That's when she knew it was time to reinvent herself.

She continues to sell her jewelry but has added more items in her business and follows the same concept that characterizes her: promoting Mexican-authentic products.

Rojas dislikes that many Chinese imitations of Mexican crafts are passed off as originals because "they take away all that essence, all that magic of the real Mexican handwork."

Based on her business experience, the businesswoman recognizes that with the pandemic, quartz is not a purchasing priority for people because they are not considered essential. "They buy some, but at a minimal level. People are looking to buy food and essentials."

To help Mexican artisan communities amid the pandemic, who always contacted her to offer their products, Rojas decided to invest in masks, which turned out profitable, helping generate more income.

"The artisan masks have fed me in these months of the pandemic. At the beginning of the virus, it was the only thing that was being sold," Rojas told *La Raza*.

Manufactured by Mexican artisans, the masks are entirely handmade, with embroidered flowers, and can be washed. The first shipment she received was

500 face masks. Because she sold them very quickly, she continues to order more merchandise.

Rojas is also selling handmade shawls but acknowledges that the handmade masks are the ones that have raised the sales of her store.

The type of shawl she sells has 3,800 threads and has beads attached to the embroidery. The shawls' manufacturing process takes seven days and three people. The family of artisans that makes these shawls has been doing it for many generations. They are also in charge of even dyeing the threads of these handmade accessories.

The masks and shawls have gotten popular among her customers on social networks, Rojas says, who buy her products because people love anything handmade, original, and of good quality.

Before launching her business in Pilsen last June, Liz had been selling her quartz jewelry in different local incubators and through social media for 10 years.

At first, it was difficult for this small businesswoman to be accepted in the artisan community and be part of the exhibits. When she asked for an opportunity within that community, most of them said no "because you sell stones." But she would reply: "I make my own bracelets and necklaces. I am an artisan."

In addition to serving her customers at his location in Pilsen, Rojas continues to sell her merchandise in different shopping centers and arts and craft fairs in Chicago and the surrounding areas.

Rojas has received training through the Latinas in Action's Entrepreneurs of the Future program.

This Mexican jeweler believes that an entrepreneur has to take risks and learn to do different things. She said she was afraid to open the business in Pilsen in the middle of the COVID-19 pandemic and did not know if the City would give her a license to operate. Those were tough times, she said.

Despite the pandemic, new businesses continue to be created in the United States. According to data from the Census Bureau, more than 1.5 million requests for employer identification numbers were submitted in the third quarter of 2020, an increase of 77.4 percent compared to the second quarter of that same year.

For Rojas, closing her business was not an option because she could risk losing customers, and winning them back is hard, she said. "You have to take risks and do different things, which is what I did. If you take risks you can win or you can lose, but at least you will gain experience."

For Alexis Esparza, executive director of the 18th Street Development Corporation in Pilsen (ESDC), the adaptation that business people have had to have under the circumstances of the COVID-19 crisis has been extreme, intimidating, and to some extent impossible due to how quickly the crisis negatively affected the economy and companies' sustainability.

"I have always said that the small businessman is the backbone of the community, is the backbone of the city, is the backbone of the United States, but when the backbone cannot be sustained, what will happen to the economy itself?" Esparza reflected.

Mujeres Latinas en Accion (Latinas in Action) is a nonprofit organization known for its work in crisis intervention in domestic violence and sexual assault. Through its Entrepreneurs of the Future program, the organization helps women pursue their dreams and goals, start their business, and have financial stability.

Not all of the women participating in the program are survivors of domestic violence. Still, most of them are, according to the agency.

"There is a high percentage of people who come from… domestic violence and sexual assault to this program, so we try to take all that into account, where our participants come from, and be conscious of it," said Guadalupe Ceniceros, facilitator of the Entrepreneurs of the Future program.

In this program, which is taught in Spanish and in two levels, businesswomen can interact culturally. Today, due to the pandemic, classes are taught through Zoom.

The program focuses on starting a business, promotion, finance, credit, budgeting, marketing, branding, business plan, and personal development as an entrepreneur, among other fundamental aspects of owning a business.

When the pandemic began, some entrepreneurs believed they would have to shut down because their business models were based on selling food and market shops. "In a conversation with them I told them: you have to think outside the box, be creative and see how you can start selling now, maybe reinvent your products or add a different product that you can make and sell and that people would want to buy," Ceniceros said.

The new concept of the Ecuadorian restaurant 'La Humita'

As if trying to put together a puzzle, the brothers Néstor and Ulpiano Correa have been building from scratch and with their own hands a food truck in a northwest Chicago neighborhood.

Passersby stop and watch with curiosity as these Ecuadorian brothers join and weld pieces of metal and work with wood as they build what will be their second food truck, named "La Humita on Wheels," which is almost ready to operate.

No one taught them how to build these trucks, nor do they sell them to the public. They say that their business is to prepare and sell food, which they have done for years in their restaurant La Humita. But due to new restaurant restrictions during the pandemic, these brothers gave it all they got and moved forward on their second project that began at the end of March.

The Correa brothers obtained a $10,000 line of credit from the Accion organization and used family loans to complete the project. The total cost to build its second mobile food truck has been $65,000.

Their decision to invest in a second mobile truck in the middle of a pandemic came from their success in their first venture: selling fast food.

Four years ago, they decided to start this new business and sell food from a mobile truck. "'La Humita on Wheels' has been our plan B, which is taking us forward," said Néstor Correa.

When he was driving the food truck, on one of his many trips around the buildings of downtown Chicago, Néstor, along with his brother, Ulpiano, and his son, Alan, realized that Ecuadorian food was not entirely popular there. So they began to see who their potential customers were and what they liked.

They decided to change the menu in their mobile food truck but kept a key product that distinguishes them from other street vendors: *el choclo* (corn). (Corn in some South American countries is called 'choclo' whereas in México it is called 'elote').

They introduced halal-style meat because they saw that their most frequent buyers are Arabs, Indians, Pakistanis, Iraqis, and people from countries that practice Islam and reside in those buildings.

Halal is a word of Arabic origin that means allowed, and is used in the Islamic community to refer to all those actions and foods accepted in Muslim-religious practices.

Their menu also includes tacos, sandwiches, and dinners with halal-style fish, beef, and chicken with beans and salad, as well as empanadas and the classic 'elote' prepared Mexican style with cheese, mayonnaise, and chili, which has been a resounding success, these entrepreneurs said.

The chef is María Correa, Néstor's wife. She leaves everything ready for them to go out to sell in the food truck, seven days a week.

The Correa brothers sell about $500 a day, which they say is a triumph for them, especially in this time of the pandemic.

Néstor Correa parks in front of apartment buildings and says that the administrators send an email letting everybody know the truck has arrived and that they could come down and buy food. He came up with that idea of parking near those residences, and it has worked for him because most of their customers work from home because of COVID-19, he mentioned. "We have acquired a wider clientele; the same taco that Mexicans buy from us are bought by Muslims because it's halal-style meat."

Néstor Correa receives training from Community Business Academy (CBA), a program provided by Sunshine Enterprises, which also advises him to reinvent his businesses.

The Correa family says that after a family reunion, they identified their flaws in their Ecuadorian restaurant: the lack of marketing. They realized they needed a greater presence on social networks to promote the restaurant and see what was in demand.

Training has helped Néstor become more self-confident about his ideas and strategies. Together with his brother, they can take the next step: the reinvention that emerged during the pandemic. "The pandemic and training have made me stronger, safer and more visionary for the business, I'm more secure about my projects. Our reinvention will consist of transforming 'La

Humita' into a fast-food restaurant, which sells the same things that are prepared in the mobile food truck", Néstor Correa said.

The Correa brothers are owners of the Ecuadorian restaurant La Humita, which has been operating since 2003. This business is located in the heart of the Old Irving Park neighborhood, in the northwest of Chicago.

They had a menu of varied Ecuadorian food, but in search of improvements and to prosper in the business, they made a change in the presentation of their dishes in 2017. The innovation consisted of putting the meat, chicken, or fish in small portable grills made of a wood-based volcanic stone, placed at 600 to 700-degree temperatures. The grills would be placed on the customer's table so that the meats would cook to taste.

The restaurant was not having the success it had initially, the Correa brothers mentioned. Still, they were able to pay their bills, including the mortgage, utilities, and staff salaries.

"There hadn't been much profit lately, as it helped sustain the business, but with the coronavirus pandemic no money came in and that caused very high losses," said Néstor Correa.

To stop the coronavirus spread, Illinois Governor JB Pritzker issued the stay-at-home order for the entire state on March 21, 2020. Although the Correa brothers acknowledge that the state made the right decision, the crisis "finished us. It exterminated us," referring to their restaurant.

After restaurants were allowed to offer takeout and home delivery orders, the Correa family could not provide those services because of the unique style of food featured on their restaurant menu, which consisted of cooking meats on the spot on a volcanic rock at high temperatures. "This is a fresh meal, which is cooked on the table with the volcanic stone," they said.

When the restrictions on food businesses in Chicago began to be lifted in May, 2020, allowing a certain percentage of diners inside the establishments, the Correas decided not to open due to the restaurant's reduced space and customer shortage.

La Humita restaurant has been temporarily closed due to the pandemic.

Néstor and Ulpiano have been working in the hospitality industry since they immigrated to the United States from Quito, Ecuador, in the 1980s.

Néstor was a dishwasher and waiter, and Ulpiano was a porter at a prestigious hotel in downtown Chicago.

"I wanted to have my own Ecuadorian food restaurant, and only work 15 years in the hotel. My brother and I bought the building in 2000 and opened La Humita three years later. Our dream became a reality," Néstor said.

However, that dream was in risk of collapse in the blink of an eye as they were on the verge of bankruptcy in the pandemic. This also meant losing the restaurant and the building from which they made huge sacrifices to purchase. "This is a family business, in my house there was no other source of income other than La Humita. La Humita paid for everything," Néstor Correa said in an interview with *La Raza*.

"The first thing for a good businessman and someone who likes to work and improve himself is to accept reality. There are people who are not doing well, but prefer to pretend that nothing is wrong. We are very open, if we are not doing well, we don't hide it. The thing is to rebuild, renew, and move forward," he said.

Given the first food truck's success, Néstor says that he will apply the same concept to his future venture. He said that the second food truck that he and his brother are building will not only help them pay off their debts but will also bring good vibes to the business. "I have learned to cut meat, chicken, and vegetables. Necessity has forced us [to adapt] and now we have a vision and a business objective, which we are about to bring out again, which will put us where we were before, at the top".

Like the Correa brothers, business owners amid the COVID-19 pandemic have had to reinvent and develop new strategies. As part of that process, entrepreneurs seek training in different organizations, chambers of commerce, and local business centers.

As some training business centers didn't offer programs in Spanish and most of the students were only from certain areas of Chicago, they also had to adapt by turning in-person classes to virtual sessions, offering bilingual classes, and expanding distance-learning courses throughout Chicago and suburbs.

Due to COVID-19, the business center Sunshine Enterprises, with offices in Woodlawn, Lawndale, and West Evanston, decided for the first time to expand its services to the Hispanic community by offering classes in Spanish and online since last September. The center focuses on empowering entrepreneurs living in low-income neighborhoods to help them grow their businesses and transform their communities.

Sunshine Enterprises also runs the program Community Business Academy, in which they offer courses on budgeting, accounting, marketing, human resources, strategic planning, cash flow, pricing strategy, and credit creation.

"At the end of the classes, the student will have a business coach for 90 days, who will walk with entrepreneur through his or her journey. And if you are going to open a business, do it with a good plan and gradually achieve your goals," José Torres, CBA admissions coordinator, said.

The organization has eight groups of entrepreneurial students, one of which is offered in Spanish and has 17 Hispanic students, mostly immigrants. It should be noted that of the 17 Hispanic students, 13 are women.

"Every day, more immigrants are opening their own businesses and generating jobs, and I am pleased to see that women are very entrepreneurial," Torres said.

Rebeca Fernández, bilingual program manager for the Rogers Park Business Alliance (RPBA), says that the pandemic has affected businesses either because their sales have dropped or haven't sold anything at all. However, she explained that the business community has also been affected by a lack of knowledge about financing and how to find capital. The small business community oftentimes doesn't have the resources or doesn't know much about technology, such as how to open up an email account or set up a Facebook account to promote their business. They also lack knowledge on marketing and social media outreach to attract more clients.

In response to the lack of knowledge in the process of growing a business, the Business Accessibility Toolkit (BAT) program emerged, which was born from the need for local businesses to strengthen themselves and move forward in the midst of the pandemic. In addition to English and Spanish, the program may soon be offered in other languages. Fernández added that they are also offering other long-term, business-training sessions.

Some ventures are being started despite the pandemic, and some of them kicked off right when the stay-at-home order began. That was painful and exhausting for these businesses, but they are emerging. "They are seeking ad-

Hispanic small-business owners in Chicago reinvent themselves to face the COVID-19 crisis

vice from us so they can keep moving forward," Fernández said to *La Raza*. "I am amazed that our Latino business community has been resilient, it has adapted and some of them are reinventing themselves."

This pandemic has taught us that we must always be prepared for the unexpected, Fernández said. "You have to look for strategies to reinvent yourself, get advice or seek information. You always have to have an exit plan, an emergency plan."

From makeup artist to 'piñata' maker

Camilo Santafe owns a makeup case filled with palettes of all colors and a variety of well-known makeup brands, which he carries in his car when he visits clients for weddings, *quinceañeras*, and social parties in Chicago and the suburbs.

His real name is Edgar Muñoz, but he prefers to go by his nickname, Camilo Santafe, as he is known by his friends and clients.

This entrepreneur from the West Lawn neighborhood in the southwest of Chicago has been working independently as a makeup artist for more than seven years.

Weekends were like "a marathon," he said, working from 6 a.m. to 6 p.m. without any breaks.

Santafe, originally from San Juan de Los Lagos, Jalisco, México, studied in a seminary to become a priest but was expelled due to some discrepancies he had with the pastoral leadership where he was studying. Sometime later, he found his passion: makeup.

Santafe believes that he can work through people's emotional state of mind through makeup. "You awaken their feelings, their emotions, they feel beautiful. Through makeup you also heal, you give people peace, you give joy, you bring out the most beautiful in them. I have always seen it as something more spiritual and emotional, not so much as something physical or monetary."

He shared that when he was in the process of accepting he is gay, he went through a rough time, especially for his parents to accept his identity. This entrepreneur grew up in a traditional environment and with a family that made a living raising cattle. His wish to become a makeup artist was a drastic change for them, Santafe, 33, said.

He said folks view makeup and styling careers as something more suitable to women in the town where he grew up.

In search of a better future, he immigrated to the United States seven years ago. He said he become a makeup artist by experimenting, as he has an innate ability to recreate what he sees. He enjoyed oil painting and wanted to become an interior decorator in his country, but wasn't able to accomplish that career. "I said: okay, if [decorating] won't be in spaces then it will be in people and that was how I decided to get into makeup."

Within a week of arriving in the United States, he met someone from a business specialized in glamour-photo shoots who offered him a job as a makeup artist. It was his first job in this country.

Santafe remembers that he started with cosmetic brands that he bought at the pharmacy charging $25 for makeup service. As people got to know him and his client base grew, he looked for hypoallergenic and long-lasting brands. Now that he uses only high-quality makeup, he charges more for his work.

He also teaches makeup classes to young people in Chicago, where he shares his experiences at the beginning of his career and encourages his students to never give up.

Regarding his work as a makeup artist, Santafe said he is committed to working on his clients with equal passion and dedication, whether it's the bride, the godmother, or a guest. He assures that that's his best cover letter.

Since it takes him about an hour-and-a-half to work on a client, he said he can't book more than five clients per day. Besides, after standing for more than seven hours, he begins to feel the tension in his feet and neck and doesn't feel comfortable improvising.

This entrepreneur stays active in social media, and thanks to his charismatic personality, he has a unique relationship with his clients. "I don't have the reputation of a makeup artist from a television station, but if someone looks for a makeup artist through social media, I think I'm the guy that people recommend the most. And not because I consider myself the best but because I manage to have a lot of connection and empathy with people."

And how does he achieve that connection with people? "When you are homosexual, and life hasn't been easy, you become more aware of situations that people face, and you feel the need to help, to connect because you went through difficult times. That's why you manage to get more connected with other people's life experiences," he responded.

After having a full schedule of appointments until the end of the year, Santafe said all his appointments were canceled due to COVID-19. From March to August, he didn't see a single client. Since there were no parties, no one put on makeup, he said.

Due to the coronavirus crisis, he thought it was time to reinvent himself. Santafe and his partner, Claudio Prieto, then came up with the idea of making piñatas.

Since he worked putting makeup on for social events and there were no more parties, he and his partner came up with the idea for a business that would make people happy without being in a large room full of people. They both said: "a piñata." For them, people and even pets have fun breaking a piñata. They believe it's a wonderful way to relieve stress and fatigue, to ultimately get candy, the grand prize.

Prieto and Santafe started looking at YouTube tutorials on making piñatas and realized that it would be easy for them to make them. They started their new endeavor in March. They remember that the first piñata was a unicorn. "Truth is, it was incredible, we couldn't believe what we had made," Santafe said.

The brainstorming took off: from Sponge Bob-themed piñatas, soccer balls, and Sesame Street characters to coronavirus figures.

They created a Facebook page called 'La Casa de las Piñatas' to put photos so that people could see and buy them. It was not difficult for them to sell them, because their clients and friends buy them and recommend them to potential clients.

First, Santafe and Prieto make the cast with newspaper and cardboard, and then they glue all the pieces together and wait for it to dry. Finally, the process concludes with painting and decorating the piñata with crepe paper.

Most of the material they work with is recycled, and the investment, in some cases, is minimal: between $5 to $15. The process is laborious and can take up around 10 hours to make one piñata.

Their goal is to make each piñata unique and set the prices depending on the size and production process: from $45 to $150, Santafe said. "Newspapers that are left in the stands that nobody wants and cardboard boxes that people throw away or that companies throw away can become a $50 piñata."

"My clients call me and say: 'you know what, Camilo, we couldn't break it. My child didn't let us do it, the piñata was so beautiful that we didn't want to break it'", Santafe said.

They also make birthday-surprise boxes that they decorate depending on the theme that the client chooses.

After being out of work since March, eventually, some clients began to call Santafe to ask for makeup services when some of the restrictions to curb the spread of COVID-19 got lifted, and parties of up to 50 people were allowed.

But returning to the makeup business doesn't mean that Santafe and Prieto will stop making piñatas. On the contrary, they have decided to organize themselves to run the two businesses simultaneously.

Santafe dedicates the weekends to makeup. The rest of the days, he works with Prieto in making piñatas and surprise-birthday boxes.

Making piñatas helped pay rent and basic services and also contributed to his partner's income, who kept working, Santafe said. Both will continue with their piñata business, and more so during the wintertime when the makeup business normally decreases because there aren't as many social events.

For this couple, reinventing themselves has not been hard because they've always been "courageous" and are fearless when they decide to try something new.

And there is no risk of losing either: the investment for these merchants, who work with recycled materials, is not lost if the piñatas are not sold.

The support of his friends has been key, Santafe tells *La Raza*. "Most of my clients knew that I had lost work and they wanted to make piñatas with us to support us."

"Life is a circle. Sometimes you are up, sometimes you are down and you cannot survive without the help of others, you will always need it. As we human beings develop empathy towards others it helps so that when you are on the other side you can receive the same empathy so that life doesn't have to be that difficult," he said.

Jaime di Paulo, president and CEO of the Illinois Hispanic Chamber of Commerce (IHCC) said there are more than 120,000 Latino businesses in

Illinois. And it is estimated that 40 percent of Latino businesses could close their doors due to the pandemic. "We are a community with resilience, we fight for what we have, people are losing money and continue to open businesses because of that pride we have, because of that desire not to feel defeated as Latino entrepreneurs."

Di Paulo stressed that reinvention is a crucial factor when facing a financial crisis.

"Where there is a crisis, there are opportunities, you just have to identify them. You have to think 'outside the box', you have to be creative and take risks. An entrepreneur is a person who takes risks. There are risks to everything, but you have to reinvent yourself," he said.

'The tamales food cart has saved us'

After enjoying a "few" alcoholic beverages and dancing for hours into the night, the urge to eat is inevitable for partygoers who go to local discotheques. The couple Rossy Guerra and Josué Cárdenas know this well, so they have taken advantage of their culinary talents to turn it into a business. They wait for customers outside a club in the southwest of Chicago to sell their traditional Mexican tacos and tamales many nights.

Social media has been a vital tool for attracting potential customers. They remember when they used Myspace when they started selling tacos and tamales in 2007, the year they immigrated from Monterrey, México, to the United States to settle in Chicago.

Since the police told them that they could not continue selling outside a nightclub, their clients supported them anyway by buying their tacos and tamales and also suggested they sell them in food trays. They did this and promoted their products on Myspace, a trendy social media platform at the time.

After being fully dedicated to street vending for several years, the couple decided to open a Mexican food restaurant in the Brighton Park neighborhood of southwest Chicago in 2016. This business couple already had many clients they gained thanks to an assertive social media outreach and presence. They added that they worked hard for a long time to earn name recognition in this market.

They started by making party food for up to 1,200 people in a single day. Because that business was more affordable, they closed the restaurant but have kept the site as an operations center where they operate a commercial kitchen.

Guerra says that she received training through the Mujeres Latinas en Accion's Entrepreneurs of the Future program, a community organization that helped her with the process of obtaining her license and applying for grants for her business, called 'Taquizas y Banquetes El Siete.'

Guerra said they named the business 'El Siete' after her father's nickname of 'lovebird' as a youngster and in honor of the Mexican song, *El siete mares*. As their business managed to expand and enter the American market, they realized that it was difficult for English-speaking customers to pronounce the full name, so they decided to call it 'El Siete Catering.'

During the state's Phase IV plan for reopening by Illinois Governor JB Pritzker, who had issued guidelines and regulations to curb the spread of COVID-19, the state allowed the reopening or expansion of operations in various business areas, including social events. In this phase, the number of people allowed in gatherings was increased to 50 for events in closed spaces and 100 for open spaces.

Before the coronavirus pandemic, these entrepreneurs did not accept events of less than 50 people because they were not profitable. With the official measures to stop the virus's spread, they had to make adjustments in their business and reinvent themselves.

When you have to pay for a facility and comply with all the regulations to run a commercial kitchen, and then we don't have large events due to COVID-19, Guerra said, you have to do something to move forward.

Guerra mentioned that they followed the City's and State's orders, but their expenses do not change; they remain the same for business owners. "Sometimes I feel uncertainty, and it makes me nervous not being able to pay bills."

The couple began to serve more groups with fewer people, unlike before, when they offered their services to fewer groups but with more people. They do this to make the same profit they used to and to be able to pay their bills and expenses.

Hispanic small-business owners in Chicago reinvent themselves to face the COVID-19 crisis

Amid the COVID-19 pandemic and with the current state restrictions, party-food sales didn't bring in the same earnings as before, so they took advantage of a food car they had and started selling tamales, champurrado (Mexican chocolate drink), and atole (cornflour drink) outside their business.

So their plan to reinvent themselves began to roll: hosting more events but with fewer people to match their previous earnings and operating the mobile food cart, which they had already used in the past.

The presence of their businesses on all social media digital platforms, they say, has been a key resource that has "saved" them in this pandemic.

Going back to doing what they did initially, preparing tamales, does not mean a setback for Guerra and Cárdenas. Now they have a taco and banquet company, a commercial kitchen, and much more clientele than they had in the beginning as street vendors.

"The food cart of tamales has saved us. 'Let's go with that,' I told my husband, and well, right now it is what's keeping us afloat," Guerra said.

The couple preps the tamales a day before, so they are ready to be cooked early the next morning. Then, after preparing the atole and champurrado, they hit the streets with their mobile food cart and sell from 5 in the morning until noon.

"Clients value our sacrifices and buy from us; they tell us, 'these guys are such hard workers'…," Guerra said with a smile.

The couple adds that they would do anything to keep fighting because many months have passed and the pandemic continues. What they want is to keep offering their services so they can make a living.

"People come for their order of tamales to where the food cart is. The difference from today to before is that now we have much more clientele, they know where to find us. Before, the challenge was to find who would buy from us," Guerra told *La Raza*.

As entrepreneurs, it is essential to train, stay up to date, take advantage of opportunities, and take risks, the couple stated. And to achieve success, they added, you have to distinguish yourself from other businesses, look for something the gives you an identity, whether it's good service, tasty food, or excellent food presentation[50].

Alicia Espinosa, director of the Entrepreneurs of the Future program, said that the program's goal is to give all participants the right tools to compete in the world of business and so they can join other programs after they are finished. "We want them to go to the chambers of commerce, to small business development centers, to integrate and feel that confidence, to establish a network of contacts and seek resources in other organizations so that their business continues."

In a May 2020 survey on the impact of COVID-19 carried out with 81 participants from level 1 and level 2 of the Entrepreneurs of the Future program, it was found that 74 percent of the participants said that their business was negatively affected by the pandemic. It also found that 56 percent were temporary without work and did not receive payment, that 11 percent lost their jobs permanently, and that 59 percent were not eligible to receive employment benefits.

When referring to technology and digital platforms, the survey indicated that 99 percent have a Smartphone, 98 percent have and know their email, and 89 percent have Wi-Fi internet service. About 80 percent of respondents said they use Facebook Live, and only 40 percent use Zoom.

There are participants of all levels in the program, from people who don't know how to write well, don't speak English, or are undocumented to people with a college degree, Guadalupe Ceniceros told *La Raza*. "They are all made to feel comfortable and that they are in a safe place."

Even before the pandemic, these entrepreneurs started a business of something they already knew how to do. When they ask them to be creative or to reinvent themselves, it is complicated because they started a business of something they already knew how to do. Incorporating this creative form into the business is one of the challenges that the program participants have had, but that they are gradually developing, Espinosa said.

---

[50] Unfortunately, Josué Cárdenas died of COVID-19 in February, 2021.

Temen que ola de desalojos de vivienda aumente la población desamparada de Chicago

En plena pandemia, defensores de los derechos de los inquilinos aseguran que cuando se levante la moratoria a los desalojos muchas familias desempleadas correrán el riesgo de quedarse sin hogar a menos que reciban ayuda del gobierno

por BELHÚ SANABRIA Publicado en diciembre de 2020

El futuro es incierto para inquilinos en Illinois que están desempleados debido a la pandemia de covid-19. Desde que se estableció la orden estatal de permanecer en casa en marzo de 2020, han pasado muchos meses y muchos de ellos no han podido pagar la renta. Defensores de los derechos de los inquilinos y de los desamparados abogan por mayor asistencia financiera para el alquiler por parte de los gobiernos federal y estatal antes de que se levante la moratoria contra los desalojos y muchos renteros queden en el limbo.

El gobernador de Illinois JB Pritzker presentó por primera vez una moratoria contra los desalojos a través de una orden ejecutiva en marzo, mientras que el estado estaba bajo una orden obligatoria de quedarse en casa. Desde entonces dicha moratoria ha sido extendida varias veces.

Pero la moratoria estatal contra los desalojos por incapacidad de pago a causa de la pandemia ya no protege de forma automática a los inquilinos como antes sí lo hacía. A partir del 11 de diciembre los arrendatarios deben enviar un formulario firmado a sus propietarios declarando que la pandemia les ha impedido pagar la totalidad o una parte de su alquiler.

Para ser elegible a la protección ante desalojos un inquilino deberá declarar bajo juramento que cumple con los requisitos de no poder pagar el alquiler a causa de pérdida de ingresos o gastos de salud debido al coronavirus y que está en riesgo de quedarse sin hogar, tener que compartir vivienda o mudarse a una casa hacinada. Además será necesario que la persona no espere ganar durante 2020 más de $99,000 al año ($198,000 para parejas que declaran impuestos juntas), no haya estado obligado a declarar ingresos en 2019 o haya recibido en 2020 el cheque de estímulo federal de la ley CARES. La persona también deberá hacer todo lo posible por realizar pagos parciales de alquiler.

En caso de que el inquilino no presente el formulario firmado al propietario de la vivienda, este puede comenzar con el proceso de desalojo. Pritzker extendió la prohibición de desalojos causados por la pandemia de coronavirus en Illinois hasta el 11 de enero.

Además, el nuevo paquete de ayuda financiera contra el covid-19 aprobado por el Congreso plantea una nueva moratoria federal a los desalojos, vigente hasta el 31 de enero de 2021.

'Pritzker está haciendo las cosas más difíciles'

Para Miguel Jiménez, organizador de inquilinos con Metropolitan Tenants Organization (MTO), muchas personas de la comunidad desconocen la enmienda hecha por el gobernador Pritzker a esa orden ejecutiva y los nuevos requisitos para ser elegible. "Antes se llegaba a un acuerdo verbal con el propietario, todo era más flexible, ahora el gobernador Pritzker está haciendo las cosas más difíciles para los inquilinos afectados por la pandemia".

"Al comienzo cuando se estableció la moratoria contra desalojos, el dueño sabía que no podía hacer una demanda legal para desalojar al inquilino, pero ahora sí lo pueden hacer en caso de no recibir esa declaración [el formulario del inquilino]", explicó Jiménez a *La Raza*.

Sin embargo, algunos dueños de casa argumentan que ellos también tienen que pagar la hipoteca de la casa y que ciertos inquilinos están buscando tomar ventaja de la moratoria para no pagar la renta por lo que aprueban la iniciativa del gobernador Pritzker.

Para los organizadores comunitarios locales, los programas federales, estatales y municipales de asistencia para el alquiler de vivienda han proporcionado algo de alivio, pero ha sido poco ante la gran cantidad de renteros que lo necesitan. Dicen que lucharán para que la próxima administración de Joe Biden brinde mayor asistencia para inquilinos y propietarios y recursos para las personas sin hogar en medio de la pandemia.

Y trabajadores de la salud advierten que los desalojos podrían provocar una mayor propagación del coronavirus y un aumento en las infecciones.

Temen que ola de desalojos de vivienda aumente la población desamparada de Chicago

Minorías afectadas por desalojos

Se estimó que más de 21,000 posibles desalojos podrían presentarse en los tres primeros meses del 2021, según un reporte de la Universidad Loyola titulado: 'Eviction Filings, Unemployment and the Impact of COVID-19'[51] publicado en diciembre de 2020.

La investigación hecha por el Comité de Abogados para una Mejor Vivienda señaló que es más probable que los desalojos ocurran en comunidades de mayoría afroamericana y latina que en las áreas de mayoría blanca.

Estos dos primeros grupos tienen más probabilidades de alquilar vivienda que los blancos. Y la mayoría de los inquilinos afroamericanos y latinos en Chicago están agobiados por los costos de renta en comparación con sólo el 40% de los blancos.

La Encuesta del Pulso de los Hogares[52] de la Oficina del Censo realizada del 14 al 28 de octubre, que midió cómo la pandemia de covid-19 está afectando a los hogares en todo el país, reveló que más de la mitad de los afroamericanos y latinos en el área metropolitana de Chicago han experimentado pérdida de empleo desde marzo de 2020, en comparación con 42% de los blancos.

Quieren que se selle expediente de desalojo

El que un inquilino tenga una solicitud de desalojo en su récord de crédito puede ser un obstáculo para encontrar vivienda, dicen los defensores de los derechos de los inquilinos. Ante ello, se aboga para que renteros que sean desalojados por falta de pago debido al coronavirus tengan una ley que los proteja una vez que finalice la moratoria.

Se estima que unas 15,091 personas cada año terminarán con un registro público de desalojo a pesar de no tener una orden de desalojo u otro juicio en su contra, una experiencia que puede tener consecuencias duraderas para un inquilino, indicó un reporte del Comité de Abogados para una Mejor Vivien-

---

[51] https://eviction.lcbh.org/sites/default/files/reports/chicago-evictions-unemployment-covid-19.pdf
[52] https://www.census.gov/data/experimental-data-products/household-pulse-survey.html

da y Acción de Vivienda Illinois, publicado en marzo de 2018, titulado: 'Prejudged The Stigma of Eviction Records'[53].

Muchos propietarios se negarán a alquilarle a alguien si ven una solicitud de desalojo en su registro, independientemente del contexto o resultado del caso, señalaron abogados de asistencia legal.

En el reporte, los investigadores recomiendan que se promulgue una ley en Illinois que selle los registros de casos de desalojo. Tener su informe de crédito manchado por un desalojo le crea a la persona afectada un obstáculo adicional para encontrar una vivienda permanente. Que la corte selle el expediente de su desalojo significa que se evitará que se sepa de manera pública sobre el caso de desalojo.

Planean protecciones para los inquilinos

Algunos legisladores estatales estudian la posibilidad de impulsar una propuesta de ley en Springfield en 2021 que permita extender las protecciones para las personas que han sido afectadas por la pandemia del coronavirus y que no han podido pagar su renta, dijo la representante estatal Delia Ramírez (D-Chicago).

El reporte de desalojos por no pagar renta estará en el reporte de crédito del afectado por siete años y bancos y dueños de edificios en el futuro podrán ver que la persona fue desalojada en caso de que busque recibir un préstamo o rentar otra vez. Eso podría llevar a que las solicitudes le sean negadas por considerarlo cliente de alto riesgo.

Ramírez está trabajando en una propuesta de ley de emergencia que tiene como enfoque proteger al inquilino de la discriminación tras haber sido desalojado por falta de pago a causa de la pandemia. "Esta iniciativa busca sellar los récords para que no discriminen a la gente una vez que quieran rentar un apartamento".

"Prevención de desalojo es más barato que ayudar a alguien que está desalojado, hay que ayudar al que ya está desalojado y hay que prevenir que se desaloje a más gente", señaló la representante Ramírez.

---

[53] https://eviction.lcbh.org/sites/default/files/reports/Prejudged-Eviction-Report-2018.pdf

Temen que ola de desalojos de vivienda aumente la población desamparada de Chicago

Ordenanzas aprobadas en medio de la pandemia

Como una forma de ayudar a los inquilinos durante la pandemia del coronavirus, el Ayuntamiento de Chicago promulgó la ordenanza de protección contra desalojos covid-19 en junio pasado. Tras recibir un aviso de cinco días, el rentero puede enviar un aviso de que sus pagos atrasados se deben a una pérdida de ingresos relacionada con el coronavirus y entrar en un período de negociación de siete días con el propietario. Antes de que el dueño de casa rescinda el contrato de alquiler y desaloje al inquilino, ambos deben participar en negociaciones de buena fe.

También se aprobó la ordenanza 'Fair Notice' en julio de 2020, con el fin de que algunos inquilinos tengan más tiempo para desocupar la vivienda si un propietario aumenta el alquiler, no renueva un contrato de arrendamiento o termina un contrato de varios años o de mes a mes.

Amenazas y medidas ilegales

Con todo, inquilinos que no han pagado la renta debido a la pandemia han sido desalojados a pesar de las órdenes federal y estatal que supuestamente les mantendría en sus hogares. Y es que algunos propietarios están valiéndose de amenazas u otras medidas ilegales con el fin obligar a sus inquilinos a dejar la vivienda.

Ana Alonso, organizadora con Únete La Villita, dice que lo que está viendo mucho en ese vecindario del suroeste de Chicago es que les están cortado la calefacción y la electricidad a las personas que rentan vivienda. "Los dueños de casa les están quitando los servicios básicos para que esa casa no sea habitable y así poder desalojarlos más rápido. Esto lo estamos viendo mucho en La Villita".

Luz Franco alquila un sótano de un apartamento en el vecindario de Brighton Park en el suroeste de Chicago desde hace casi 4 años.

Franco trabaja limpiando casas y oficinas pero la descansaron por la pandemia, así que tuvo que buscar otro empleo y lo consiguió en una empacadora. Allí, dice, se contagió del coronavirus y estuvo en cuarentena mientras se recuperaba de las secuelas del covid-19.

Ella se retrasó con la renta dos meses, habló con el propietario, le dijo que le iba a pagar la mitad de su cheque y la otra mitad cuando recibiera el otro cheque, porque no podía cancelar todo el pago de la renta ya que se infectó del coronavirus y dejó de trabajar. "Me dijo que no, que necesitaba la renta, empezó a discutir por mensaje de texto, días después me cortó la luz y la calefacción".

La mujer tenía ollas con agua caliente en su cocina para calentar el ambiente y dormía con varias capas de ropa para resistir el frío que sentía en el sótano que rentaba.

Franco llamó a la compañía para que le reinstalaran los servicios. Como padece diabetes necesita que el sistema eléctrico funcione para mantener su frasco de insulina refrigerado.

Ella sabía de la moratoria contra los desalojos, pero ya no se sentía a gusto viviendo allí y decidió mudarse a otra casa.

Recibió asistencia de la organización Únete La Villita y de Metropolitan Tenants Organization (MTO), que le informaron sobre sus derechos como inquilino. Franco sometió un reporte ante la Ciudad de Chicago y el Departamento de Policía de Chicago. El casero tiene multas por haber cortado los servicios esenciales y se encontraron violaciones en el apartamento al momento de la inspección.

Un bloqueo o 'lockout' es cuando el arrendador fuerza a un inquilino a salir de su casa sin ir a la corte primero y de manera ilegal corta la calefacción, la luz, el agua, cambia cerraduras, retira o daña pertenencias y amenaza o hiere a su inquilino.

"Los propietarios pueden ser arrestados por no parar un bloqueo o 'lockout' a la casa. Si le dice le voy a cortar el gas, le voy a cortar la luz si no me paga, aunque no lo haga por ser una amenaza verbal se considera un bloqueo bajo la ley municipal de Chicago", señaló Jiménez, quien dijo que la solución a este problema es que la comunidad se organice y conozca sus derechos para que sepa cómo defenderse.

A pesar que hay órdenes vigentes en contra de los desalojos, hay dueños de casa que están echando a sus inquilinos ilegalmente cortándoles los servicios esenciales, intimidándolos para obligarlos a salir de la casa, señaló Javier Ruiz, organizador de prevención de desalojos con MTO. Y dijo que la Ciudad está haciendo muy poco para frenar esos 'lockouts' ilegales.

"Nadie puede desalojarlos hasta que haya un proceso de corte ante un juez y éste dé la orden de desalojo, que después se la da a un alguacil, quien es la única persona que puede sacar las cosas de las personas o cambiar las chapas del apartamento", dijo Antonio Gutiérrez, cofundador de Autonomous Tenants Union (ATU).

Los bloqueos ilegales siempre han existido, pero ahora se está viendo más a raíz de la pandemia, aseguró Ruiz.

Y de acuerdo a Moisés Moreno, director ejecutivo de la Alianza de Pilsen, en vez de que el gobernador de Illinois siga extendiendo la moratoria de los desalojos en el estado cada mes, debería cancelar las rentas e hipotecas y levantar las prohibiciones del control de rentas.

"Extender la moratoria de desalojos no es suficiente porque la gente todavía tiene que pagar lo que debe y si la gente no está trabajando, si no hay suficiente trabajo, ¿cómo la gente va a pagar? Y ya se está poniendo la cosa pesada", mencionó Moreno.

No pueden llamar a inmigración

La Immigrant Tenant Protection Act o Ley de Protección para el inquilino Inmigrante fue diseñada para evitar que en Illinois los propietarios desalojen o tomen represalias contra los inquilinos indocumentados simplemente por su estatus migratorio.

La ley prohíbe a los propietarios exigir a los inquilinos que indiquen su estatus migratorio, información que es irrelevante para su función como inquilinos.

"Los dueños de casa no pueden llamar a inmigración para tratar de desalojar o acosar a un inquilino, y si hacen eso pueden tener consecuencias legales", dijo Gutiérrez.

Inquilinos pueden formar sindicato

ATU es una organización comunitaria establecida en el barrio de Albany Park, en el noroeste de Chicago, que apoya a inquilinos a crear sus propios sindicatos y les brinda recursos e información para el logro de ese objetivo.

"El crear un sindicato basado en las leyes o políticas que tenemos en la ciudad de Chicago te da más derechos como inquilino… Una vez que están en un sindicato, aparte de que [sus miembros] tienen más poder porque son más personas, también te da más protecciones en caso de que el dueño te quiera desalojar o tomar represalias por organizarse o hablar con otros vecinos", explicó Gutiérrez a *La Raza*.

Gutiérrez dijo que se ha creado una coalición que se llama Movimiento de Inquilinos de Chicago, que incluye a organizaciones, sindicatos y organizaciones de abogados los cuales han creado una red con una línea de ayuda en la que todas las personas tienen acceso a ella para empezar a proveer recursos y también apoyo.

Para mayor información visite en internet chicagotenants.org. El teléfono para ayuda legal gratuita es 773-657-8700.

Podrían aumentar los desamparados por desalojos

Después de haber vivido por una década en refugios y en las calles de Chicago, Vicente Hernández, de 47 años, reconoce la importancia de tener una vivienda. Dice que se vio obligado a dejar su casa donde vivía con sus familiares por no tener una buena relación con ellos y porque lo discriminaban por su condición de invidente.

"Los desamparados estamos con un futuro incierto, he tratado de no retrasarme con la renta, porque si no me van a correr y voy a estar a nivel de calle otra vez. Dime tú cómo poder vivir sin una casa", dijo Hernández.

Él padece diabetes y es invidente de nacimiento y hasta antes de la pandemia se ganaba la vida en trabajos temporales de poca paga. Dice que a veces hasta le resulta difícil juntar para la renta del cuarto en el sótano de una vivienda en el que habita desde hace un año. "Es un lugar que no es apto para vivir, pero es mejor que la calle".

El hombre decidió dejar las calles de Chicago por su diabetes. Recuerda que se dijo: "tengo que conseguirme un techo donde vivir para poner mi insulina en un lugar con refrigerador, si no me voy a morir".

Hernández ayuda a personas que hacen remodelaciones y como es bilingüe a veces le dan empleo como intérprete o traductor. Pero cuando no hay trabajo dice que vive de la caridad de la gente. "Desde la pandemia no he podido tener los ingresos que tenía antes, que no eran muchos pero me permitían pagar mi renta y comprar un poco de comida. Hay veces en que sólo he hecho una comida porque no he tenido dinero para más".

Temen que ola de desalojos de vivienda aumente la población desamparada de Chicago

Hernández lucha por acceso a vivienda asequible y como voluntario en la Coalición de Chicago para los Desamparados (CCH) aboga por los derechos de las personas sin hogar.

En Chicago hay 76,998 habitantes afectados por la falta de vivienda, ya sea que vivan en la calle, en refugios o en hogares temporales con familiares o amigos, indicó la CCH.

Líderes locales que luchan por los derechos de los desamparados advierten un aumento en la población sin hogar, debido a las consecuencias económicas de la pandemia.

Alyssa Rodríguez, organizadora comunitaria con la CCH, dijo que para su informe la Coalición se basó en los datos más recientes de la Oficina del Censo, de 2018, y destacó que de esas 76,998 personas un 23% son latinas. Rodríguez considera que como consecuencia de la pandemia, la cifra podría aumentar en 2021 cuando se levante la moratoria de desalojos.

Un recuento y encuesta de Point In Time[54] del Departamento de Servicios y Apoyo a Familias (DFSS) de Chicago para contar a los desamparados encontró que unas 5,290 personas viven en las calles o en refugios. Estos resultados se obtuvieron tras un conteo realizado la noche del 24 de enero de 2019.

Según Rodríguez, la Coalición define como población desamparada a las personas que viven en la calle, en un refugio o en viviendas temporales con familias y amigos. Mientras que las autoridades de la ciudad solo consideran desamparado al que habita en refugios y en las calles.

La Ciudad cuenta a los desamparados en enero, cuando esos números son muy bajos, dice Rodríguez. "Vivimos en la ciudad de Chicago donde hay un invierno muy frío en comparación con otras ciudades. Nadie quiere vivir en la calle, muchas de las personas sin hogar prefieren de manera temporal irse a la casa de amigos o familiares a pasar el invierno".

El contar a las personas que viven en refugios o en las calles en medio del invierno no da una perspectiva completa del problema que existe en la ciudad, enfatiza Rodríguez a *La Raza*.

---

[54] https://www.chicago.gov/content/dam/city/depts/fss/supp_info/Homeless/2019PITReport Final 110819.pdf

La Coalición ofrece servicios legales gratuitos, asistencia para solicitar el programa de estampillas de comida y talleres educativos sobre los derechos de las personas sin hogar, por mencionar algunos servicios.

Casa Norte, organización sin fines de lucro, cuenta con dos refugios de emergencia en los barrios de Humboldt Park y Las Empacadoras para jóvenes desamparados de 18 a 24 años. También brinda asistencia con vivienda a través de un programa que ofrece ayuda financiera del gobierno, entre otros servicios.

"Los refugios están operando las 24 horas al día porque estamos viendo que los números de la pandemia han subido bastante en nuestras comunidades", dijo José Muñoz, director ejecutivo de Casa Norte. Cuando una persona se contagia con el coronavirus, la conectan con otros proveedores que se dedican ayudar específicamente a estas personas, dijo Muñoz.

Si un desamparado se infecta con el virus puede acudir A Safe Haven, una organización sin fines de lucro que asiste a cualquier persona que haya dado positivo en la prueba de detección de coronavirus y le brinda un lugar para aislarse.

Muñoz dijo que además de extender la moratoria de desalojos a causa de la pandemia, se debe dar asistencia financiera para que las personas que adeuden alquiler puedan pagar su renta y los dueños de casa su hipoteca. "Si estos dueños de casa no pueden recolectar la renta para pagar su hipoteca y pierden su edificio, los que van a venir comprando son los desarrolladores. Ellos van a subir las rentas, le será más difícil a nuestra comunidad mantenerse en ese lugar y los van a desplazar".

Wave of housing evictions will increase Chicago's homeless population, advocates fear

Amid the pandemic, tenant rights advocates say that once the moratorium on evictions is lifted, unemployed families will be at risk of homelessness unless the government takes action

by BELHÚ SANABRIA   Published in December, 2020

Thousands of Illinois renters who are jobless due to the pandemic are facing an uncertain future. Since the state's stay-at-home order began in March of 2020, many renters haven't been able to pay their rent. For this reason, tenant and homeless rights organizations are pushing for federal and state financial aid to increase so that renters aren't left in limbo before the moratorium on evictions ends.

Illinois Governor JB Pritzker first introduced a moratorium on evictions through an executive order in March 2020, while the state was under a mandatory stay-at-home order. Since then, he has extended the moratorium several times.

But the state moratorium on evictions due to inability to pay because of the crisis no longer protects tenants automatically as it once did. Starting Dec. 11, tenants are required to send a signed form to their landlords stating that the pandemic has prevented them from paying all or part of their rent.

To be eligible for eviction protection, a tenant must meet specific requirements. Those prerequisites include the inability to pay rent due to loss of income or health expenses because of the coronavirus, risk of becoming homeless, having to share a home, or move into another house where too many people reside together. Besides, an individual must not expect to earn more than $99,000 in 2020 ($198,000 for couples filing joint taxes), was not required to declare income in 2019, or received the federal stimulus check from the CARES Act in 2020. Renters should also make every effort possible to pay rent in partial payments.

If the tenant does not present the signed form to the lessor, the landlord can begin the eviction process. Pritzker extended the ban on evictions caused by the coronavirus pandemic in Illinois until Jan. 11.

Also, the new federal aid package approved by Congress includes a new federal moratorium on evictions, which will be in effect until Jan. 31, 2021.

'Pritzker is making things more difficult'

Miguel Jiménez, a tenant organizer with the Metropolitan Tenants Organization (MTO), said that many renters are unaware of the amendment made by Governor Pritzker to that executive order and the new requirements. "Before you could reach a verbal agreement with the owner, everything was more flexible, now Governor Pritzker is making things more difficult for tenants affected by the pandemic."

"At the beginning when the moratorium on evictions was established, the owner knew that he or she couldn't make any legal moves to evict a tenant, but now they can if they don't receive that statement [the tenant's form]," Jiménez said to *La Raza*.

On the other hand, some homeowners approve Governor Pritzker's initiative. They argue that they are also struggling to pay their mortgage and that there are tenants taking advantage of the moratorium to avoid paying rent.

Community organizers claim that federal, state, and municipal rental assistance programs have provided some relief, but it hasn't been enough considering the large number of renters in need. Organizers assure they will push the incoming Joe Biden Administration to provide greater assistance for tenants and landlords and resources for the homeless amid the pandemic. Healthcare workers warn that evictions could increase the spread of COVID-19.

Minorities affected by evictions

It's estimated that more than 21,000 evictions could take place in the first three months of 2021, according to 'Eviction Filings, Unemployment and the Impact of COVID-19'[55], a recent report published by Loyola University.

---

[55] https://eviction.lcbh.org/sites/default/files/reports/chicago-evictions-unemployment-covid-19.pdf

Conducted by the Lawyers' Committee for Better Housing and published in December, 2020, the research noted that evictions are more likely to occur in predominantly African-American and Latino communities than in mostly white areas.

These groups are also more likely to rent than whites. In addition, the majority of African-American and Latino renters in Chicago are burdened by rental costs compared to just 40 percent of white renters.

The Census' Household Pulse Survey[56] conducted on Oct. 14, which measured how the pandemic is affecting households across the country, revealed that more than half of African Americans and Latinos in the Chicago metropolitan area had experienced job loss since March 19, 2020 compared to 40 percent for whites.

Advocates push for eviction records to be sealed

Having an eviction application on a credit history can present obstacles for tenants trying to find housing, tenant advocates say. Given this, advocates are pushing a law to protect renters who have been evicted for unpaid rent due to the pandemic once the moratorium ends.

Each year, an estimated 15,091 people will end up with a public eviction record despite not having an eviction order or a lawsuit against them. This problem can have lasting consequences for a tenant, according to a report by the Lawyers' Committee for Better Housing and Housing Action Illinois published in March 2018 titled 'Prejudged the Stigma of Eviction Records'[57].

Landlords typically refuse to rent to anyone with an eviction request on their records, regardless of the case's context or outcome, legal aid attorneys said.

In the report, researchers recommend Illinois lawmakers to enact a law to seal eviction records.

A tainted credit report that includes an eviction presents significant obstacles for people trying to find housing; therefore, having a court seal an eviction record will keep it from becoming public.

---

[56] https://www.census.gov/data/experimental-data-products/household-pulse-survey.html
[57] https://eviction.lcbh.org/sites/default/files/reports/Prejudged-Eviction-Report-2018.pdf

Working to protect tenants

Some state legislators are considering to propose a law in Springfield in 2021 that will extend protections for people who have been affected by the coronavirus pandemic and who have not been able to pay their rent, state representative Delia Ramírez (D-Chicago) said.

Eviction records for unpaid rent remain in the renter's credit history for seven years. A poor credit history that includes evictions also allows banks to decline mortgages, and landlords to deny rent because they are considered a high-risk lendee or renter.

Ramírez is working on an emergency bill to protect tenants from discrimination after being evicted for nonpayment due to the pandemic. "This initiative seeks to seal the records to avoid discrimination once they want to rent an apartment," she said.

"Eviction prevention is cheaper than helping someone who has been evicted. We have to help someone who is already evicted, and you have to prevent more people from being evicted," Representative Ramírez said.

Approved ordinances amid the pandemic

To help tenants during the coronavirus pandemic, the Chicago City Council enacted the COVID-19 Eviction Protection Ordinance last June. Upon receiving a five-day notice, renters can send a written notification stating their inability to pay rent on time due to a coronavirus-related loss of income and enter a seven-day negotiation period with the landlord. Before the landlord terminates the rental agreement and evicts the tenant, both parties must engage in good-faith negotiations.

The Council also approved the Fair Notice Ordinance in July 2020 to give tenants more time to vacate a home if a landlord increases rent, fails to renew a lease, or terminates a multi-year or month-to-month lease.

Illegal threats

Still, tenants who have not paid their rent due to the pandemic have been evicted despite federal and state orders that would have supposedly kept them in their homes. Advocates say there have been cases in which landlords have threatened tenants to pressure them to leave the residence.

Wave of housing evictions will increase Chicago's homeless population, advocates fear

Ana Alonso, an organizer with Únete La Villita (Unite Little Village), said she is aware of cases in this southwest Chicago neighborhood where landlords are cutting off heat and electricity. "Homeowners are taking away basic services so that the house is unlivable so they can evict them faster. We are seeing a lot of this at Little Village," Alonso said.

Luz Franco has been renting an apartment basement in the Brighton Park neighborhood of southwest Chicago for almost four years.

Franco works cleaning houses and offices, but she found another job at a packaging warehouse when she was laid off due to the pandemic. There, she said she contracted the coronavirus and had to quarantine to recover.

Franco was behind on rent for two months. She later spoke with the landlord assuring him she would pay half of the rent from one paycheck and the other half from another paycheck because she couldn't pay the amount in full since she was sick and unable to work. "He told me no, that he needed the rent. He started arguing via text messaging and days later he cut off the electricity and the heating."

To stay warm in the basement, she kept pots of boiling water on the stove and slept with layers of blankets.

She had to call the utility company to have the services reinstated. She also has diabetes and must have the electricity on to keep her insulin bottles refrigerated.

Franco said she knew about the moratorium on evictions, but she no longer felt comfortable living there and decided to move to another house.

She received assistance from the organization Únete La Villita and MTO, which also provided her with information about her rights. Franco filed a report with the City of Chicago and the Chicago Police Department. The landlord was fined for cutting off basic services and was cited with inspection violations.

A 'lockout' is when the landlord forces a tenant to leave the premises without going to court first and illegally cuts off heat, electricity, water, changes locks, removes or damages belongings, and threatens or hurts a tenant.

"Homeowners can be arrested for failing to discontinue a home lockout. If the landlord tells the tenant 'I'm gonna cut off electricity if you don't pay me,' even if he doesn't do it, it's a verbal threat and therefore it's considered a lockout under Chicago municipal law," said Jiménez, adding that communities must organize and understand their rights so they can defend themselves.

Although there are orders against evictions, there are homeowners who are illegally evicting their tenants and cutting off essential services, intimidating them to force them to leave the house, said Javier Ruiz, an eviction prevention organizer with MTO. He said the City is doing very little to curb those illegal lockouts.

"Nobody can evict [tenants] until there is a court process before a judge who gives the eviction order, which is then given to a deputy sheriff, who is the only person who can take a resident's possessions or change the locks," Antonio Gutiérrez, co-founder of the Autonomous Tenants Union (ATU), said.

Illegal lockouts have always existed, but now it is being seen more in the wake of the pandemic, Ruiz said.

Moisés Moreno, executive director of the Pilsen Alliance, said that instead of extending the moratorium on evictions in the state each month, Governor Pritzker should rather cancel rents and mortgages and lift bans on rent control.

"Extending the moratorium on evictions is not enough because people still have to pay what they owe and if people are not working, if there is not enough work, how are people going to pay? This is getting serious," Moreno said.

Calling immigration is illegal

The Immigrant Tenant Protection Act was designed to prevent landlords in Illinois from evicting or retaliating against undocumented tenants simply because of their immigration status.

Landlords are prohibited by law from requiring tenants to disclose their immigration status, which is considered irrelevant to their role as tenants.

"Homeowners cannot call immigration to try to evict or harass a tenant, and doing so can have legal consequences," Gutiérrez said.

Tenants can form a union

ATU is a community organization established in the Albany Park neighborhood of northwest Chicago that supports tenants in creating their unions and provides them with resources and information.

Wave of housing evictions will increase Chicago's homeless population, advocates fear

"Creating a union based on the laws or policies that we have in the city of Chicago gives you more rights as a tenant… Once you are a union member, in addition that its members acquire more power as a group, a union gives you more protections when landlords want to evict or retaliate for organizing or talking to other neighbors," Gutiérrez explained to *La Raza*.

An example of a strong joint organization is the Chicago Tenant Movement, which was created to form a coalition made up of organizations, unions, and lawyers associations to provide a hotline to give renters resources and support, Gutiérrez said.

For more information, visit chicagotenants.org. The phone number for free legal aid is 773-657-8700.

Evictions could increase homelessness

After living in shelters and on Chicago's streets for more than a decade, Vicente Hernández, 47, stresses the importance of having a home. He said that he was forced to leave his house where he lived with his relatives because they didn't get along. He also felt discriminated against because he is blind.

"The homeless have an uncertain future. I have tried not to fall behind with my rent because if I'm late they will kick me out and I'll be on the streets again. Tell me how I can live without a house," Hernández said.

He also has diabetes and was born blind. Even before the pandemic, he made a living working in low-paying temporary jobs. He said that sometimes it's been difficult for him to earn enough money to pay for the basement room where he has lived for a year. "It is a place that is not suitable to live, but it is better than the streets."

Hernández decided to leave the streets of Chicago because of his diabetes. He remembers saying to himself: "I have to get myself a roof to live under so I can put my insulin in a place with a refrigerator, otherwise I'm going to die."

He sometimes works with people who do renovations. Thanks to his bilingual abilities, he also gets gigs as an interpreter or a translator. But when there is no work, he said he lives off of people's kindness. "Since the pandemic, I have not been able to have the income that I had before, which was not much, but it allowed me to pay my rent and buy some food. There are times when I've only had one meal because I haven't had the money for more."

Hernández is a volunteer with the Chicago Coalition for the Homeless (CCH), where he advocates for the homeless' rights and helps others with access to affordable housing.

In Chicago, there are 76,998 residents affected by homelessness, whether they live on the streets, in shelters, or temporary homes with family or friends, according to CCH. Twenty-three percent of them are Latino.

Homeless rights advocates believe Chicago's homeless population will increase due to the pandemic crisis' economic consequences.

Alyssa Rodríguez, a community organizer with CCH, said the Coalition compiled its most recent report from the Census Bureau 2018 data. Rodríguez believes that as a result of the pandemic, that number could increase in 2021 when the moratorium on evictions is lifted.

A count and survey from Point In Time[58] from the Chicago Department of Family and Support Services (DFSS) to count the homeless found that about 5,290 people live on the streets or in shelters. These results were obtained from a count carried out on the night of Jan. 24, 2019.

According to Rodríguez, the Coalition defines a homeless population as people who live on the streets, in a shelter, or temporary housing with families and friends. However, city authorities consider someone homeless only if they live in a shelter or on the streets.

The City counts the homeless in January when those numbers are very low, Rodríguez said. "We live in the city of Chicago. Our winters are extremely cold compared to other cities. Nobody wants to live on the streets, many homeless prefer to live temporarily with family or friends during the winter."

Counting people who live in shelters or on the streets in the middle of winter does not give a complete perspective of this problem in the city, Rodríguez said.

The Coalition offers free legal services, assistance in applying for the food stamps program, and educational workshops on homeless' rights, to name a few.

---

[58] https://www.chicago.gov/content/dam/city/depts/fss/supp_info/Homeless/2019PITReportFinal110819.pdf

Casa Norte, a nonprofit organization, has two emergency shelters in the Humboldt Park and Back of the Yards neighborhoods for homeless youth between 18 and 24. It also provides housing assistance through a program that offers government financial aid, among other services.

"The shelters are operating 24 hours a day because we are seeing that the numbers [during] the pandemic have risen in our communities," said José Muñoz, executive director of Casa Norte.

When a person becomes infected with the coronavirus, the organization connects them with other providers dedicated to specifically helping these people, Muñoz said.

If a homeless person becomes infected with the virus, they can turn to A Safe Haven. This nonprofit organization assists anyone who has tested positive for the coronavirus and provides a place to quarantine.

Muñoz agreed with advocates that in addition to extending the moratorium on evictions due to the pandemic, the government must give financial assistance for renters who owe rent and landlords who are behind on mortgage payments. "If these homeowners cannot collect the rent to pay their mortgage and lose their building, developers are going to start buying. They are going to raise rents, and it will be more difficult for our communities to stay in that place. [Developers] will displace them."

CLAMOR CHICAGO

Grupos culturales latinos de Chicago encaran al covid-19 con contenido digital y experiencias en línea

Artistas, organizaciones y promotores culturales reinventan de modo virtual su oferta y su programación y utilizan las redes sociales para difundir sus actividades y contactar a sus audiencias

por IRENE TOSTADO   Publicado en diciembre de 2020

Todos los domingos a través de la plataforma Zoom, una nieta y su abuelo se reúnen para aprender a tocar la guitarra con Juan Díes, cofundador y director ejecutivo de Sones de México Ensemble, conjunto de música folclórica mexicana de Chicago nominado a múltiples premios Grammy. Aunque solo puedan verse por pantalla, el abuelo y su nieta disfrutan de esta actividad y tiempo juntos porque entre ellos existen más de 1,800 millas de separación. El abuelo participa en la clase desde Zacatecas, México, y ella reside en Chicago.

Este año, la escuela de música de Sones de México ofreció clases en línea por primera vez para reducir el número de estudiantes que participan en persona y seguir las reglas impuestas por la orden ejecutiva del gobernador JB Pritzker. Debido a la pandemia de covid-19, en Illinois no se permitieron las reuniones en persona a partir del 30 de abril de 2020. La orden ejecutiva del gobernador obligó el cierre de museos, salas de cine y espacios culturales hasta el 26 de mayo, cuando entró en vigencia la fase 3 del plan 'Restore Illinois'. Durante esa fase solamente se permitió la reunión de un máximo de 10 personas en espacios cerrados.

El 26 de junio el estado pasó a la fase 4 del plan y se abrieron algunos espacios, entre ellos museos y salas de cine, para reuniones de 50 personas o 25% de la capacidad del sitio. Debido al aumento de casos de covid-19, el gobernador anunció el regreso a las restricciones del tercer nivel del plan a partir del 20 de noviembre. Bajo estas nuevas pautas, cines, museos y otros espacios recreativos debían permanecer cerradas al público.

Grupos culturales latinos de Chicago encaran al covid-19 con contenido digital

Representantes de diferentes sectores culturales platicaron con *La Raza* sobre los obstáculos financieros y tecnológicos que han enfrentado durante la pandemia y los nuevos proyectos que han surgido. Siguen optimistas y con esperanza, mientras se ocupan en el mercadeo y la adaptación de sus programas a una versión virtual. Cumplir con las nuevas demandas pese a las circunstancias a las que se enfrentan no ha sido fácil, pero quienes laboran en esas instituciones culturales han respondido y se han capacitado.

Planes interrumpidos

Las compañías de teatro que dependen de la venta de boletos están sufriendo y buscando maneras creativas para sostener la vitalidad de esta forma de expresión artística y mantener a sus artistas y a su equipo técnico activos. Antes del cierre de los espacios de teatro, la Alianza de Teatro Latino de Chicago (Chicago Latino Theater Alliance o CLATA, por sus siglas en inglés) estaba coordinando los últimos detalles de su festival anual y colaborando con los gigantes del teatro en Chicago para aumentar la presencia latina.

Varias organizaciones que tenían programación gastaron sus fondos en boletos de avión, cuartos de hotel y honorarios para invitados especiales de eventos que nunca vieron la luz del día.

Ensemble Español Spanish Dance Theater, la compañía de danza flamenca con sede en la Universidad Northeastern, suspendió las tres presentaciones del Festival Español Estadounidense de Danza y Música (American Spanish Dance and Music Festival) porque las regulaciones complicaron el viaje de artistas internacionales y la venta de boletos. El teatro con capacidad de 800 personas prometió guardar el depósito de la organización y permitirá que el festival se realice el año entrante si las reglas locales y estatales lo permiten. También se congeló, hasta previo aviso, la gira nacional y los ingresos de estas presentaciones.

"Pudimos cubrir las pérdidas porque no estamos haciendo el mismo tipo de gastos y con el apoyo de fundaciones e inversionistas privados hemos sostenido la compañía de baile", dijo a *La Raza* Jorge Pérez, director ejecutivo y artístico del Ensemble Español.

El Festival Flamenco de Chicago, que el Instituto Cervantes de Chicago ha realizado los últimos 18 años en febrero y marzo, acababa de ser inaugurado en

2020 cuando azotó la pandemia. Justo en la tercera semana del festival, con todos los artistas en Chicago, el Instituto Cervantes debió suspender el festival, uno de sus eventos más importantes. Además, se pospuso la programación del Día Internacional del Teatro, la conmemoración del Día de la Mujer, los eventos relacionados con el Día Internacional del Libro y su participación en el Festival Poesía en Abril, que organizan la Universidad DePaul y la revista *Contratiempo*.

"La pandemia ha impactado el presupuesto cultural y habrá que reinventarse y producir cosas de gran interés con muy pocos recursos económicos y falta de conocimiento en la parte de multimedia y mercadeo", dijo a *La Raza* Teresa Hernando Rojo, gestora cultural del Instituto Cervantes.

El covid-19 apagó las pantallas grandes y el Festival de Cine Latino de Chicago (Chicago Latino Film Festiva o CLFF, por siglas en inglés) se quedó sin su plataforma para proyectar largometrajes y cortometrajes originarios de países latinoamericanos. Los organizadores habían confirmado la presencia de 25 directores de cine y el estreno de más de 100 películas latinoamericanas para la edición 36 del festival anual.

El festival optó entonces por el ámbito virtual. Eso presentó obstáculos. Según Pepe Vargas, fundador y director ejecutivo del Centro Cultural Internacional Latino de Chicago (International Latino Cultural Center of Chicago o ILCC) y del Festival de Cine Latino, fue simple encontrar una plataforma en línea asequible y fácil de navegar para lanzar la versión virtual del festival de cine y proveer acceso a los cinéfilos. El reto fue competir contra la nueva realidad de que "la gente en confinamiento tiene una cantidad de preocupaciones, hay una avalancha de contenido gratis y tendríamos que compartir el espacio digital con las plataformas comerciales, como Netflix y Amazon", dijo Vargas.

"No deja de ser un gran reto, pero lo que ofrecemos es bueno", añadió Vargas sobre el Festival de Cine Latino, cuya audiencia es en gran parte personas mayores de 40 años de edad. "Después de lanzar la nueva plataforma, nos encontramos con que nuestro público no está acostumbrado a las nuevas tecnologías y no es algo que manejen con los ojos cerrados como las nuevas generaciones".

De acuerdo a las cifras de la plataforma, 10,000 personas vieron las películas del festival en comparación a las más de 30,000 que típicamente acuden a las salas de cine. Aunque perdieron casi $200,000 en ingresos, Vargas asegura que "probamos la nueva tecnología, funcionó y aprendimos mucho". La pérdida económica fue importante, pero el aprendizaje y el alcance logrado por el festival virtual fueron mucho más relevantes y abren la puerta a posibilidades futuras.

Hace 15 años, la Universidad Popular concibió un evento que apela al paladar de los amantes del mole y promueve la gastronomía cultural de México a través de las diferentes versiones de este platillo típico. De este evento comunitario anual surgieron 10 emprendedoras que se matricularon en el programa de empoderamiento de la mujer y certificación para manipular alimentos, vender sus productos y desarrollar su microempresa.

Este año se suspendió esa feria del mole porque "llega gente mayor y más vulnerable durante la pandemia y por protocolos no los podemos invitar por el momento, y es muy difícil hacer las clases por Zoom porque es gente que no conoce la tecnología", explicó Lilia Segoviano, coordinadora de programación para la Universidad Popular, que tiene instalaciones en las comunidades de La Villita y West Lawn.

En lugar de los eventos presenciales, Segoviano se está concentrando en apoyar a personas que necesitan ayuda para navegar el mundo virtual. "Nos comunicamos con nuestros clientes por WhatsApp y Messenger y los entrenamos en computación y en el uso de aplicaciones para adaptarlos a la tecnología", anotó Segoviano.

Los museos comunitarios de Chicago son más sostenibles porque no dependen de la venta de boletos de entrada para sobrevivir. Sin embargo, su responsabilidad social e impacto en las comunidades son más profundos. Además de exhibiciones de arte, esos museos organizan talleres informativos, foros de salud, presentaciones de libros y preservan la memoria e identidad de la comunidad que representan a través de ferias culturales, como el Barrio Fest y el Día del Niño.

El Museo Nacional de Arte y Cultura Puertorriqueña (National Museum of Puerto Rican Arts & Culture o NMPRAC, por sus siglas en inglés) canceló el 20 aniversario de Barrio Fest, la feria anual donde artistas locales exhiben, promueven y venden sus obras, y también las celebraciones del 25 aniversario de la arteria principal del barrio puertorriqueños, el Paseo Boricua y sus banderas.

"Los artistas no tienen espacios para vender su arte porque se cancelaron los festivales y están cerrados los lugares donde pondrían su arte de venta", dijo a *La Raza* Billy Ocasio, presidente y principal ejecutivo del Museo Nacional de Arte y Cultura Puertorriqueña, con sede en el barrio de Humboldt Park.

La gran apertura de la exhibición del artista puertorriqueño Samuel Lind en NMPRAC estaba programada para el 16 de marzo, el mismo día que el gobernador del estado de Illinois anunció la limitación de reuniones de 50 personas o más. Las obras de arte siguen colocadas en las paredes del museo esperando la apreciación de los espectadores. Y en el primer piso, la galería está vacía y lista para recibir las pinturas del artista puertorriqueño Antonio Martorell, de 80 años de edad.

"El artista prefiere instalar sus propias obras, pero a su edad estaría arriesgando su salud y con las restricciones no podrá viajar a Chicago", explicó Ocasio.

Reinventarse o morir

Al principio del aislamiento, grupos culturales redescubrieron contenido y subieron grabaciones de conciertos y espectáculos antiguos o convirtieron a sus actores, bailarines y artistas en camarógrafos independientes para transmitir presentaciones originales desde sus hogares por Facebook o YouTube. Casi un año después, algunos sectores culturales están produciendo contenido original acentuado por intercambios virtuales con colegas internacionales.

"Bienvenidos, ahora de momento en línea y, en cuanto se pueda, de manera presencial", dijo a *La Raza* Juan Díes. De esta manera es como la mayoría de las organizaciones culturales latinas, con sede en Chicago, encaran los obstáculos que surgieron por la pandemia del covid-19.

Al verse forzados a cerrar las puertas de sus instalaciones, estos grupos se dieron a la tarea de reinventarse para sobrevivir y mantenerse vigentes para ofrecer contenido esencial y de calidad a un público acostumbrado a salir a ver un espectáculo de flamenco en un auditorio o un largometraje extranjero en las salas de cine.

Desde las reuniones familiares hasta juntas empresariales y conciertos, cada día se organizan más eventos virtuales. Entre ellos el espectáculo musical en línea en celebración del 50 aniversario del periódico *La Raza*, un concierto de villancicos y canciones navideñas de los siglos XVI al XIX, titulado 'Niño dulce y sagrado: antiguos cantos de Navidad', interpretado por los músicos mexicanos Manuel Mejía Armijo (laúd) y Nadia Ortega (soprano).

Ese concierto fue transmitido el 22 de diciembre de 2020 en las plataformas de YouTube y Facebook de *La Raza*, con el apoyo de Facebook Journalism Project, Lenfest Institute for Journalism y la empresa ComEd.

Otras instituciones también decidieron enfocar sus recursos y el tiempo de sus equipos de trabajo en la planificación de versiones virtuales de sus eventos principales.

Según Díes, el Departamento de Asuntos Culturales y Eventos Especiales de la Ciudad de Chicago está planeando una posible versión virtual de la celebración del Año de la Música.

Las presentaciones del grupo musical Sones de México Ensemble fueron interrumpidas y quizás permanezcan en pausa hasta 2022, según Díes, pero la escuela de música y la promoción y apreciación de la música tradicional mexicana sigue en pie.

"Puedes tener muchos vehículos para promover la música y cuando regresemos quizás vaya a ser de una forma híbrida, con un concierto y un público virtual, pantallas sobre el escenario donde aparecen los 'chats' y el público puede responder al instante", dijo Díes a *La Raza*.

La pandemia ha empujado a músicos a acelerar el proceso de reinvención. Hace cinco años, Sones de México dejó de ser solo un grupo musical. El grupo fundó una escuela de música y se convirtió en un recurso para la educación y promoción de la música folclórica mexicana para así diversificar sus ingresos. Cuando se suspendió la programación presencial en las escuelas y se cancelaron los conciertos debido al covid-19, Díes enfocó sus esfuerzos hacia las clases virtuales y programación que estimule la educación e impulse la cultura.

Entre ensayos virtuales por Zoom, talleres de enriquecimiento para los bailarines y clases en línea para los estudiantes de 'After School Matters', el programa después de la escuela de las Escuelas Públicas de Chicago, los 40 bailarines de la compañía de baile Ensemble Español no perdieron el ritmo y arrancaron a toda marcha actividades virtuales al cancelarse la programación presencial.

"Se alimentan con cursos encabezados por cinco artistas, con sede en España, Miami, México y Washington, y hasta presentaron un estreno mundial de coreografía titulado 'Duquelando', en honor a las víctimas de covid-19 y en solidaridad con la comunidad afroamericana y la lucha por justicia social", dijo Pérez.

'Charlando', una serie de conversaciones virtuales, es como CLATA mantiene una conexión directa entre las compañías de teatro, sus artistas y colegas a nivel nacional. Estas charlas virtuales, o encuentros por Zoom, son espacios de desahogo e intercambio de ideas y opiniones, para conversar sobre la representación afrolatina e indígena y el activismo en el teatro, y claro, para mitigar el impacto de la pandemia y transitar al mundo digital.

Además, CLATA invitó al público a las casas de artistas para el proyecto de nombre 'Mini Tesoros'. A través de Facebook, 'Mini Tesoros' invita a varios artistas latinos del mundo del teatro a compartir sus mejores memorias de la temporada navideña.

"Tenemos que invertir en tecnología y conocimiento para transformar y levantar todos nuestros programas virtualmente y proveer un servicio de valor al público", dijo Ocasio, quien reclutó y ofreció salarios a artistas para crear contenido alternativo para la página YouTube del museo puertorriqueño.

Ocasio formó una colección de videos pregrabados que rescatan la cultura y conectan al espectador con artistas de origen puertorriqueño. En su página YouTube se podrá aprender a dibujar o a preparar el platillo típico de pavochón y arroz con dulce. 'Raíces', la gala anual del museo, también se transmitió por las redes sociales. En vez de música en vivo, Ocasio preparó cápsulas didácticas sobre las tradiciones puertorriqueñas y las combinó con escenas de celebraciones navideñas en Puerto Rico. Además, Ocasio entrevistó al cantautor José Feliciano, quien está celebrando 50 años del lanzamiento de la canción navideña 'Feliz Navidad'. Durante la grabación se le presentó el premio Ceiba por su gran trayectoria musical.

"Las instituciones comunitarias buscan maneras de ser más creativas", dijo Carlos Tortolero, fundador y presidente del Museo Nacional de Arte Mexicano (National Museum of Mexican Art o NMMA, por sus siglas en inglés) con sede en el barrio de Pilsen.

Pero aunque las experiencias virtuales son atractivas, "nunca podrán reemplazar o reproducir la emoción que se vive durante una obra teatral presencial", dijo Tortolero, quien considera que es importante fortalecer la conexión con la comunidad y ofrecer contenido de calidad.

Por medio de sus contribuciones al mundo digital, el Museo Nacional de Arte Mexicano transporta a sus seguidores de sus sofás a las décadas de 1930 y 1940 para aprender danzón, y en otro video pregrabado los ponen a bailar con 'Miniconciertos' encabezados por músicos latinos interpretando una variedad de géneros musicales. Las invitaciones dejaron de ser para eventos en persona y ahora el museo convoca a los artesanos locales e internacionales a compartir sus talentos en talleres virtuales titulados 'En casa', que están disponibles de manera gratuita en el YouTube del NMMA.

"Fuimos los primeros en Chicago que realizamos 'virtual live tours', recorridos virtuales de sus exhibiciones", contó Tortolero. El NMMA organizó más de 140 recorridos de la exhibición 'Sólo un poco aquí: Day of the Dead', en los que un docente y un camarógrafo respondieron a las preguntas de los grupos de visitantes virtuales en tiempo real.

Y por primera vez desde la suspensión de toda su programación y conciertos por covid-19, grandes cantantes de la Lyric Opera en Chicago retomaron el escenario y a través de las redes sociales Facebook y YouTube estrenaron el concierto virtual 'Pasión Latina'.

"Aunque no estemos en el mismo espacio, ellos van a sentir lo que nosotros sentimos al grabar", dijo a *La Raza* Denis Vélez, soprano mexicana que se incorporó al ensamble musical de la Lyric Opera de Chicago en julio.

Tener ensayos consistentes es de mayor importancia para los músicos y artistas y después de varios meses sin presentarse en vivo, Vélez admitió que estaba muy nerviosa al volver a grabar y presentarse ante un público. Pero el concierto fue un éxito y contó con notable talento.

Proyectos innovadores: colaboración multidisciplinaria

La suspensión de eventos dejó libres a los artistas para innovar y utilizar los medios sociales como vehículo para presentar soluciones creativas de manera inmediata a una audiencia amplia. Antes de la pandemia, Díes grabó un concierto en vivo con Billy Branch, un armonicista y cantante estadounidense de

CLAMOR CHICAGO

Chicago blues, y otro con la Escuela de Música Irlandesa de Chicago, que planea enriquecer con entrevistas e información sobre la historia común entre la música blues, irlandesa y mexicana.

Al cerrarse las puertas de los teatros, CLATA pospuso la cuarta edición del Festival Internacional de Teatro Latino de Chicago (Chicago International Latino Theatre Festival). La versión al aire libre del festival 'Destinos' se logró realizar en el otoño. Varias organizaciones latinas se unieron para un espectáculo único al aire libre, cuyo boleto de entrada también ofreció un descanso de la cuarentena.

En celebración del Mes de la Herencia Hispana, CLATA junto al Museo Nacional de Arte Mexicano, International Latino Cultural Center (ILCC), la Alianza Puertorriqueña para las Artes (PRAA, por sus siglas en inglés) y el Teatro Goodman organizaron 'Destinos al Aire', un gran despliegue cultural que se vivió en el estacionamiento de ChiTown Movies en Pilsen.

Más de 500 personas se reunieron para festejar desde sus automóviles y deleitarse con la presentación de artistas del Teatro Aguijón, la compañía Repertorio Latino, Teatro Vista y la compañía UrbanTheater. Además, hubo música en vivo a cargo del conjunto Cielito Lindo y se proyectó la película 'American Curious', una selección del Festival de Cine Latino de Chicago. El 'stream' del evento en vivo fue visto más de 1,800 veces por audiencias alrededor del mundo.

'Destinos al Aire', la primera aventura en vivo de CLATA desde la suspensión de la temporada teatral en marzo, hizo posible la contratación de equipos de trabajo para el desarrollo de escenografía, luces y audio.

"Este evento fue importante porque pudimos ofrecer trabajos a profesionales y salarios generosos a compañías latinas de sonido y luces, que han tenido dificultad consiguiendo contratos durante este tiempo", dijo a *La Raza* Sara Carranza, asistente ejecutiva y gerente de medios digitales para CLATA.

El Festival de Cine Latino organizó otro evento presencial para marcar el inicio de su versión virtual con la proyección de dos películas en el restaurante Joe's Sports Bar, donde se permitió la entrada a 50 personas. "Esa efervescencia humana que sucede en semana y media del festival no se puede rehacer", compartió Vargas en alusión a la enorme afluencia de personas que en años pasados acudía a las salas de cine para ver las películas del festival.

Grupos culturales latinos de Chicago encaran al covid-19 con contenido digital

La Universidad Popular se acercó a la Bibliotecas Públicas de Chicago para repartir 'kits' o estuches de actividades y materiales a familias en casas. Según Segoviano, es importante tener paciencia y ser bilingües para retener a las personas interesadas en los programas virtuales.

Yollocalli Arts Reach, iniciativa juvenil del Museo Nacional de Arte Mexicano, también preparó 'kits' para sus estudiantes.

Por su parte, tres de las exhibiciones del Museo Nacional Puertorriqueño quedaron grabadas y están disponibles al público tras una colaboración con Google Arts & Culture.

Cuando para desacelerar la propagación del covid-19 se suspendieron muchos de los eventos presenciales, algunos pudieron ser adaptados a un formato digital y otros se cancelaron por completo. Tortolero consideró suspender el aniversario 17 del 'Queer Prom', una fiesta inclusiva para jóvenes de la comunidad LGBTQ y sus aliados, porque pensó que no se lograría el mismo entusiasmo virtualmente. Pero dos jóvenes que habían participado en la fiesta en años anteriores lo convencieron de que valía la pena organizar un evento donde los jóvenes pudieran interactuar y convivir aunque fuera solamente a través de Zoom.

El Instituto Cervantes ha adaptado sus encuentros en persona con científicos e investigadores a Zoom, donde presentan trabajos innovadores e intercambien proyectos. Además, el Instituto realiza una serie virtual de intercambios entre los consulados de los países hispanohablantes en Chicago, que permite la participación de la comunidad latina.

En colaboración con la Universidad Nacional Autónoma de México en Chicago (UNAM Chicago) y varias otras organizaciones culturales, el Instituto Cervantes lanzó una serie de exposiciones virtuales, encuentros con cineastas y un ciclo de cortos en homenaje al movimiento estudiantil de 1968 en México y para recordar a las víctimas de la masacre de Tlatelolco.

"La parte positiva de esta forma de trabajar nos ha permitido colaborar con otras instituciones internacionales, lo que en otras ocasiones hubiese resultado mucho más complicado, y tener acceso a un público de México, España, Argentina y Colombia que en otras circunstancias hubiese sido muy difícil, al igual que contar con invitados de diversos profesiones y experiencias que nos hubiese resultado definitivamente imposible traer en persona a Chicago", dijo Hernando Rojo.

La UNAM Chicago también realizó presentaciones culturales y conciertos en su página de Facebook.

Y, ciertamente, las presentaciones digitales favorecen la colaboración internacional. El primer concierto virtual organizado por el periódico *La Raza* en celebración de su aniversario número 50, titulado 'Niño dulce y sagrado: antiguos cantos de Navidad', exaltó en diciembre de 2020 la herencia de la música virreinal mexicana con la participación del laudista Manuel Mejía Armijo y la soprano Nadia Ortega desde México. Los músicos mexicanos proyectaron sus interpretaciones para que los espectadores virtuales se sintieran como si estuvieran en México, dentro de la iglesia de San Mateo Tepopula en Tenango del Aire, Estado de México, donde se grabó la experiencia virtual.

"Es importante ofrecer contenido virtual de calidad y que permita crecer el conocimiento de nuestra historia a través de la música. De un evento en vivo se pierde el momento y no queda ninguna huella factible, más que la huella que queda en el recuerdo del público, pero esta es una buena manera de valorar lo importante que es tener testimonios de este tipo de eventos", dijo Mejía Armijo a *La Raza*. Esta manifestación de arte virtual se aprecia aún más durante la pandemia porque se logra compartir con personas que quizás nunca antes habían tenido la oportunidad o el acceso para presenciar estos eventos en vivo.

Por ejemplo, la Alianza Latina (Latino Alliance) de la Orquesta Sinfónica de Chicago (Chicago Symphony Orchestra o CSO, por sus siglas en inglés) abrió un espacio virtual a varios grupos latinos de Chicago que participaron en su evento 'Noche Navideña', transmitido por Facebook.

Ello con la finalidad de "dar voz a organizaciones con las que hemos colaborado o se han presentado en el escenario junto a la CSO y están ofreciendo programación y eventos virtuales", dijo Elisabeth Madeja, directora de mercadeo de la Orquesta Sinfónica de Chicago. Además, la presentación quedó grabada y accesible para el público en Facebook después de su estreno.

Entre los grupos culturales participaron con la Alianza Latina de la CSO en su 'Noche Navideña' figuraron la Escuela de Música People's, el Proyecto de Orquesta Chicago Metamorphosis, el Chicago Mariachi Project, Planeta Azul,

Ensemble Español, la Escuelita Bombera de Corazón, David Chiriboga y músicos, la pianista Alexandra Gaviria, Chicago Bandura Ensemble y Char-Zillia.

La pandemia despertó y fomenta la innovación y el espíritu colaborativo. El Instituto Cervantes de Chicago abrirá las puertas de su auditorio y su galería en cuanto sea posible para apoyar a todos de la comunidad cultural hispanohablante que hayan perdido sus espacios como resultado del covid-19 para presentar su trabajo.

Clases virtuales: revolución tecnológica y social sin precedente

La tecnología está avanzando para cubrir nuevas necesidades. Durante la orden de quedarse en casa en Illinois, la meta de muchos grupos artísticos fue explorar diferentes vías para mejorar la gestión de sus contenidos. Algunas organizaciones decidieron producir videos cortos y cápsulas de interés para sus seguidores para publicar en sus redes sociales. Y otros grupos culturales se mantuvieron conectados con sus audiencias a través de eventos virtuales en vivo y talleres interactivos.

En el verano, Díes ofreció una combinación de clases virtuales y presenciales para aquellos niños que no tienen acceso a computadoras o a la velocidad de internet adecuada.

"Es doble el trabajo ofrecer clases presenciales los sábados y por Zoom los domingos, y tuvimos que invertir en equipo, cámaras, luces, mejores conexiones de internet para tener una condición estable y profesional", explicó Díes, quien, como músico, vivió de cerca la transición de la música del formato físico al digital.

Estudiantes de las clases de guitarra en línea prefieren las clases de Zoom porque se les facilita ver al instructor de cerca, pueden grabar la sesión y verla después para repasar la lección. La función del 'chat' permite que los estudiantes hagan preguntas durante la lección y para Díes es más fácil aprenderse los nombres de todos sus estudiantes que participan en sus clases por Zoom.

Otras escuelas de música, como la Merit School de Chicago, también ofrecen clases virtuales de varios instrumentos luego de que la pandemia los obligó a cancelar sus clases presenciales.

El Ensemble Español ofrece una combinación de cursos pagados y tutoriales gratuitos a través de sus redes. Durante el verano, el Ensemble consiguió donaciones de la cadena Home Depot para construir plataformas de madera para sus estudiantes, quienes durante el verano practicaron al aire libre en el estacionamiento de sus instalaciones.

En su página de YouTube, la compañía de baile ofrece acceso a videos pregrabados para aprender a taconear, palmear y tocar las castañuelas. Además, continuaron con los cursos virtuales para estudiantes de secundaria, quienes recibirán créditos para la universidad.

Y superando sus expectativas, Yollocalli Arts Reach matriculó el mismo número de estudiantes a sus clases de pintura, grafiti, dibujo, radiodifusión y fotografía digital.

"Le preguntamos a los estudiantes que sí estarían dispuestos a venir en el verano a clases en persona y la mayoría prefirieron interactuar virtualmente", explicó Vanessa Sánchez, directora de Yollocalli Arts Reach, en entrevista con *La Raza*.

A diferencia de la Universidad Popular, el público objetivo de Yollocalli son las generaciones jóvenes, quienes están acostumbradas al concepto de la redes como herramientas de aprendizaje y se sienten cómodos interactuando con maestros, compañeros de clase y contenidos a través de diferentes medios.

Rompiendo barreras geográficas

En el entorno virtual se logra con más facilidad cruzar fronteras y colaborar con artistas de diversas disciplinas. La sede del evento no es tan relevante y el alcance de estos eventos, cursos y presentaciones es más amplio.

Víctor Pichardo, director musical de Sones de México Ensemble, estaba en cuarentena en Morelos, México, y desde allá se conectó a través de Zoom para apoyar al grupo musical durante un concierto virtual sobre la geografía musical de México para la Universidad de Miami en Ohio.

A través de este medio, Sones de México presentó ocho temas musicales de su más reciente producción discográfica 'Geografía musical de México' y logró interactuar con público de Chicago, Ohio, Indiana y México después del concierto pregrabado.

Desde sus cocinas, salas y sótanos, 39 estudiantes de flamenco ubicados en Chicago, Nueva York, Carolina del Norte, Noruega, Canadá, Italia y Suecia se conectaron dos veces a la semana para tomar una clase con la icónica maestra Carmela Greco desde su estudio de flamenco Amor de Dios, con sede en España.

Y al final del concierto 'Niño dulce y sagrado' en celebración del 50 aniversario de *La Raza*, los artistas Mejía Armijo y Ortega conversaron en vivo y en línea con usuarios que vieron su concierto desde Chicago y varias ciudades de México, Estados Unidos y Canadá.

Fondos diversificados: becas y generosidad

El apoyo financiero de fundaciones, como la Fundación Driehaus, el Chicago Community Trust y la Fundación Field de Illinois, ha permitido que instituciones culturales, artísticas y educativas se mantengan a flote durante la pandemia y mientras se reinventan. Además, el Concilio de Artes de Illinois (Illinois Arts Council) y la Administración para Pequeños Negocios (Small Business Administration o SBA, por sus siglas en inglés) han ofrecido varias subvenciones para levantar a organizaciones y alentarlos a mantener sanos a sus artistas, empleados y clientes durante la pandemia.

Díes recibió una beca de investigación para artistas en Estados Unidos. "Este apoyo nos ha permitido no tener que cambiar de carrera mientras nos reinventamos", añadió Díes, quien ofrece sus clases desde las instalaciones del Centro Romero en Rogers Park y en una iglesia en Pilsen.

Tener que pagar por una hipoteca o la renta de un inmueble cuando se han perdido ingresos amenaza con paralizar los servicios al público. Ante ello, tener actividad en casas de los parques públicos, iglesias, escuelas, universidades y centros comunitarios quita a las organizaciones la renta de alquileres y les permite reducir el costo de los servicios que ofrecen al público.

El entretenimiento es un nicho rentable y una buena estrategia de monetización es ofrecer contenido valioso a instituciones educativas, que pueden adquirirlo y luego difundirlo de manera gratuita a sus comunidades a lo largo del país.

"El plan es crear un valor añadido para competir contra contenido gratis y poder monetizar nuestro contenido", dijo Díes.

"Mientras algunas compañías están despidiendo a personas, nosotros seguiremos contratando para continuar con nuestra misión y generar fondos porque al final del día esto es un negocio", explicó Pérez de Ensamble Español, que recibió $65,000 del Programa de Protección de Nóminas[59] (Payroll Protection Program o PPP, por sus siglas en inglés) y asistencia financiera privada.

Al igual que Sones de México, Ensemble Español mantiene un acuerdo con la Universidad Northeastern para el uso de sus instalaciones y el almacenamiento de sus 200 piezas de vestuarios, escenarios y decoraciones. Sin el costo de mantener una sede propia pueden ofrecer más servicios culturales a la comunidad, "podemos vender la mitad de los boletos [de la capacidad del teatro] y monetizar la versión virtual porque personas alrededor del mundo les gustaría ver nuestros programas desde la comodidad de sus casas", dijo Pérez.

Y el impacto del covid-19 generó un aumento en la inversión[60] en plataformas y tecnologías digitales. Vargas lanzó 'Más', un servicio de suscripción para rentar y ver películas de festivales de cine latino anteriores a un precio fijo. Un 50% de los fondos generados va a los directores que dieron permiso para retransmitir su obra en línea.

Los ingresos de los museos comunitarios se derivan de subvenciones, donaciones, ventas en su tienda y el alquiler de las galerías para eventos especiales, incluyendo bodas. El Museo Nacional de Arte Mexicano tuvo que regresar los depósitos a quienes reservaron espacio para sus eventos.

Pero "las fundaciones han dado un paso adelante durante la crisis para las artes", exclamó Tortolero. El NMMA recibió una subvención de cuatro años de $3.5 millones de la iniciativa 'Tesoros culturales de América' de la Fundación Ford para apoyar los programas curatoriales y educativos del museo y el desarrollo de la capacitación en las áreas de estrategias digitales y otras necesidades.

Y con el apoyo de su agencia central en Madrid, las matrículas de los alumnos y subvenciones, el Instituto Cervantes de Chicago se mantiene acti-

---

[59] https://www.sba.gov/programas-de-financiamiento/prestamos/opciones-de-asistencia-por-coronavirus/programa-de-proteccion-de-pago-ppp-por-sus-siglas-en-ingles

[60] https://home.kpmg/mx/es/home/sala-de-prensa/press-releases/2020/10/covid-19-genera-uno-de-los-mayores-aumentos-en-inversion-tecnologica-de-la-historia-encuesta-de-kpmg-y-harvey-nash.html

vo. "Tenemos una base sólida con la cual la institución seguirá adelante y más fuerte que antes porque tendremos la opción de presentar nuestras actividades tanto en persona como en línea", aclaró Hernando Rojo.

El futuro: fusión de lo virtual y lo presencial

La competencia por 'likes' y por la atención en una plataforma digital es feroz y requiere de mercadeo creativo, lo que mantendrá a las instituciones culturales ocupadas. En 2021, muchos de estas organizaciones culturales de Chicago implementarán un modelo de entretenimiento y educación híbrido.

El Festival de Cine Latino tiene previsto realizar su edición número 37 del 8 al 18 de abril de 2021 con una combinación de proyecciones presenciales y a través del servicio de 'streaming'.

"Al reabrir no vamos a dejar de hacer lo virtual y tendremos dos trabajos. El reto va a ser cómo cumplir con los dos sin apoyo financiero o empleados adicionales", dijo Tortolero, quien está ansioso por dar de nuevo la bienvenida a los visitantes al Museo Nacional de Arte Mexicano.

El primer trimestre de programación en 2021 del Instituto Cervantes seguirá siendo en línea y luego híbrido. Con respeto al Festival de Flamenco, lo dividirán en dos partes: la primera en febrero y principios de marzo de 2021 con paneles, talleres y documentales en línea y la segunda parte en septiembre y octubre con actuaciones presenciales.

"También se incorpora la posibilidad de transmitirlo a través de las redes para que el público pueda verlo desde sus casa y a nivel internacional", destacó Hernando Rojo, quien está planeado la celebración del 25 aniversario de la apertura del Instituto en Chicago y los 30 años de la central con sede en Madrid.

La Raza también planea nuevos eventos en línea a realizarse durante 2021.

Las organizaciones culturales en Chicago hacen un llamado al público hispanohablante para que los sigan en las redes sociales y se registren para obtener información sobre la variedad de actividades que ofrecerán tanto en línea como de modo presencial al público local y mundial.

Cultura y cibercultura

'Niño dulce y sagrado: antiguas canciones de Navidad', concierto en línea del 50 aniversario de *La Raza*
YouTube: youtu.be/x8CaZ3-ppGY
Facebook: fb.watch/2zljnRMoJu

Sones de México Ensemble
Web: sonesdemexico.com
Facebook: www.facebook.com/sonesdemexico
YouTube: www.youtube.com/user/sonesdemexico

Alianza de Teatro Latino de Chicago (CLATA)
Web: www.clata.org
Facebook: www.facebook.com/latinotheater

Ensemble Español
Web: www.ensembleespanol.org
Facebook: www.facebook.com/ensembleespanolspanishdancetheater
YouTube: www.youtube.com/user/ensembleespanol

Universidad Popular
Web: www.universidadpopular.us
Facebook: www.facebook.com/UPLatinCenter

UNAM Chicago
Web: www.unamchicago.org
Facebook: www.facebook.com/UNAMChicago

Festival de Cine Latino de Chicago
Web: chicagolatinofilmfestival.org
Facebook: www.facebook.com/ChicagoLatinoFilmFestival

Grupos culturales latinos de Chicago encaran al covid-19 con contenido digital

Museo Nacional de Arte y Cultura Puertorriqueña
Web: nmprac.org
Facebook: www.facebook.com/nmprac
YouTube: www.youtube.com/channel/UCaGlRo3CB3J8hI2Qw33KxMw/videos

Museo Nacional de Arte Mexicano
Web: nationalmuseumofmexicanart.org
Facebook: www.facebook.com/NationalMuseumofMexicanArt
YouTube: www.youtube.com/c/NationalMuseumofMexicanArt

Yollocalli
Web: yollocalli.org
Facebook: www.facebook.com/yollocalli.arts.reach
Instagram: www.instagram.com/yollocalli

Instituto Cervantes de Chicago
Web: chicago.cervantes.es
Facebook: www.facebook.com/Instituto.Cervantes.Chicago
YouTube: www.youtube.com/user/ICervantesChicago

Orquesta Sinfónica de Chicago y su Alianza Latina
Web: cso.org
Web: cso.org/support/get-involved/latino-alliance
Facebook: www.facebook.com/csolatinoalliance
YouTube: www.youtube.com/c/chicagosymphony/videos

Lyric Opera de Chicago
Web: http://www.lyricopera.org
Facebook: www.facebook.com/lyricopera
YouTube: www.youtube.com/user/lyricoperaofchicago

CLAMOR CHICAGO

Chicago's Latino cultural groups confront COVID-19 with digital content and online experiences

Artists, organizations, and cultural promoters reinvent their strategies and programming and use social media to publicize their activities and stay in connected with their audience

by IRENE TOSTADO   Published in December, 2020

Every Sunday, a granddaughter and her grandfather connect to Zoom to learn to play the guitar with Juan Díes, co-founder and executive director of Sones de México Ensemble, a Mexican folk-music group from Chicago nominated for multiple Grammy Awards. Although they can only see one another on-screen, the grandfather and his granddaughter enjoy this activity and time together even if they are more than 1,800 miles apart. The grandfather participates in the class from Zacatecas, México, and she resides in Chicago.

This year, Sones de México's music school offered online classes for the first time to reduce the number of students participating in person and to follow the rules estabblished by Governor JB Pritzker's executive order. Due to the COVID-19 pandemic, in-person meetings were not allowed in Illinois as of April 30, 2020. The governor's executive order forced the closure of museums, movie theaters, and cultural spaces until May 26, when the state's plan 'Restore Illinois' Phase 3 went into effect. During this phase, only a maximum of 10 people was allowed to meet in closed spaces.

On June 26, the state entered the plan's Phase 4. Some spaces were opened, including museums and movie theaters, for meetings of no more than 50 people or 25 percent of a site's capacity. However, due to the increase in COVID-19 cases, Governor Pritzker decided to return to Phase 3 on Nov. 20. Under these new guidelines, cinemas, museums, and other recreational spaces remained closed to the public.

Representatives from different cultural sectors spoke with *La Raza* about the financial and technological obstacles during the pandemic and the new projects that have emerged. They remain optimistic and hopeful as they use new marketing strategies and adapt their programs virtually. Meeting the new demands despite the circumstances they face has not been easy. Still, those who work in these cultural institutions have adapted and learned.

Plans interrupted

Theater companies that rely on ticket sales are struggling. Still, they seek creative ways to sustain the vibrancy of this form of artistic expression and keep their artists and technical staff active. Before theaters closed, the Chicago Latino Theater Alliance (CLATA) coordinated the final details of its annual festival and collaborated with Chicago's theater giants to increase the Latin presence.

Several organizations that were part of the program spent their funds on airline tickets, hotel rooms, and fees for special guests for events that never saw the light of day.

Ensemble Español Spanish Dance Theater, a Northeastern University-based flamenco dance company, suspended all three performances scheduled for the American Spanish Dance and Music Festival because regulations made ticket sales and traveling for international artists extremely difficult. The 800-seat theater agreed to keep the organization's deposit and to allow the festival to take place next year if state and local rules allow it. The national tour and proceeds from these performances were also frozen until further notice.

"We were able to cover the losses because we are not spending the same type of expenses and the dance company has remained standing thanks to the support of foundations and private investors," Jorge Pérez, executive and artistic director of Ensemble Español, told *La Raza*.

The Chicago Flamenco Festival, which the Cervantes Institute of Chicago has held for the last 18 years in February and March, had just begun in 2020 when the pandemic struck. Only in the third week of the festival, with all the artists in Chicago, the Instituto Cervantes had to suspend the festival, one of its most important events.

A myriad of other cultural activities was also postponed: International Theater Day, Women's Day, the events related to International Book Day, and their participation in the Poetry in April Festival (Poesía en Abril), organized by DePaul University and *Contratiempo* magazine.

"The pandemic has impacted budgets [for cultural events]. We will have to reinvent ourselves and produce things of great interest with very few resources and a lack of knowledge in multimedia and marketing," Teresa Hernando Rojo, the Cervantes Institute's cultural manager, told *La Raza*.

COVID-19 also turned off the big screens. One of the worst-hit was the Chicago Latino Film Festival, which was left without its in-person screening programming to show Latin American films and documentaries. The organizers had confirmed 25 film directors and the premiere of more than 100 Latin American films for the festival's 36th edition.

The festival then opted to go virtual, but that option presented obstacles. According to Pepe Vargas, founder and executive director of the International Latino Cultural Center of Chicago and the Latino Film Festival, it was relatively simple to find an affordable and easy-to-navigate online platform to launch the virtual version of the film festival and provide access to moviegoers. The challenge was to compete against the new reality that "people in confinement have a number of concerns, there is a flood of free content and we would have to share the digital space with commercial platforms, such as Netflix and Amazon," Vargas said.

"It is still a great challenge, but what we offer is good," added Vargas about the Latino Film Festival, whose audience is mostly viewers over 40. "After launching the new platform, we find that our audience is not used to new technologies and it is not something they handle with their eyes closed like the new generations."

According to the platform's figures, 10,000 people saw the festival's films compared to the more than 30,000 that typically go to theaters. Although they lost almost $200,000 in revenue, "we tried the new technology, it worked and we learned a lot," Vargas said. The economic loss was significant, but learning about handling the festival and outreach virtually was much more relevant, paving the way for future opportunities.

Fifteen years ago, Universidad Popular came up with a unique event that appeals to "mole" lovers' palates. The goal was to promote México's rich gastronomy, showing various versions of this typical plate. From this annual community event, 10 women entrepreneurs emerged after enrolling in the women's empowerment and certification program to handle food, sell their products, and develop their small businesses.

In 2020 the mole festival was suspended because "due to the new protocols we cannot invite older and vulnerable people at the moment. And, it's very difficult to do the classes through Zoom because many are not familiar with this technology," Lilia Segoviano said. She is the programming coordinator for Universidad Popular, which has campuses at Little Village and West Lawn.

Instead of hosting in-person events, Segoviano focuses on supporting people who need help navigating the virtual world. "We communicate with our clients through WhatsApp and Messenger and we train them on how to use computers and applications to adapt them to technology," Segoviano noted.

Chicago's community museums are more sustainable because they don't depend on ticket sales to survive. However, its social responsibility and impact on communities are more profound. In addition to art exhibitions, museums offer workshops, host health forums and book signings, and preserve the memory and identity of the community they represent through cultural fairs, such as Barrio Fest and Día del Niño.

The National Museum of Puerto Rican Arts & Culture, located in Humboldt Park, canceled the 20th anniversary of Barrio Fest, its annual fair where local artists exhibit, promote and sell their work. Barrio Fest was also set to celebrate the 25th anniversary of Paseo Boricua, Chicago's Puerto Rican neighborhood's main artery.

"Artists don't have spaces to sell their art because the festivals were canceled and the places where they would sell are closed," Billy Ocasio, president and chief executive of the National Museum of Puerto Rican Art & Culture, told *La Raza*.

Puerto Rican artist Samuel Lind was scheduled to have his grand opening exhibition at this museum on March 16, the same day that Governor Pritzker announced the limitation of meetings of 50 people or more. The works of art remain on the museum's walls awaiting the appreciation of the spectators. And on the first floor, the gallery is empty and ready to receive the paintings of the 80-year-old Puerto Rican artist Antonio Martorell.

"The artist prefers to install his own works, but at his age he would be risking his health and with the restrictions he will not be able to travel to Chicago," Ocasio said.

Reinvent or die

At the beginning of the quarantine, cultural groups rediscovered content and uploaded old concerts and shows. They also turned their actors, dancers and artists into freelance videographers to broadcast original presentations from their homes on Facebook or YouTube. Almost a year later, some cultural sectors are producing original content accentuated by virtual exchanges with international colleagues.

"Welcome, now online for now and, as soon as possible, in person," Juan Díes told *La Raza*. This is how most Latino cultural organizations based in Chicago deal with the obstacles that arose from the COVID-19 pandemic.

When forced to shut down their facilities, these groups undertook the task of reinventing themselves to survive and stay active, offering quality content to an audience used to going out to see a flamenco show in an auditorium or a foreign film in a movie theater.

From family reunions to business meetings to concerts, more virtual events are being organized every day. Among them was an online concert to celebrate *La Raza* newspaper's 50th anniversary. The concert, titled 'Sweet and Sacred Child: Ancient Christmas Songs,' presented Mexican and Spanish Christmas carols and songs from the 16th to the 19th centuries performed by Mexican musicians Manuel Mejía Armijo (lute) and Nadia Ortega (soprano).

That concert was broadcast on Dec. 22, 2020, on *La Raza*'s YouTube and Facebook platforms, with the support of the Facebook Journalism Project, Lenfest Institute for Journalism, and ComEd.

Other institutions also decided to shift the focus of their resources and deliver their events virtually.

According to Díes, the City of Chicago Department of Cultural Affairs and Special Events plans a possible virtual version of the Year of Music celebration.

Sones de México Ensemble performances were interrupted and may remain on standby until 2022, according to Díes. Still, the music school and the promotion and appreciation of traditional Mexican music continue.

Chicago's Latino cultural groups confront COVID-19 with digital content

"You can have many venues to promote music. When we return, we may mix things up, with a virtual concert and audience, with screens on stage and chats rooms so the public can interact instantly," Díes said.

The pandemic has pushed musicians to accelerate their reinvention process. Five years ago, Sones de México was no longer just a musical group. The group founded a music school to diversify its income, which became an educational and promotional resource for Mexican folk music. When in-person programming in schools was suspended, and concerts were canceled due to the pandemic, Díes focused on hosting virtual classes and events to promote the arts and educate.

Between virtual rehearsals by Zoom, workshops for dancers, and online classes for students from the Chicago Public Schools program After School Matters, the 40 dancers from Ensemble Español never lost their rhythm as their virtual activities started at full speed.

"They are enriched from courses led by artists based in Spain, Miami, México and Washington. They even presented a world-premiere choreography titled 'Duquelando' in honor of the victims of COVID-19 and in solidarity with the African-American community and the fight for social justice," Pérez said.

CLATA, the Chicago Latino Theater Alliance, maintains a connection among theater companies, artists, and colleagues nationwide through virtual conversations called 'Charlando' ('Chatting'). These virtual conversations provide an opportunity for mutual comfort and exchanging ideas and opinions. Participants discuss topics from the Afro-Latino and indigenous representation and activism in the theater to mitigating the impact of the pandemic to transitioning to the digital world.

In addition, CLATA invited the public to the artists' houses for the project called 'Mini Tesoros' ('Tiny Treasures'). Through Facebook, 'Mini Tesoros' invited Latino theater artists to share their best memories of the Christmas season.

"We must invest in technology and knowledge to transform and build all of our programs virtually and provide a valuable service to the public," Ocasio said. Ocasio also recruited and offered salaries to artists to create alternative content for the Puerto Rican museum's YouTube page.

Ocasio created a collection of pre-recorded videos that rescue culture and connect the viewer with artists of Puerto Rican origin. Viewers can learn to draw or prepare the typical dish of turkey and sweet rice on its YouTube page. 'Raíces' ('Roots'), the museum's annual gala, was also broadcast on social media. Instead of live music, Ocasio prepared clips to teach Puerto Rican traditions and combined them with scenes from Christmas celebrations in Puerto Rico. Ocasio also interviewed singer-songwriter José Feliciano, who is celebrating 50 years since the release of the Christmas hit song 'Feliz Navidad.' During the recording, he was presented with the Ceiba Award for his remarkable musical career.

"Community institutions are looking for ways to be more creative," said Carlos Tortolero, founder and president of the National Museum of Mexican Art located in Pilsen.

Although virtual experiences are attractive, "they can never replace or reproduce the emotion experienced in an in-person theater production," Tortolero said, adding he thinks it's imperative to strengthen community ties and offer high-quality content.

The National Museum of Mexican Art contributes to the digital world by transporting its followers from their couches to the 1930s and 1940s to learn "danzón" (Cuban dancing). In another pre-recorded video, viewers can dance while watching mini-concerts led by Latin musicians performing various musical genres. The invitations are no longer for in-person events. Instead, the museum invites local and international artisans to share their talents through virtual workshops titled 'En casa' ('At Home'), which are available for free on the museum's YouTube channel.

"We were the first in Chicago to do virtual-live tours of their exhibits," Tortolero said. The museum also hosted 140 virtual tours of the "Just a Little Here: Day of the Dead" exhibit, in which a teacher and cameraman answered questions from viewers in real-time.

And for the first time since the suspension of all its programming and concerts due to the pandemic, well-known singers from the Lyric Opera in Chicago retook the stage. They premiered the concert 'Pasión Latina' through YouTube and Facebook.

"Even if we are not in the same space, they are going to feel what we feel when recording," said Denis Vélez, a Mexican soprano who joined the Chicago Lyric Opera musical ensemble in July.

Consistent rehearsing is of utmost importance to musicians and artists. After several months without performing live, Vélez admitted that she was nervous about recording again and performing before an audience. But the concert was a success.

Innovative projects: multidisciplinary collaboration

The cancellation of events allowed artists to innovate and use social media as a vehicle to present creative solutions to a broader audience. Before the pandemic, Díes recorded a live concert with Billy Branch, an American harmonica player and singer from Chicago blues, and another with the Chicago School of Irish Music. He plans to add interviews and information on the historical commonalities between blues, Irish, and Mexican music.

As the theater doors closed, CLATA postponed the fourth edition of the Chicago International Latino Theater Festival. The outdoor version of the 'Destinos' ('Destinations') festival was held in the fall. Several Latino organizations came together for this unique outdoor show, where the entry ticket also offered a break from quarantine losses.

In celebration of Hispanic Heritage Month, CLATA along with the National Museum of Mexican Art, International Latino Cultural Center (ILCC) the Puerto Rican Alliance for the Arts, and the Goodman Theater organized 'Destinos al Aire' ('Destinations Outdoors') a cultural display hosted in the ChiTown Movies parking lot in Pilsen. The event attracted more than 500 people, who remained in their vehicles to watch performances by artists from Aguijón Theater, Latino Repertory, Vista Theater and UrbanTheater Company. In addition, the event had live music by the Cielito Lindo Ensemble and showed the movie 'American Curious,' selected from the Chicago Latino Film Festival. The live event stream was viewed more than 1,800 times by audiences around the world.

For the 'Destinos al Aire' event, CLATA's first live event since March, the organization was able to hire production teams for stage design, lighting, and audio.

"This event was important because we were able to offer professional jobs and generous salaries to Latino sound and lighting companies, who have struggled getting contracts during this time," Sara Carranza, executive assistant and digital media manager for CLATA told *La Raza*.

The Latino Film Festival organized another in-person event to mark the beginning of its virtual version with the screening of two films at Joe's Sports Bar restaurant, where 50 people were allowed in. "That human effervescence that happens during that week-and-a-half of the festival cannot be redone," Vargas said, about the large number of people who come to enjoy the festival's films every year.

Universidad Popular approached the Chicago Public Libraries to distribute activity kits and materials for families to take home. According to Segoviano, it's essential to be patient and bilingual to retain people interested in virtual programs.

Yollocalli Arts Reach, a youth initiative of the National Museum of Mexican Art, also prepared kits for its students.

Besides, three of the National Puerto Rican Museum exhibits were recorded and are available to the public after a collaboration with Google Arts & Culture.

When many of the in-person events were suspended, some could be adapted to a digital format. Others were canceled entirely. Tortolero considered suspending the 17th anniversary of the Queer Prom, an inclusive party for young people from the LGBTQ community and their guests because he felt that the same enthusiasm would not be achieved virtually. But two young people who had participated in the party in previous years convinced him that it was worth organizing an event where young people could interact and coexist even if it was only through Zoom.

The Cervantes Institute has adapted its face-to-face meetings with scientists and researchers to Zoom, presenting innovative works and exchanging projects. Also, the Institute hosts virtual events for Latin American consulates in Chicago, allowing anyone from the Latino community to participate.

In collaboration with the Universidad Nacional Autónoma de México in Chicago (UNAM Chicago) and several other cultural organizations, the Cervantes Institute launched a series of virtual exhibitions, meetings with filmmakers, and short films in tribute to the 1968 student movement in México and to remember the victims of the Tlatelolco massacre.

"The positive side of working this way has allowed us to collaborate with other international institutions, which on other occasions would have been much more complicated, and to have access to an audience from México, Spain, Argentina and Colombia that in other circumstances would have been very difficult, as well as having guests from various professions and experiences that would have been definitely impossible for us to bring in person to Chicago," Hernando Rojo from the Cervantes Institute said.

UNAM Chicago also held cultural presentations and concerts on its Facebook page.

Most certainly, digital presentations encourage international collaboration. The first virtual concert organized by the newspaper *La Raza* in celebration of its 50th anniversary, titled 'Sweet and Sacred Child: Ancient Christmas Songs,' elevated the heritage of Mexican colonial music with the participation of the lute player Manuel Mejía Armijo and the soprano Nadia Ortega from México. The Mexican musicians screened their performances so that virtual viewers would feel as if they were in México, inside the San Mateo Tepopula Church in Tenango del Aire, State of México, where the virtual experience was recorded.

"It's important to offer quality virtual content that allows the knowledge of our history to grow through music. From a live event, the moment is lost and no feasible trace remains, other than the trace that remains in the memory of the public, but this is a good way to assess how important it is to have testimonies of this type of event," the musician Mejía Armijo told *La Raza*. Presenting art virtually can be appreciated even more during the pandemic because it makes it possible for many to see different types of events live for the first time.

The Latino Alliance of the Chicago Symphony Orchestra (CSO) also offered a virtual space to various Latino groups from Chicago to participate in their event 'Noche Navideña' (Christmas Night) broadcasted on Facebook.

It was done to "give a voice to organizations with which we have collaborated or have performed on stage with the CSO and [groups that] are offering virtual programming and events," Elisabeth Madeja, director of marketing for the Chicago Symphony Orchestra, said. In addition, the presentation was recorded, and it's now accessible to the public on Facebook.

The cultural groups that participated with the CSO Latino Alliance 'Noche Navideña' were The People's Music School, the Chicago Metamorphosis Orchestra Project, the Chicago Mariachi Project, Planeta Azul, Ensemble Español, Escuelita Bombera de Corazón, David Chiriboga and musicians, the pianist Alexandra Gaviria, Chicago Bandura Ensemble and Char-Zillia.

The pandemic sparked and fostered innovation and a collaborative spirit. The Instituto Cervantes will open its auditorium and gallery as soon as possible to support all of the Spanish-speaking cultural community who have lost their spaces due to the crisis.

Virtual classes: An unprecedented technological and social revolution
Technology is advancing to meet new needs. During the stay-at-home order in Illinois, many arts groups' goal was to explore different avenues to improve their content management. Some organizations decided to produce short videos and capsules of interest for their followers to post on their social media networks. And other cultural groups stayed connected to their audiences through live virtual events and interactive workshops.

In the summer, Díes offered a combination of virtual and in-person classes for children who don't have a computer or fast-speed Internet access.

"It's double the job to offer in-person classes on Saturdays and Zoom on Sundays. We had to invest in equipment, cameras, lights, better internet connections to offer a stable and professional experience," Díes said, explaining that as a musician, he also lived through that transition of music from physical to digital format.

Students who take the online guitar lessons actually prefer the Zoom lessons because it allows them to watch the instructor up close, record the sessions to watch and review them later. The chat function also allows students to ask questions during the lesson, and it makes it easier for Díes to remember his students' names.

Other music schools, such as the Merit School in Chicago, also offer virtual classes of various instruments after the pandemic forced them to cancel their classes.

Ensemble Español offers a combination of paid courses and free tutorials through its social media platforms. During the summer, the Ensemble obtained donations from Home Depot to build wooden platforms for its students, who practiced outdoors in the parking lot of their facilities during the summer. On its YouTube page, the dance company offers access to pre-recorded videos to learn how to tap, clap, and play the castanets. Besides, they continued with virtual courses for high school students, who will get college credits.

And exceeding expectations, Yollocalli Arts Reach enrolled the same number of students for painting, graffiti, drawing, broadcasting, and digital photography classes.

"We asked the students if they would be willing to come to classes in person in the summer and most preferred to interact virtually," Vanessa Sánchez, director of Yollocalli, said in an interview with *La Raza*.

Unlike Universidad Popular, Yollocalli's target audience is the younger generation, who are used to technology and feel comfortable interacting with teachers, classmates, and content through different media platforms.

Breaking geographical barriers

In the virtual environment, it's easier to cross borders and collaborate with artists from various disciplines. The event's venue is not so relevant, and the scope of these events, courses and presentations are broader.

Víctor Pichardo, musical director of Sones de México Ensemble, was in quarantine in Morelos, México, and from there, he connected through Zoom to support the musical group during a virtual concert on the musical geography of México for the University of Miami in Ohio.

Through this medium, Sones de México presented eight songs from their most recent record production 'Geografía musical de México' ('México's Musical Geography'), and managed to interact with audiences from Chicago, Ohio, Indiana, and México after the pre-recorded concert.

From their kitchens, living rooms, and basements, 39 flamenco students from Chicago, New York, North Carolina, Norway, Canada, Italy, and Sweden connected twice a week to take a class with the iconic teacher Carmela Greco from her flamenco studio 'Amor de Dios' ('God's Love') based in Spain.

And at the end of the concert 'Niño dulce y sagrado' by *La Raza*, the artists Mejía Armijo and Ortega had an online, live conversation with users who saw their concert from Chicago and several cities in México, the United States and Canada.

Diversified funds: Scholarships and generosity

Financial support from foundations, such as the Driehaus Foundation, the Chicago Community Trust and the Field Foundation of Illinois, has allowed cultural, artistic and educational institutions to stay afloat during the pandemic and while they shift their strategies. Additionally, the Illinois Arts Council and the Small Business Administration (SBA) have offered several grants to support these organizations and encourage them to keep their artists, employees and supporters healthy during the pandemic.

Díes received a research grant for artists in the United States. "This support has allowed us not to have to change careers while we reinvent ourselves," added Díes, who offers his classes from the Centro Romero in Rogers Park and at a church in Pilsen.

Having to pay for a mortgage or the rent when there is a loss of income presents a serious threat of not being able to provide services to the public. Given this, hosting activities in public parks, churches, schools, universities, and community centers provide rental relief from organizations and reduce the cost of the services they offer to the public.

Entertainment can be a profitable field. And an excellent strategy to earn money is to offer valuable content to educational institutions, who can purchase it and then distribute it for free to communities around the country.

"The plan is to create added value to compete against free content and to be able to monetize our content," Díes said.

"While some companies are laying people off, we will continue hiring to continue with our mission and generate funds because at the end of the day this is a business," explained Pérez from Ensemble Español, which received $65,000 from the Payroll Protection Program[61] and private financial assistance.

---

[61] https://www.sba.gov/funding-programs/loans/coronavirus-relief-options/paycheck-protection-program

Like Sones de México, Ensemble Español maintains an agreement with Northeastern University to use its facilities and to store 200 pieces of costumes, sets and decorations. Without the cost of maintaining their own facilities, they can offer more cultural services to the community. "We can sell half of the tickets [of the theater's capacity] and make money from the virtual versions because people around the world would like to see our programs from the comfort from their homes," Pérez said.

And the impact of COVID-19 generated an increase in investment[62] in digital platforms and technologies. Vargas launched 'Más,' a subscription service to rent and watch movies from previous Latino film festivals at a fixed price. Fifty percent of the profit is allocated to the directors who gave permission to broadcast their films online.

The income for community museums comes from grants, donations, store sales and gallery rentals for special events, including weddings. The National Museum of Mexican Art had to return the deposits for event reservations.

But "foundations have taken a step forward during the crisis for the arts," Tortolero said. The NMMA received a four-year grant of $3.5 million from the Ford Foundation's Cultural Treasures of America initiative to support the museum's curatorial and educational programs and the development of training in digital strategies and other needs.

And with the support of its central agency in Madrid, Spain, student enrollment and grants, the Cervantes Institute of Chicago remains active. "We have a solid foundation from which the institution will continue and be stronger than before because we will have the option of presenting our activities both in person and online," Hernando Rojo said.

The future: fusion of the virtual and in-person events
The battle for 'likes' and online user attention is fierce and requires creative marketing, keeping cultural institutions busy. In 2021, many of these cultural organizations will implement a hybrid entertainment and educational model.

---

[62] https://home.kpmg/mx/es/home/sala-de-prensa/press-releases/2020/10/covid-19-genera-uno-de-los-mayores-aumentos-en-inversion-tecnologica-de-la-historia-encuesta-de-kpmg-y-harvey-nash.html

The Chicago Latino Film Festival, for instance, plans to hold its 37th edition April 8-18, 2021, with a combination of in-person screenings and through a streaming service.

"When we reopen, we will not stop doing the virtual and we will have two jobs. The challenge will be how to meet both without financial support or additional employees," Tortolero said, who is eager to welcome visitors back to the National Museum of Mexican Art.

The first quarter of programming in 2021 of the Instituto Cervantes will continue to be online and then hybrid. Regarding the Flamenco Festival, organizers will divide the event into two parts: the first in February and early March of 2021 with panels, workshops, and online documentaries, and the second part in September and October with in-person performances.

"The possibility of transmitting it through social media is also incorporated so that the public can see it from their homes and from around the world," said Hernando Rojo, who is planning to celebrate the 25th anniversary of the opening of the Cervantes Institute in Chicago and the 30 years from the headquarters in Madrid.

La Raza also plans to have online events in 2021.

Cultural organizations in Chicago urge the Spanish-speaking public to follow them on social media and sign up for information on the variety of activities they will offer both online and in-person to local and global audiences.

Culture and cyberculture

'Sweet and Sacred Child: Ancient Christmas Songs',
La Raza's 50th Anniversary Online Concert
YouTube: youtu.be/x8CaZ3-ppGY
Facebook: fb.watch/2zljnRMoJu

Sones de México Ensemble
Web: sonesdemexico.com
Facebook: www.facebook.com/sonesdemexico
YouTube: www.youtube.com/user/sonesdemexico

Chicago Latino Theater Alliance (CLATA)
Web: www.clata.org
Facebook: www.facebook.com/latinotheater

Ensemble Español
Web: www.ensembleespanol.org
Facebook: www.facebook.com/ensembleespanolspanishdancetheater
YouTube: www.youtube.com/user/ensembleespanol

Universidad Popular
Web: www.universidadpopular.us
Facebook: www.facebook.com/UPLatinCenter

UNAM Chicago
Web: www.unamchicago.org
Facebook: www.facebook.com/UNAMChicago

Chicago Latino Film Festival
Web: chicagolatinofilmfestival.org
Facebook: www.facebook.com/ChicagoLatinoFilmFestival

National Museum of Puerto Rican Art & Culture
Web: nmprac.org
Facebook: www.facebook.com/nmprac
YouTube:
www.youtube.com/channel/UCaGlRo3CB3J8hI2Qw33KxMw/videos

National Museum of Mexican Art
Web: nationalmuseumofmexicanart.org
Facebook: www.facebook.com/NationalMuseumofMexicanArt
YouTube: www.youtube.com/c/NationalMuseumofMexicanArt

Yollocalli
Web: yollocalli.org
Facebook: www.facebook.com/yollocalli.arts.reach
Instagram: www.instagram.com/yollocalli

Cervantes Institute of Chicago
Web: chicago.cervantes.es
Facebook: www.facebook.com/Instituto.Cervantes.Chicago
YouTube: www.youtube.com/user/ICervantesChicago

Chicago Symphony Orchestra and CSO Latino Alliance
Web: cso.org
Web: cso.org/support/get-involved/latino-alliance
Facebook: www.facebook.com/csolatinoalliance
YouTube: www.youtube.com/c/chicagosymphony/videos

Lyric Opera of Chicago
Web: http://www.lyricopera.org
Facebook: www.facebook.com/lyricopera
YouTube: www.youtube.com/user/lyricoperaofchicago

Justicia, fin al racismo e igualdad de oportunidades: tres grandes retos estadounidenses

Una reforma amplia a la policía y al sistema judicial, erradicar el racismo estructural y ampliar las opciones de desarrollo a las comunidades oprimidas son las respuestas adecuadas a las manifestaciones masivas de 2020 contra la brutalidad policiaca

por JESÚS DEL TORO   Publicado en junio y actualizado en noviembre de 2020

Las protestas masivas que se dieron en Estados Unidos durante 2020, desatadas por el repudio a la muerte del afroamericano George Floyd a manos de policías en Minnesota el 25 de mayo de 2020, han sido una respuesta –cargada por igual de lucidez crítica y de apasionada indignación– a una injusticia estructural, a una situación de opresión y a un profundo desasosiego que afectan profundamente a la sociedad estadounidense y, en lo específico, a la población afroamericana, la latina y otras comunidades.

Al margen de las acciones violentas y los saqueos, que tienen una lógica oportunista aparte y que en realidad tienen ángulos delictivos y vulneran la protesta pacífica y legítima, las manifestaciones masivas que se han visto, y se verán, en muchas ciudades estadounidenses parten de un clamor muy arraigado por una justicia que no llega y son expresiones contra la persistencia del racismo, la discriminación y la marginalización a las que han sido sometidos por mucho tiempo amplios sectores de la sociedad estadounidense.

Los manifestantes, así, han repudiado la brutalidad policiaca que mató a Floyd y exigen justicia firme y severa para los responsables, pero también denuncian y lloran las recurrentes muertes de otras personas en acciones injustificables, excesivas e incluso criminales por parte de policías. Deploran toda la estructura que ha hecho eso posible y que, a su juicio, no se trata de hechos aislados sino de acciones de rudo desdén, discriminación y vulneración de los derechos más básicos perpetradas por individuos y organizaciones que, en realidad, tienen el deber de ofrecer protección y seguridad y de hacer valer las garantías fundamentales.

Racismo e injusticia, las causas

Las protestas son contra esa injusticia y racismo estructurales, cuya expresión trágica fue la muerte de Floyd a manos de policías, como la han sido la de otros afroamericanos abatidos por la brutalidad policial, pero que también se sufren día a día en otras comunidades en Estados Unidos. Los hispanos también son víctimas de eso abuso.

Para muchas comunidades, las policías son percibidas en ocasiones, en lugar de una fuerza de protección y seguridad, como una fuerza de ocupación, acoso, agresión e incluso muerte. Cada uno de esos casos, desde los "pequeños" y cotidianos hasta los más crudos como el caso de Floyd (y, en Chicago, Laquan McDonald), dejan un trauma acumulativo en las comunidades que los sufren y eso abona a su desconfianza, que llega al repudio, hacia esas autoridades.

Eso no significa que todos dentro de las policías y otras fuerzas del orden en Estados Unidos sean racistas con tendencias criminales, ni que deba dejarse de recurrir a la fuerza legal cuando hay situaciones que así lo ameriten. En realidad dentro de esas agrupaciones existen muchas personas apegadas al deber y la ley y en varias ciudades se ha comenzado un proceso, lento, inacabado y con regresiones, para reformar las entidades policiacas y depurarlas de componentes racistas y opresores. Y cuando se enfrenta una amenaza real y tangible y se encara el crimen, el uso de la fuerza legítima, apegada a derecho, es válido y necesario para proteger a la sociedad.

Pero también es cierto que la citada transformación está aún en sus etapas iniciales, y en muchos lugares probablemente ni eso, y que día con día afroamericanos, latinos y otras comunidades sienten la presión y el acoso originados en el abuso de poder y el prejuicio racial de policías. Y, con exasperación y dolor, los casos de personas que mueren a causa de brutalidad policiaca se repiten una y otra vez. Por añadidura, los responsables con frecuencia no reciben sanción o esta no se corresponde con la percepción de la gravedad del crimen.

El proceso de acusación, juicio y en su caso sentencia tiene ciertamente criterios, tiempos e instancias que con frecuencia no se compaginan con las expectaciones sociales, pero en todo caso es imperativo que la justicia se cumpla. A ojos de los manifestantes, las fiscalías y los tribunales son también con frecuencia vistos con desconfianza luego de que, en tiempos recientes, no han

Justicia, fin al racismo e igualdad de oportunidades: tres grandes retos estadounidenses

acusado, establecido culpabilidad o sentenciado de modo que se promueva una efectiva justicia.

El caso de Floyd es ilustrativo: los cargos que se han impuesto a Derek Chauvin, el policía que se ve en un notorio video presionando letalmente con su rodilla el cuello del detenido contra el suelo, son asesinato no intencionado en segundo grado, asesinato en tercer grado y homicidio en segundo grado[63], mientras que la familia de la víctima y amplios sectores sociales han considerado que debería ser acusado y en su caso sancionado por asesinato en primer grado. También se ha exigido que los otros policías que participaron en el sometimiento de Floyd reciban los cargos correspondientes.

Acciones hoy y procesos de largo plazo

Así, ¿qué se necesita para que las protestas presentes se mitiguen, en específico las que legítimamente luchan por justicia y contra el racismo estructural? La respuesta es simple y al mismo tiempo ardua: se requiere que se haga efectiva justicia y se elimine el racismo estructural. Más que simplemente frenar las protestas, debe ponerse fin a las lacras contra las que ellas se expresan.

Eso, con todo, es un proceso lento que no se consigue en un día y que implica una honda transformación general de la sociedad estadounidense. Un proceso que en realidad lleva décadas, siglos, y está aún por completarse.

Por ello, y los manifestantes lo saben, su lucha no es de un día, o de una semana, de una marcha o de muchas, sino un proceso continuo que lleva años y es heredero de duras y brillantes luchas por los derechos civiles del pasado. Una lucha que en realidad lleva ya décadas y que aunque ha tenido avances también encara punzantes retos y amenazas de retroceso. Su lucha no se detendrá mientras existan las razones que la motivan, si bien su duración e intensidad podrían ser acotadas por la fatiga, la dureza policial o el peso del covid-19 o, en el lado positivo, por signos de comprensión y cambio de parte de los estamentos oficiales y la sociedad en general.

En la actualidad, las protestas presentes, las manifestaciones con causa justa y la resistencia legítima contra la represión solo cederán en lo coyuntural si se

---

[63] El 20 de abril de 2021, un jurado halló a Derek Chauvin culpable de todos esos cargos, un fallo histórico que ha sido percibido como un triunfo de la justicia y una oportunidad de cambio.

dan signos claros de que se escuchan y atienden sus reclamos: en lo específico acción legal firme contra todos los policías vinculados a la muerte de Floyd y un reconocimiento claro por parte de autoridades de la existencia de un racismo enquistado y pernicioso en muchas instancias de orden público e impartición de justicia que debe ser frenado.

A largo plazo, el fin del racismo y de la brutalidad policial y la vigencia plena de una justicia incluyente y el desarrollo económico son indispensables.

La estigmatización que críticos malintencionados hacen de las protestas legítimas y pacíficas en general, por ejemplo equiparándolas a prácticas censurables como los saqueos o el vandalismo, enturbian también las posibilidades de mitigación del ardor ciudadano. Los llamados a la mano dura tampoco contribuyen a una distensión auspiciosa.

Quienes creen que solo la acción represiva cortará las manifestaciones presentes no le apuestan a la solución de los problemas sociales que esas voces expresan sino a acallarlas. Esto no tiene que ver con la necesaria contención de las acciones violentas y destructivas. Así, el reconocimiento a la validez de las protestas pacíficas y el freno a las violentas son pasos necesarios para hallar una solución en el corto plazo.

En ese contexto, es claro una amplia mayoría de que quienes protestan en demanda de justicia tiene clara conciencia de la legitimidad de su lucha contra el racismo, la discriminación y la marginalización de sus comunidades y también ha denunciado los saqueos y la destrucción que otros han practicado al tomar espuria ventaja de las manifestaciones legítimas.

Ese deslinde es de enorme trascendencia pues, como se vio durante la campaña por la presidencia a lo largo de 2020, el presidente Donald Trump y su entorno con frecuencia han equiparado a los vándalos con los manifestantes legítimos, en aras de estigmatizar a los segundos y justificar medidas represivas, además de que al igualar equívocamente la manifestación pacífica con la violenta se busca crear miedo y desinformación entre el general de la población.

Imágenes de manifestantes colaborando con policías para proteger tiendas de los saqueadores y haciendo vallas humanas para frenarlos son poderosamente ilustrativas. Algo similar a los momentos en que oficiales se arrodillan y se solidarizan con las demandas de los manifestantes que pacíficamente claman por la justicia y la protección de la vida.

Esas son vías de entendimiento que conducirían, de amplificarse, a que las protestas presentes se mitiguen, aunque uno de los lemas más cantados durante ellas es de cabal claridad: "no justice, no peace" ("sin justicia no hay paz").

Lo que se requiere son transformaciones a fondo de la justicia y de las instancias policiales, en un proceso que llevará tiempo y requiere un amplio trabajo de concientización, educación y reconciliación que debe comenzar ya a acelerarse.

Transformación y democracia

Como reveló una encuesta de mediados de 2020 de Yahoo! y YouGov, 61% de los adultos estadounidenses consideraron que ha hubo un componente racial en la muerte de Floyd y muchos coincidieron en gran proporción (aunque solo una fracción de los republicanos) que la injusticia y el racismo estructurales en Estados Unidos existen y son de grave severidad.

Esa encuesta mostró que 75% pidió abolir la contención de personas por el cuello, lo que le causó la muerte a Floyd y años atrás a Eric Gardner; 80% aprobó establecer un sistema de detección temprana para identificar a oficiales con conductas o inclinaciones problemáticas; 87% pidió que todos los policías lleven cámaras corporales para grabar sus acciones; y 88% apoyó que se dé entrenamiento para desescalar conflictos en lugar de exacerbarlos. En cambio, aunque la desconfianza hacia la policía es considerable, solo una proporción minoritaria avaló restarle recursos a la policía.

Esas y otra reformas serán posibles soluciones para prevenir la brutalidad policiaca futura. En el presente, si compromisos claros en ese sentido se expresan tanto a gran escala (a nivel del presidente, gobernadores, alcaldes, jueces y legislaturas) como al nivel de la gente y los oficiales comunes y si se muestra con hechos que se aplicará la justicia contra los implicados en la muerte de Floyd y otros casos, las manifestaciones legítimas (las violentas o con intenciones desestabilizadoras son otra cosa) cederán por haber logrado su objetivo.

La ley ciertamente debe prevalecer. Pero de la Casa Blanca de Trump, con todo, no surgió una respuesta auspiciosa, sensible y coherente y solo invocó la mano dura e incluso se aludió, de modo deplorable así sea por ignorancia, a la represión violenta e ilegal, como Donald Trump dijo en un tuit.

El llamado de Trump a que los estados movilizaran a la Guardia Nacional, y si no lo hacían, su amenaza de que él movilizaría al Ejército estadounidense para combatir a los manifestantes –que él incluso ha considerado terroristas domésticos– son signos de ominoso autoritarismo, pues iguala a los manifestantes legítimos con los violentos y se estigmatiza la movilización pacífica. La dispersión con gases lacrimógenos y, al parecer, balas de goma, de manifestantes que se expresaron pacíficamente frente a la Casa Blanca el 1 de junio de 2020 fue una señal clara de la equiparación que Trump hizo de las protestas legítimas con las acciones vandálicas.

La alusión a la militarización y la represión en aras del orden hecha por Trump, aunque él pretendió que se interpretara como una muestra de fortaleza, en realidad reveló su debilidad institucional, agravó las tensiones, agravió a los manifestantes legítimos y pacíficos y envalentonó y acicateó en algunos casos a los violentos. Pero fue un mensaje al parecer ideado por Trump para reforzar su posición ante sus seguidores duros de cara a la elección presidencial del 3 de noviembre en la que buscó infructuosamente su reelección.

A fin de cuentas, lo que se requiere es una transformación de fondo, que incluya mayor justicia, igualdad ante la ley, respeto a la diversidad y bienestar social. Un cambio que permita que los grandes valores de libertad y oportunidades para todos estén también al alcance de los grupos que actualmente se encuentran oprimidos y discriminados. El fin del racismo y del prejuicio y la ampliación de opciones de justicia social son acciones imperativas.

La autoridad legítimamente electa debe responder a ese clamor y, por ello, las manifestaciones deben también transformarse a sí mismas y expresar posteriormente su dinamismo, su indignación y pasión mediante el voto y la organización para impulsar el bien general.

Aunque aún se requiere mayor análisis, el muy copioso sufragio en las elecciones del 3 de noviembre fue motivado, en parte, por el rechazo a la brutalidad policiaca y a las inclinaciones represivas de Trump. El ejercicio amplio y libre del voto es un instrumento clave en una sociedad democrática, pero el trabajo cotidiano por el bien común ha de acompañarlo y alimentarlo.

Es claro que la solución de la tensión que se expresó en 2020 en las calles de Estados Unidos (y la que se ha sufrido por largo tiempo y sigue sufriéndose) son la plena vigencia de los valores universales e históricos de libertad, igualdad, justicia y el impulso al progreso con respeto a la diversidad.

Justice, end to racism and equality: three enormous challenges for the U.S.

Comprehensive reform to the police and justice systems, the eradication of structural racism, and the expansion of opportunities for oppressed communities are the right answers to the 2020 massive protests against police brutality

by JESÚS DEL TORO   Published in June, 2020; updated in November, 2020

The massive protests that took place during 2020 in the United States, triggered by the outrage at the death of George Floyd, an African American man who died at the hands of Minnesota police officers on May 25, have been a critical and passionate response to institutionalized injustice, abuse and a deep discontent that have been deeply affecting the American society, especially the African-American, Hispanic, and other communities.

Besides the violent actions and looting —which have an opportunistic dynamic with criminal aspects that jeopardized the legitimate and peaceful protests— the massive marches that we've seen and that we will continue to witness in many cities across the country, come from a very embedded claim for justice that has yet to come, and are expressions against racism, discrimination, and segregation to which large sectors of the population have suffered for years.

Demonstrators have condemned the police brutality that killed Floyd and demand strong and tough justice to all those responsible, but also, they denounce and cry for the repeated deaths of other people under unjustified, excessive, and even criminal force by the police.

They deplore the system which made this possible, and, based on their judgment, this is not about isolated events but rather about cruel disdain, discrimination, and violation of fundamental rights perpetrated by individuals and organizations that, in fact, have the obligation of providing protection and safety and enforcing people's guaranteed basic freedoms.

The causes of racism and injustice

These manifestations are held against systemic injustice and racism, whose tragic expression was the death of Floyd at the hands of the police, and other African Americans who have been victims of police brutality. Moreover, systematic injustices and racism are also seen throughout other communities around the country every day, and the Hispanic community is no exception.

For many communities, police officers are sometimes perceived, instead of a force for protection and security, as a force of occupation, persecution, aggression, and even death. Each of those cases, from the "small" and everyday cases to the cruelest such as Floyd's case (and Laquan McDonald in Chicago), all leave a collective emotional trauma in communities, increasing their mistrust and resulting in the repudiation against authorities.

This doesn't mean that everybody inside the police and other security forces in the United States is racist or has criminal tendencies, nor it means that legitimate force should not be used when the situation should require so. Indeed, many people honor their duties and follow the law within these institutions. Various cities have begun a slow and continuous process, with some setbacks, to reform police entities and clean house from racist and oppressive elements.

And when facing a real and tangible threat and a crime is confronted, the use of legitimate force is valid and necessary to protect society as long as it complies with the law.

But it's also true that such transformation is still in its early stages, and in many places this probably hasn't even started. Meanwhile, African-American, Latino, and other communities continue to suffer pressure and harassment originated in police abuse of power and racial prejudices.

Furthermore, sorely and bitterly, death cases as a consequence of police brutality are repeatedly happening over and over again. On top of that, those responsible often are never punished, and when they do receive some punishment, the sentence doesn't equate with the perception of the crime's severity.

The accusation process, judgment, and sentencing indeed have specific criteria and a timeline that usually don't address social expectations; however, justice must be enforced in all cases.

Through the protesters' eyes, prosecutors and the court system are often seen as untrustworthy, given that recently they haven't presented any charges, established culpability, or sentenced in a way that promotes real justice.

The case of Floyd is revealing: the charges Derek Chauvin has received, the policeman seen in a video lethally kneeling on Floyd's neck, were second degree unintentional murder, third degree murder, and second degree manslaughter[64]. In the meantime, the victim's family and many social sectors believed that Chauvin should've been charged and found guilty of first-degree murder. They demand that the other policemen who participated in Floyd's case also be brought to justice.

Actions today and long-term processes

What's needed to mitigate protests, particularly those who legitimately fight for justice and against systemic racism? The answer is simple and at the same time challenging: reinforce an effective justice system and eliminate systemic racism. More than just stopping protests, the harsh issues that originate their anger and exasperation should be terminated. This, with all things considered, would be a slow process that can't be accomplished in one day. It will entail a profound transformation of American society. It is a process that, in fact, is decades, centuries old and still incomplete.

For this reason, the protesters' fight for justice —which in several ways was inherited from the historical and intense battles from the past— won't last a day or a week, but it's a continuous process that will take years. And demonstrators are aware of it.

This is a battle that has been going on for decades, and although it has moved forward, it also faces sharp challenges and threats of setbacks. Their fight will not stop as long as they have reasons behind it, even though its duration and intensity could be diminished by fatigue, police toughness, and COVID-19, or, on the bright side, by signs of understanding and changes by official institutions and society at large.

---

[64] On April 20, 2021, a jury found Derek Chauvin guilty of all those charges, a historic verdict that is perceived as a triumph of justice an opportunity for change.

Currently, the protests and manifestations for a fair cause and the legitimate resistance against oppression will only dissipate if there are clear signs that authorities are listening and addressing their complaints: firm legal action against all policemen involved in Floyd's death, and an explicit acknowledgment by the authorities of the existence of embedded and harmful racism within law enforcement agencies that must be stopped.

In the long term, the end of racism and police brutality and the validation of an inclusive justice system and economic development are indispensables.

The stigmatization malicious critics make on legitimate and peaceful protests, for instance, equating them to condemnable practices such as looting and vandalism, also taint the chances of mitigating the citizen's ardor. Also, the calls for a heavy-handed approach are not helping to de-escalate tensions.

Those who think that only oppressive actions will end the demonstrations are not taking a chance on solving the social ailments claimed by protesters. They want to silence them. This has nothing to do with the necessary restrain of violent and destructive actions. Acknowledging the legitimacy of peaceful demonstrations and the end to violent acts are essential steps to find a solution in the short term.

In this context, it's clear that a large majority of those who demand justice have a clear awareness of the legitimacy of their fight against racism, discrimination and community marginalization, and denounced the lootings and destruction perpetrated by those who have taken advantage of genuine protests.

That distinction is significant, as we saw during the presidential campaign throughout 2020 when President Donald Trump and his supporters practically equated all marchers to vandals in order to undermine the marchers' legitimate causes, justify oppressive measures against peaceful demonstrations, and scare and misinform the general public.

Images of demonstrators collaborating with police officers to protect shops from lootings and even making human shields to stop the vandals are potent examples. That is also the case of the moments when police officers knelt in solidarity with the demands of peaceful protestors who stood up for justice.

Those are paths of understanding which that could contribute to calm down protests, although one of the loudest messages heard in manifestations sends a clear message: "No justice, no peace!"

Justice, end to racism and equality: three enormous challenges for the U.S.

What it is needs is a profound transformation in the justice system and police procedures. This process will take time and require a great effort in awareness, education, and reconciliation that must begin now.

Transformation and democracy

As revealed in a 2020 study from Yahoo! and YouGov, 61 percent of American adults consider there was a racial component in Floyd's death and agreed to a great extent (although just a fraction of the Republicans) that systemic and severe racism is present in the United States and is an extremely severe problem.

The survey showed that Americans mainly support deep police reform: 75 percent asked to prohibit holding someone by the neck, the death cause of Floyd and years back Eric Gardner's; 80 percent approved to establish an early detection system to identify officers with misconducts and tendency to be conflictive; 87 percent asked that every police officer should carry body cameras to record their actions, and 88 percent supported training to mitigate possible conflicts instead of aggravating them.

Although mistrust towards the police is significant, only a small number of those surveyed approved defunding the police.

This and other reforms will be possible solutions to prevent future police brutality.

Legitimate marchs and rallies –violent events are another story– will cease only if clear commitments are expressed from all levels of government (president, governors, mayors, judges and legislatures) as well as from the population and police officers. Demonstrations will end if justice is enforced against those involved in Floyd's death and other police brutality cases.

Law certainly must prevail. However, from Trump's White House, a positive, sensitive, and coherent response never came. He only invoked a heavy hand and even twitted disgraceful references, probably derived by ignorance, to violent and illegal repression.

Trump's call on the states to bring in the National Guard and, if they don't, his threat of mobilizing the U.S. Army to fight against demonstrators, which he even considered domestic terrorists, are signs of dangerous authoritarianism. To him, legitimate marchers and looters are the same, stigmatizing the pacific protests.

Tear gassing and, allegedly, rubber bullets used to disperse the protesters who pacifically mobilized in front of the White House on June 1, 2020 were an evident sign that Trump was equating genuine manifestations with vandalism.

Trump's allusion to militarization and repression to establish order, which he intended to be interpreted as a sign of strength, actually revealed his institutional weakness. It worsened tensions among pacific protesters and emboldened the vandals.

But it was a message designed by Trump to reinforce his posture to his loyal followers towards the November 3 presidential election in which he unsuccessfully pursued reelection.

What's needed is a deep transformation that includes effective justice, equality, respect for diversity, and social well-being. We need a change to allow the great values of liberty and equal opportunities to be also accessible to the most oppressed and discriminated groups. The end of racism and bias and the extension of social justice are imperative actions.

Democratically elected authorities must respond to this outcry; therefore, manifestations must transform themselves to express their energy, indignation, and passion through voting and organizing to inspire and bring in the common good.

Although further analysis is required, the massive number of votes in the polls on November 3 was motivated, in part, by the rejection of police brutality and Trump's inclination to repression. The right to vote is an essential key in a democratic society, but our daily work for the common good must accompany and nourish it.

It's clear that the solution to the tension manifested in 2020 in the streets of the United States –suffered for a long time and from which we continue to struggle– are the full validity of universal and historical values of freedom, equality, justice, and the impulse for and respect for diversity.

Elecciones 2020: tensión, acción y celebración en Chicago

Un recuento de las opiniones y expectativas de la comunidad hispana de la ciudad antes, durante y después de las elecciones presidenciales del 3 de noviembre de 2020

por BELHÚ SANABRIA   Publicado en diciembre de 2020

I. Vecinos de Chicago destacan la importancia del voto latino

El covid-19 alteró la forma de votar, con el voto por correo y el voto anticipado como opciones utilizadas por una proporción de ciudadanos mucho mayor que en el pasado

La pandemia de covid-19 ha cambiado la forma en la que los ciudadanos acuden a votar en Estados Unidos.

En las presentes elecciones presidenciales, para prevenir el contagio del virus y evitar largas filas, originadas en las normas de distanciamiento social que hay que cumplir y las reglas de protección personal establecidas por el Departamento de Salud Pública de Illinois publicadas en su sitio web, muchos ciudadanos en Chicago prefirieron sufragar por correo o ir a los sitios de votación temprana para ejercer su derecho a voto.

El plazo para solicitar el voto por correo culminó el 29 de octubre y quienes para el 2 de noviembre no habían votado anticipadamente en los lugares de votación temprana abiertos en los 50 distritos de la ciudad, su oportunidad final para ejercer su derecho a voto fue el día de las elecciones, el próximo martes 3 de noviembre

Activistas y defensores de los derechos de los inmigrantes anticiparon una participación récord de votación por correo y temprana porque consideran que los votantes quieren un cambio y evitar contagiarse de covid-19. Y también porque el resultado de estas elecciones fue clave para la comunidad inmigrante.

Los contrincantes colocados en la boleta de votación para llegar a la Casa Blanca son el republicano Donald Trump, en pos de la reelección, y el exvicepresidente Joe Biden, candidato del Partido Demócrata.

También candidatos a los puestos de senador y representantes federales, a escaños en el Senado y la Cámara estatales, a fiscales y secretarios de tribunales del Condado de Cook y a puestos de jueces locales y a nivel estatal.

Además, la boleta electoral incluyó una propuesta de enmienda a la Constitución de Illinois que permitiría modificar el sistema de impuesto al ingreso para pasar de una tasa única a un sistema progresivo con tasas más altas para personas de ingresos más elevados y tasas más reducidas para personas con ingresos bajos y moderados.

En lo que respecta a Chicago se incluyeron preguntas de referéndum no vinculantes sobre la expansión del servicio de internet, sobre si el plan de crecimiento y sustentabilidad de la ciudad debe dar énfasis en la resiliencia, la igualdad y la diversidad, y sobre la regulación de las armas de asalto.

La voz de los votantes

Mientras compraba mascarillas a una vendedora ambulante en el Barrio de Las Empacadoras, Marisela González destacó a *La Raza* la importancia de cumplir con el deber cívico de ir a las urnas en estas elecciones generales, pese a la pandemia del coronavirus.

González es indocumentada pero dijo que sus hijos son ciudadanos y votaron temprano en los comicios de 2020.

"Como latinos es importante alzar nuestra voz a través del voto. El que pueda votar no pierda la oportunidad de hacerlo, no hay que dejarlo para la última hora", exhortó González.

Atendiendo a la clientela encontramos a Adolfo Peñaloza, trabajador de la Tortillería Atotonilco. Unos días antes de las elecciones, él dijo que votaría y, para prevenir contagios de covid-19, usaría mascarilla y guardaría distancia en su lugar de sufragio.

Peñaloza dijo que el primer debate político le pareció "desastroso" por las constantes interrupciones y ataques personales entre ambos contrincantes y que el último debate no lo vio. "Ni Joe Biden ni Donald Trump son mis favoritos, pero es los que hay, se tiene que decidir al final por uno".

Cuando se le preguntó si piensa que habrá una reforma migratoria en la nueva administración, Peñaloza dijo: "es difícil, pero pienso que les podemos dar un mensaje, lo contundente que somos en sus elecciones".

Elecciones 2020: tensión, acción y celebración en Chicago

"Nosotros los latinos somos la minoría más grande en este país, tenemos que salir a votar y seleccionar a nuestro próximo presidente, es muy importante que salgamos a votar", reiteró Peñaloza.

Ignacio Sánchez, de 21 años, comentó que las cifras récord de participación del electorado en la votación por correo y temprana se dieron porque la gente no quiso hacer largas filas el 3 de noviembre.

"La gente está desesperada después de estos cuatro años con el presidente Donald Trump, quiere ver algo diferente y desafortunadamente a lo mejor… Joe Biden no es la mejor opción pero se necesita un cambio", comentó Sánchez, quien trabaja en la Paletería Lindo Michoacán.

Sánchez nació y se crió en el Barrio de Las Empacadoras, en el suroeste de Chicago. Este joven de padres mexicanos dijo que votaría por primera vez en una elección presidencial. "Gente de mi generación está en aumento, también hay muchas personas que están llegando a la edad de votar y pienso que muchos jóvenes ven los logros y sacrificios de sus padres, que probablemente son indocumentados, y saben lo que significa la responsabilidad de votar y de ver cambios".

'Nos quejamos y no salimos a votar'

De acuerdo a Eddie Bocanegra, director del programa antiviolencia READI Chicago de Heartland Alliance, muchas veces los latinos sienten que su voto no cuenta y eso en parte se debe a que vienen de países donde ha habido mucha corrupción. "Somos la minoría más grande, ya no somos un grupo pequeño, nuestro voto importa", dijo Bocanegra.

Bocanegra destacó que los inmigrantes tienen que tomar un papel proactivo y que aunque no voten, por no ser ciudadanos, pueden asegurarse que otros que pueden hacerlo en efecto lo hagan.

Algunos voluntarios de organizaciones latinas son indocumentados y pese a que no pueden votar hacen llamadas, envían textos e instan a los ciudadanos a ir a las casillas de votación en estos comicios.

En las elecciones estuvo en juego la Ley de Cuidado de Salud a Bajo Costo, conocida como Obamacare. "Si Donald Trump sale electo, lo primero que quiere hacer es deshacerse de Obamacare", dijo Blanca Vargas, presidenta del Concilio de LULAC Cicero antes de las eleccicones. "Hay multitud de personas que han sido beneficiadas por Obamacare y que [gracias a esa ley] no se tienen que preocupar por tener seguro de salud".

Esteban Burgoa, veterano de la Marina de Estados Unidos y activista de Chicago, votó anticipadamente en las elecciones de 2020. Él acudió a su lugar de votación en el barrio Hermosa, en el noroeste de Chicago.

Burgoa dijo que le sorprendió ser el único latino entre los votantes en ese lugar, en su mayoría anglosajones en un barrio con numerosa población hispana. Ante ello él se preguntó: "¿Dónde están votando los latinos? Nos quejamos y no salimos a votar y en esta elección es muy importante que salgamos a votar por el que nos haga menor daño", dijo Burgoa unos días antes del 3 de noviembre. Añadió que ninguno de los dos candidatos dio soluciones a los problemas de la comunidad latina, en la que hacen falta trabajos y viviendas. Y dijo que se necesita un mayor enfoque en los temas de salud, educación e inmigración.

En materia de inmigración Burgoa recordó que el presidente demócrata Barack Obama fue bautizado como el 'Deportador en jefe' porque, indicó, su administración expulsó a más indocumentados del país que cualquier otra en la historia reciente de Estados Unidos. "Trump no ha deportado gente masivamente, él habla mucho pero técnicamente no veo que esté deportando mucha gente comparado con Barack Obama", dijo Burgoa. Y agregó que durante esa administración el vicepresidente fue Joe Biden.

La comunidad necesita mayor representación y no hay que dejar que otros voten por nosotros, enfatizó Burgoa, quien dijo que no ha visto mucha participación latina en las urnas por el barrio donde vive. "Nosotros los hispanos somos lo que hacemos más, somos los que nos quejamos más y somos los que menos salimos a votar".

Más sobre elecciones y covid-19

Orientaciones y consejos para prevenir el contagio del covid-19 durante las elecciones están disponibles en:

- Departamento de Salud Pública de Illinois (DPH): www.dph.illinois.gov/2020election
- Centro de Control y Prevención de Enfermedades (CDC): espanol.cdc.gov/coronavirus/2019-ncov/daily-life-coping/going-out/voting-tips.html

II. Ciudadanos en Illinois, motivados para ir a votar pese a la pandemia de covid-19

Se estimó que para el día de las elecciones voluntarios realizaron un millón de llamadas para promover que ciudadanos de origen inmigrante en Illinois acudan a las urnas

Antes salía a tocar puertas y participaba en eventos para instar a votantes potenciales a ir a las urnas. Pero la pandemia de covid-19 hizo las cosas sean diferentes, cuenta María de Jesús González, conocida en la comunidad como Doña Chuy. Ella tiene 74 años y por primera vez votó por correo en las elecciones presidenciales de 2020.

Doña Chuy ha participado en tres elecciones presidenciales como voluntaria con la organización comunitaria Mujeres Latinas en Acción. Ella padece de asma y como persona vulnerable al coronavirus esta vez decidió apoyar de una manera diferente: "Estoy desde casa haciendo llamadas motivando a las personas a que salgan a votar", dijo antes del día de las elecciones.

Desde que se hizo ciudadana en 1995, ella ha participado en procesos electorales de manera presencial y anticipada. Pero a causa del coronavirus esta vez votó por correo.

Ella cuenta que su hijo Elías González, un 'millennial' de 35 años, le ayudó con el proceso de registrarse para votar por correo. "Le confieso que la pandemia de covid-19 y el votar por correo han sido un reto para mí, porque yo no sabía usar la computadora. Por suerte tengo a mi hijo que me ha ayudado y ya aprendí con la asesoría de él".

Doña Chuy dijo que, cuando hacía sus llamados por teléfono a votantes, algunos de los números estaban equivocados y algunas familias no querían hablar, pero la mayoría de las personas sí estaban motivadas para salir a votar. A ella le contaban sus preocupaciones por la pandemia, le mencionaban que preferían votar por correo y anticipadamente, aunque hay quienes le comentaron que votarían el día de las elecciones, el 3 de noviembre.

Doña Chuy está satisfecha de haber sufragado por correo porque para ella lo importante es que siempre hay que tomar la decisión de votar. "Nosotros no podemos pasarnos toda la vida pensando que no podemos hacer la diferencia, si somos residentes permanentes y nos convertirnos en ciudadanos vamos a tener los mismos derechos, por ejemplo el derecho al voto y el derecho a ser reconocidos como contribuyentes de esta comunidad".

Para el sábado 24 de octubre de 2020, voluntarios de la Coalición de Illinois para los Derechos de los Inmigrantes y Refugiados (ICIRR) habían hecho 600,000 llamadas para promover el voto, según cifras anunciadas en un evento frente al sitio de votación anticipada del Condado de Cook en el centro de Chicago. Y se estimó que para la víspera del día de las elecciones estos voluntarios habían realizado un millón de llamadas para invitar a los votantes inmigrantes de Illinois a acudir a las urnas.

ICIRR y sus organizaciones aliadas registraron hasta finales de octubre más de 6,000 nuevos votantes.

"Nuestra meta es registrar 10,000 nuevos votantes durante este periodo, de junio hasta noviembre, y sacar a votar a 275,000 votantes en el estado de Illinois", dijo Artemio Arreola, director de Relaciones Comunitarias de ICIRR, 10 días antes de las elecciones.

Entre las campañas de ICIRR figuró Democracy Project, una iniciativa para promover la participación cívica en las comunidades inmigrantes de Chicago y suburbios. Este esfuerzo también buscó impulsar la enmienda constitucional sobre el "impuesto justo". Según miembros de Democracy Project, al menos un 75% de los votantes inmigrantes apoyaban esa iniciativa.

La enmienda de "impuesto justo" a la Constitución de Illinois propuso que las personas que ganen más de $250,000 al año paguen una tasa mayor en sus impuestos estatales al ingreso, mientras que las personas que perciban un ingreso menor a $250,000 paguen una tasa menor. El objetivo de esa enmienda fue generar miles de millones de dólares en nuevos ingresos para el estado. Al final, no fue aprobada por los votantes.

Que los ciudadanos salgan a votar

El esfuerzo de varias organizaciones para registrar nuevos votantes comenzó en el verano de 2020, cuando se vio la necesidad de aumentar los esfuerzos para que el covid-19 no fuera una escusa para no ir a votar, comentó Imelda Salazar, organizadora comunitaria del Proyecto Organizador del Suroeste (SWOP).

Esfuerzos y estrategias se enfocaron en llegar a todos los potenciales electores, especialmente a los jóvenes que votan en sus primeras elecciones y a las personas que se han convertido en ciudadanas por naturalización y pudieron votar por primera vez, destacó Salazar. "Es importante que la comunidad sea representada y ejerza ese derecho al voto y que lo hagan de una manera informada".

Para lograr que la gente fuese a votar, voluntarios se colocaron afuera de iglesias, clínicas comunitarias, lavanderías, escuelas públicas, tiendas, organizaciones y hospitales para registrar votantes. Y también se hicieron llamadas telefónicas desde las casas, precisó Salazar a *La Raza*.

Angee Peralta, líder de voluntarios con SWOP, dijo que muchas de las personas a las que se les brindó información y asistencia querían votar por correo y de manera anticipada para evitar el contagio de coronavirus y las largas filas en los lugares de votación el día de las elecciones generales.

Entre los 20 voluntarios dirigidos Peralta hay desde un menor de 14 años hasta una persona de 65 años.

Sandra Hernández, quien trabaja para Democracy Project y es líder de voluntarios con la organización Mujeres Latinas en Acción, dijo que notó en la gente mucho interés en participar ejerciendo su derecho a voto en las elecciones presidenciales a pesar de la pandemia.

Afuera de los supermercados, la gente que más se acercaba a Hernández y sus voluntarios eran personas de la tercera edad. Preguntaban cómo podían pedir su boleta por correo y se les informaba y asistía en ese proceso.

Cuando llamaban a las casas para impulsar el voto, personas les decían, por ejemplo, "sabes una cosa, no soy muy buena con la tecnología". Por ello voluntarios acudieron al exterior de las casas para, con tableta o computadora portátil en mano, registrar como votantes a los ciudadanos, explicó Hernández a *La Raza*.

Cientos de voluntarios fueron entrenados para impulsar la participación cívica a través del voto y en tecnologías y aplicaciones de cómputo, dijeron organizadores de ICIRR.

Antes de las elecciones, Arreola dijo que su organización estaría monitoreando los principales centros de votación a donde acuden la mayoría de los inmigrantes. "En las áreas donde tenemos gente y organizaciones, para ver que las casillas se abran a tiempo, que no haya contratiempos, que todo esté normal y tendremos colaborando a un grupo de abogados que estarán disponibles para verificar cualquier anomalía", dijo Arreola antes del día de las elecciones.

Arreola enfatizó que "se estima que tenemos 32 millones de potenciales votantes de los 60 millones de latinos que vivimos en Estados Unidos. Se dice que somos la minoría más grande y con un poder de voto latente. Lo importante es que esta minoría más grande debe ser escuchada. No nos van a escuchar si no levantamos la voz y nuestro voto es nuestra voz".

Una línea directa en español de protección al votante, 866-296-8686, fue establecida para hacer preguntas o denunciar irregularidades.

III. Celebran en Chicago el triunfo electoral de Joe Biden

Inmigrantes hispanos tienen la esperanza de que con el nuevo gobierno se dé alivio a los indocumentados y se emprenda una reforma de inmigración

Días de suspenso e incertidumbre se vivieron entre los residentes de Chicago y suburbios que esperaban con ansia el resultado de las elecciones presidenciales del martes 3 de noviembre.

Pero fue hasta el sábado 7 de noviembre que el candidato demócrata Joe Biden acumuló en los conteos la mayoría de los votos del Colegio Electoral, derrotó a Donald Trump y se convirtió en presidente electo de Estados Unidos.

Luego de que se proyectó el triunfo de Biden se dieron celebraciones en diferentes estados y ciudades de Estados Unidos, incluida Chicago.

Durante su discurso de victoria el sábado 7 de noviembre, Biden se comprometió a ser un presidente "que no busca dividir sino unificar".

Simpatizantes de Biden celebraron frente a la Torre Trump en el centro Chicago y en diferentes barrios de esa ciudad. El festejo incluyó el hecho histórico de que Kamala Harris, compañera de fórmula de Biden, es la primera mujer en ser elegida vicepresidenta de Estados Unidos.

Trump no reconoció el legítimo triunfo de Biden y alegó falsamente hasta el último día de su presidencia que hubo fraude generalizado en la elección[65]. Pero ni la campaña de Trump ni sus abogados presentaron evidencia creíble de fraude masivo y todos los resultados electorales fueron legalmente certificados.

Biden dijo que presentará al Congreso, en los primeros 100 días de su gobierno, un proyecto de ley para una reforma migratoria integral que legalice a los inmigrantes indocumentados. Esta propuesta para convertirse en ley deberá ser aprobada por el Congreso.

A partir del 20 de enero de 2021, el primer día de la administración de Biden, sus prioridades son la pandemia de covid-19 y el estímulo a la economía, el sistema de salud, el cuidado del medio ambiente, la educación y la reconciliación social. Eso incluye promulgar órdenes ejecutivas para revertir varias políticas de la administración Trump.

Hay expectativa en la administración Biden-Harris

Las reacciones de políticos y de la comunidad de Chicago no se hicieron esperar después de conocer los resultados electorales. La alcaldesa de Chicago Lori Lightfoot emitió un tuit para felicitar a Biden: "Chicago está entusiasmada de trabajar juntos para abordar los muchos desafíos que enfrentamos para reconstruir nuestras comunidades, recuperarnos de la crisis de covid-19, abordar el cambio climático y volvernos más fuertes y más resilientes de lo que nunca hemos sido. ¡Pongámonos a trabajar!".

El representante federal por Illinois Jesús 'Chuy' García (IL-04), que ganó su reelección, indicó en una declaración que tanto Biden como Harris están preparados para liderar el país y abordar la doble crisis de la pandemia y la recesión económica. "Espero trabajar con la administración Biden-Harris y con un movimiento progresista unido para abordar los desafíos que enfrentan las familias trabajadoras y promover políticas para expandir la atención médica, brindar oportunidades económicas y abordar el cambio climático global", dijo García.

---

[65] Fue hasta después del violento asalto al Capitolio perpetrado por simpatizantes de Trump, el subsecuente repudio masivo a ese ataque y su segundo proceso de destitución (impeachment) que Trump finalmente reconoció que su presidencia llegaba a su fin.

CLAMOR CHICAGO

Uno de los lugares más concurridos por la comunidad latina de Chicago los fines de semana es el mercado de pulgas Swap-O-Rama en el Barrio de Las Empacadoras, en el suroeste de Chicago. Un día después de conocerse que Biden fue el ganador de la elección presidencial, comerciantes reaccionaron a los resultados en esos comicios.

Vendiendo tamales, botellas de agua y sodas afuera de ese mercado encontramos a Gregorio Estrada, natural de Cuaxilotla, Guerrero, México. Estrada es indocumentado pero sus hijos son ciudadanos estadounidenses. Él dijo que ellos fueron a las urnas a votar el día de la elección y que está contento de que ganó Biden porque guarda la esperanza de que surja una reforma migratoria[66].

Después de 27 años de vivir en Estados Unidos, no está en los planes de Estrada volver a México, por cuestiones de salud, porque tiene a su familia establecida en Chicago y porque asegura que Cuaxilotla se ha vuelto más peligrosa por el crimen organizado.

Antes de dedicarse al comercio ambulante, Estrada trabajaba en una compañía y los domingos se dedicaba a recoger metales en las calles de Chicago. "Siempre me ha gustado tener dinero y hay que buscarle, porque hay dinero allí 'tirado' en las calles", contó.

Estrada dice que los indocumentados vienen a este país a trabajar y pagan sus impuestos: "no vivimos del gobierno. Así, enfermo con una hernia, con diabetes, colesterol y presión alta se sale a trabajar", dijo Estrada en relación a que sus enfermedades no han frenado su labor. A este hombre también se le ha disminuido la visión a causa de la diabetes que padece.

Ana Rodríguez piensa que con la nueva administración Biden-Harris los padres de niños separados de sus familias en la frontera van a lograr reunificarse.

Rodríguez, natural de Cuba, vende ropa, gorras, perfumes en el mercado de pulgas Swap-O-Rama desde hace tres años.

---

[66] En su primer día como presidente, Joe Biden presentó un plan de reforma migratoria con una vía a la ciudadanía para los indocumentados y promulgó varias órdenes ejecutivas para fortalecer el programa de protección contra la deportación para indocumentados que llegaron al país siendo menores de edad (DACA), revisar la política de deportaciones, detener la construcción del muro fronterizo y eliminar la restricción a viajeros conocida como el "veto musulmán'.

Aunque todavía no vota porque es residente legal (no es ciudadana), dice que ella y su familia son demócratas. "No todos los cubanos son republicanos", comentó Rodríguez y espera que Biden cumpla su promesa de legalizar a los indocumentados.

José Benítez, originario de Puebla, México, recuerda que como él hay 11 millones de indocumentados que no pierden la fe de salir de las sombras: "queremos poder trabajar en paz y sin miedo a la deportación y la separación de familias".

El frenar las deportaciones y tener un permiso de trabajo sería un alivio temporal que les podría permitir vivir con tranquilidad y sin incertidumbre mientras los políticos se ponen de acuerdo en el Congreso sobre una reforma migratoria, menciona Benítez, quien tiene 17 años de haber llegado a Estados Unidos y desde ese tiempo ha esperado, hasta ahora sin éxito, una reforma migratoria.

Benítez tiene cuatro hijos ciudadanos estadounidenses, trabaja en una compañía de verduras y los fines de semana vende en el mercado Swap-O-Rama cables de celulares, bocinas, cargadores y radios desde hace 14 años. Dijo que le gustó el discurso de Biden cuando hizo referencia a que busca unificar y no dividir el país. "Se oye muy bonito, esperemos que sí pueda lograrlo", remató Benítez.

CLAMOR CHICAGO

Elections 2020: tension, action, and celebration in Chicago

Opinions and expectations of the Chicago's Hispanic community before, during, and after the presidential elections of Nov. 3, 2020

by BELHÚ SANABRIA Published in December, 2020

I. Chicago residents highlight the importance of the Latino vote

COVID-19 changed the way we vote as a large number of voters chose to vote early or by mail, more so than in past elections

The pandemic changed the way citizens vote in the United States.

In the 2020 presidential elections, to prevent the spread of COVID-19 and avoid long lines, originated in the rules of social distancing and other preventive measures established by the Illinois Department of Public Health, many Chicago citizens chose to vote by mail or early to exercise their right to vote.

The deadline to request the vote by mail ended on Oct. 29, 2020, and those who by Nov. 2 had not voted in the early voting places in the 50 districts of the city, their final chance to exercise their right to vote was Nov. 3 on Election Day.

Activists and immigrant rights advocates anticipated record early and mail voting participation because they believe voters wanted change and avoid getting infected with COVID-19, and also because the result of these elections was vital for the immigrant community.

The opponents placed on the ballot to reach the White House included Republican President Donald Trump, seeking re-election, and former Vice President Joe Biden, the Democratic Party candidate.

There were candidates also running for the U.S. Senate and Congress, Illinois Senate and House seats, Cook County prosecutors and court clerks, and state and local judgeships.

The ballot also included a proposed amendment to the Illinois Constitution that would allow the income tax system to be modified from a single-rate to a progressive-tax system with higher rates for higher-income individuals and lower rates for low- and moderate-income individuals.

In Chicago, ballots also included non-binding referendum questions on the expansion of internet service, if the City's plan for growth and sustainability should place equal focus on resiliency, equity, and diversity, and the regulation of assault weapons.

The voice of the voters

While buying masks from a street vendor in the Back of The Yards neighborhood, Marisela González told *La Raza* the importance of fulfilling the civic duty of going to the polls in the 2020 general elections, despite the coronavirus pandemic.

González is undocumented but said that her children are U.S. citizens, and they voted early in these elections.

"As Latinos it's important to raise our voice through voting. Whoever can vote must not miss the opportunity to do so, we must not wait until the last minute," González said.

While attending to his clientele, we found Adolfo Peñaloza, a worker at the Tortillería Atotonilco. Some days before the election, he said he would vote and, to prevent contagion of the virus, he would wear a mask and keep his distance in his precinct.

Peñaloza said that the first political debate was "disastrous" due to the constant interruptions and personal attacks between the two opponents. He didn't watch the last debate. "Neither Joe Biden nor Donald Trump are my favorites, but they are the ones there, in the end, you have to pick one."

When asked if he thinks there will be an immigration reform during the new administration, Peñaloza said: "It's difficult, but I think we can send them a message on how strong we are in their elections."

"We Latinos are the largest minority in this country, we have to go out to vote and elect our next president, it's very important that we go out to vote," Peñaloza added.

Ignacio Sánchez, 21, commented that the record numbers of voter turnout by mail and early voting happened because he thinks people didn't want to be standing in long lines on Nov. 3.

"People are desperate after these four years with President Donald Trump, they want to see something different and unfortunately maybe... Joe Biden is not the best option but a change is needed," said Sánchez, who works at the ice cream shop Paletería Lindo Michoacán.

Sánchez was born and raised in Back of the Yards, a southwest neighborhood of Chicago. This young man of Mexican parents said he would vote for the first time in a presidential election. "People of my generation are on the rise. There are also many who are reaching the voting age and I think that many young people witness their parents' achievements and sacrifices, who are probably undocumented. They know what voting responsibility means."

'We complain and we don't get out to vote'

According to Eddie Bocanegra, director of the Heartland Alliance's READI Chicago anti-violence program, Latinos often feel that their vote doesn't count. That's partly because they come from countries impacted by corruption. "We are the largest minority, we are no longer a small group, our vote matters," Bocanegra said.

Bocanegra stressed that immigrants have to take a proactive role and that even if they can't vote, because they are not citizens, they can encourage others to do so.

Some volunteers from Latino organizations are undocumented, and even though they can't vote, they make calls, send texts, and urge citizens to go to the voting booths in these elections.

At stake in the 2020 election was the Affordable Care Act, known as Obamacare. "If Donald Trump is elected, the first thing he wants to do is get rid of Obamacare," said Blanca Vargas, president of the LULAC Cicero Council before Election Day. "There are many people who have benefited from Obamacare and [thanks to that law] they don't have to worry about having health insurance."

Esteban Burgoa, a veteran of the U.S. Navy and an activist from Chicago, voted early in the 2020 election. He went to his polling place in the Hermosa neighborhood in northwest Chicago.

Burgoa said he was surprised to be the only Latino among all voters there, in a neighborhood with a large Hispanic population. Given this, he asked himself: "Where are Latinos voting? We complain and we don't get out to vote. In this election it's very important that we go out to vote for the [candidate] that does us the least harm," Burgoa said a few days before Nov. 3.

He considered that neither of the two candidates provided solutions to the Latino community's problems, where jobs and housing are lacking. And he said a greater focus is needed on health, education, and immigration issues.

Regarding immigration, Burgoa recalled when Democratic President Barack Obama was nicknamed 'Deporter-in-Chief' because his administration deported more undocumented persons than any other president in recent U.S. history. "Trump has not deported people en masse, he talk a lot but technically I don't see that he is deporting many people compared to Barack Obama," Burgoa said.

And he added that, during the Obama Administration, Joe Biden was the vice president.

The community needs more representation, and we should not let others vote for us, Burgoa emphasized, who added that he hasn't seen much Latino participation at the polls in the neighborhood where he resides. "We Hispanics are the ones who do the most, we are the ones who complain the most and we are the ones who least go out to vote."

More on elections and COVID-19

Guidance and tips to prevent the spread of COVID-19 during the elections are available at:
- Illinois Department of Public Health (DPH): www.dph.illinois.gov/2020election
- Centers for Disease Control and Prevention (CDC): www.cdc.gov/coronavirus/2019-ncov/daily-life-coping/going-out/voting-tips.html

CLAMOR CHICAGO

II. Citizens in Illinois were motivated to vote despite the COVID-19 pandemic

It was estimated that by Election Day, volunteers made one million calls to encourage citizens of immigrant origin in Illinois to go to the polls

Before the pandemic, volunteers would normally canvass or participate in rallies to encourage voters to get out to vote and generate enthusiasm. But the pandemic made things different, said María de Jesús González, known in the community as 'Doña Chuy.' She is 74 years old, and for the first time she voted by mail in the 2020 presidential election.

Doña Chuy has participated in three presidential elections as a volunteer with the community organization Mujeres Latinas en Acción (Latinas in Action). She has asthma. As a person vulnerable to the coronavirus, she decided to support differently this time. "I am making calls from home encouraging people to go out to vote," she said before the Nov. 3 elections.

Since becoming a citizen in 1995, she has participated in electoral processes in person and in advance. But because of the coronavirus this time, she voted by mail. She said that her son, Elías González, a 35-year-old millennial, helped her register to vote by mail. "I confess that the COVID-19 pandemic and voting by mail have been challenging for me, because I didn't know how to use a computer. Luckily, I have my son who has helped me and I have already learned thanks to him."

Doña Chuy said that some of the numbers she dialed [to call voters] were wrong and some families didn't want to talk, but most people were motivated to vote. They told her about their concerns about the pandemic, mentioned that they prefer to vote by mail and early, but many say they would vote on Election Day.

Doña Chuy was content by choosing to vote by mail. She said what's important is to make up your mind and vote. "We can't spend our whole life thinking that we can't make a difference; if we are permanent residents and become citizens, we will have the same rights, for example the right to vote and the right to be recognized as contributors to this community."

By Saturday, Oct. 24, 2020, volunteers from the Illinois Coalition for Immigrant and Refugee Rights (ICIRR) had made 600,000 calls, according to numbers announced at an event in front of an early-voting site in downtown Chicago.

It was estimated that by the eve of Election Day, these volunteers made one million calls inviting immigrant voters from Illinois to go to the polls.

ICIRR and its allied organizations registered more than 6,000 new voters by the end of October.

"Our goal is to register 10,000 new voters during this period, June through November, and get 275,000 voters out in the state of Illinois," said Artemio Arreola, ICIRR Director of Community Relations, 10 days before Nov. 3.

Among ICIRR's campaigns is the Democracy Project, which promotes civic participation in immigrant communities in Chicago and the suburbs. This effort also sought to advance the constitutional amendment on the fair tax. According to members of the Democracy Project, at least 75 percent of immigrant voters supported this initiative.

The fair income tax amendment to the Illinois Constitution proposed that people who earn more than $250,000 a year pay a higher rate on their state income taxes, while people who make less than $250,000 pay a lower rate. The goal of that amendment was to generate billions of dollars in new tax revenue for the state. At the end, it was not approved by the voters.

Citizens must get out and vote

Several organizations' campaigns to register new voters began in the summer of 2020 when organizers saw an immediate need to increase awareness so that the virus wouldn't become an excuse not to vote, said Imelda Salazar, community organizer of the Southwest Organizing Project (SWOP).

Salazar said that they focused their strategies on reaching all potential voters, especially young first-time voters and people who became citizens by naturalization and could vote for their first time. "It's important that the community is represented and exercises that right to vote and that they do so in an informed manner."

CLAMOR CHICAGO

To get people to vote, volunteers stood outside churches, community clinics, laundries, public schools, stores, organizations, and hospitals to register voters. And phone calls were also made from homes, Salazar told *La Raza*.

Ángel Peralta, a volunteer leader with SWOP, said that many of the people she had provided information and assistance wanted to vote by mail or early to avoid the spread of coronavirus and long lines at polling places on the general election.

Peralta said her 20 volunteers are between 14 and 65 years old.

Sandra Hernández, who works for the Democracy Project and is a volunteer leader with the organization Mujeres Latinas en Acción, said that she noticed a lot of interest from people in participating by exercising their right to vote in these presidential elections despite the pandemic.

Outside the supermarkets, most of the people who approached Hernández and her volunteers were seniors. They asked how they could request their mailing ballots and were informed and assisted in that process.

When they made calls to boost the vote, people said, for example, "You know what, I'm not very good with technology." For this reason, volunteers visited their houses outside with a tablet or laptop in hand to help them register, Hernández explained to *La Raza*.

Hundreds of volunteers were trained to boost civic participation through voting and in computer technologies and applications, ICIRR organizers said.

Before the elections, Arreola said that his organization would monitor the main voting centers where the majority of immigrants go. "[We'll be in areas] where we have people and organizations to see that the precincts open on time, that there are no setbacks, that everything goes smoothly. We will have a group of lawyers collaborating who will be available to verify any anomaly," Arreola said before Election Day.

Arreola emphasized that "it's estimated that we have 32 million potential voters out of the 60 million Latinos who live in the United States. It's said that we are the largest minority with a latent voting power. The important thing is that this larger minority must be heard. They will not listen to us if we don't raise our voices and our vote is our voice."

A voter protection hotline in Spanish –866-296-8686– was established for questions or to report any wrongdoing.

III. Joe Biden's electoral triumph celebrated in Chicago

Hispanic immigrants hope that the new government will give relief to the undocumented and will undertake immigration reform

Days of suspense and uncertainty were lived among the residents of Chicago and the suburbs who eagerly awaited the presidential elections' results on Tuesday, Nov. 3.

But it was until Saturday, Nov. 7, that the Democratic candidate Joe Biden accumulated the majority of the Electoral College votes, defeating Donald Trump and becoming president-elect of the United States.

After Biden's triumph was announced, many cities across the U.S., including Chicago, erupted in celebrations. During his victory speech on Saturday, Nov. 7, Biden vowed to be a president "who seeks not to divide but to unify."

Biden supporters celebrated in front of the Trump Tower in downtown Chicago and different neighborhoods. The celebration included the historical fact that Kamala Harris, Biden's running mate, is the first woman to be elected vice president of the United States.

Trump did not acknowledge his defeat and had alleged falsely until the very end of his presidency that there was widespread fraud in the election[67]. But the Trump campaign and his lawyers did not present any credible evidence of massive fraud, and the election results were all legally certified.

Joe Biden said he will present to Congress, in the first 100 days of his administration, a bill for comprehensive immigration reform that legalizes undocumented immigrants. Congress must approve this proposal to become law.

Starting Jan. 20, 2021, the first day of Biden's Administration, his priorities are the COVID-19 pandemic and the economic stimulus, the healthcare system, the environment, education, and social reconciliation. It also includes issuing executive orders to reverse several policies established by the Trump Administration.

---

[67] It was until after the violent assault to the Capitol perpetrated by Trump supporters, the subsequent vast condemnation of that attack, and his second impeachment that Donald Trump finally acknowledged that his presidency was ending.

CLAMOR CHICAGO

High expectations in the Biden-Harris Administration

The reactions of politicians and the Chicago community didn't wait after officially finding out the electoral results. Chicago Mayor Lori Lightfoot tweeted to congratulate Biden: "Chicago is excited to work together to address the many challenges we face to rebuild our communities, recover from the COVID-19 crisis, address climate change and become stronger and more resilient than we've ever been. Let's get to work!"

U.S. Representative Jesús 'Chuy' García (IL-04), who won his re-election, said in a statement that both Biden and Harris are prepared to lead the country and address the dual crisis of the pandemic and the economic recession. "I look forward to working with the Biden-Harris administration and a united progressive movement to address the challenges facing working families and advance policies to expand healthcare, provide economic opportunity, and address global climate change," Garcia said.

One of the busiest places for the Latino community in Chicago on weekends is the Swap-O-Rama flea market in the Back of the Yards neighborhood. A day after it became known that Biden was the winner of the presidential election, merchants reacted to the results.

Selling tamales, bottles of water, and sodas outside of that market, we found Gregorio Estrada, a native of Cuaxilotla, Guerrero, México. Estrada is undocumented, but his children are U.S. citizens. He said his children went to the polls to vote on Election Day and that he's glad Biden won because he's hoping for immigration reform[68].

After living in the United States for 27 years, Estrada has no plans to return to México because of health reasons, and his family is settled in Chicago. He also said that Cuaxilotla has become a more dangerous town due to organized crime.

Before becoming a street vendor, Estrada worked in a company, and on Sundays, he used to collect metals on the streets of Chicago. "I have always

---

[68] During his first day in office, President Joe Biden presented an immigration reform plan with a path to citizenship for undocumented immigrants and signed some executive orders to support the Deffered Action for Childhood Arrivals (DACA) program, revise deportations policy, stop border wall construction, and remove the 'Muslim travel ban'.

liked having money and you have to look for it because there is money there 'thrown' in the streets," he said.

Estrada said that the undocumented come to this country to work and pay their taxes. "We don't live off the government," he said. Thus, sick with a hernia, with diabetes, cholesterol, and high blood pressure, we have to go to work," said Estrada emphasizing that his illnesses won't slow him down from working. This man also has decreased vision due to his diabetes.

Ana Rodríguez thinks that with the new Biden-Harris Administration, parents of children separated from their families at the border will be reunited.

Rodríguez, a native of Cuba, has been selling clothes, hats, and perfumes at the Swap-O-Rama flea market for three years.

Although she is not voting yet because she is a legal resident (not a U.S. citizen), she says she and her family are Democrats. "Not all Cubans are Republicans," said Rodríguez adding that she hopes Biden will fulfill his promise to legalize the undocumented.

José Benítez, originally from Puebla, México, recalls that there are 11 million undocumented immigrants like him who haven't lost their faith in coming out of the shadows. "We want to be able to work in peace and without fear of deportation and the separation of our families."

Stopping deportations and having a work permit would be a temporary relief that could allow undocumented workers to live with peace of mind and without uncertainty while politicians agree in Congress on immigration reform, said Benítez, who has been residing in the U.S. for 17 years. She has been waiting unsuccessfully for immigration reforms for all these years.

Benítez has four U.S. citizen children. She works in a vegetable company and has been selling cell phone cables, speakers, chargers, and radios at the Swap-O-Rama market on the weekends for 14 years. She said she enjoyed Biden's speech when he referenced that he seeks to unify and not divide the country. "It sounds very nice, and hopefully he can do it," Benítez said.

Sobre los autores

JESÚS DEL TORO

Jesús Del Toro es el director y gerente general del periódico *La Raza* (Chicago), director editorial del periódico *La Opinión de la Bahía* (San Francisco) y anteriormente director editorial de *Rumbo* (Houston) y *La Prensa* (Orlando). Es un galardonado columnista político, periodista sobre música y poeta. Es también bloguero y columnista para Yahoo! en Español.

Del Toro es licenciado en Comunicación (Universidad Iberoamericana, México) y candidato a doctor en Periodismo (Universidad Complutense, España). Fue *fellow* del Instituto de Periodismo sobre Música Clásica y Ópera del Fondo Nacional de las Artes (NEA) en la Universidad de Columbia (Nueva York), ha sido panelista y mentor para el Instituto Maynard de Periodismo y es miembro de la Grupo de Trabajo de Comunidad, Medios e Investigación de Chicago (ARCC/ Universidad Northwestern-Public Narrative-PCORI) y de la Junta Asesora de la Alianza Latina de la Orquesta Sinfónica de Chicago.

Del Toro publicó recientemente el libro de periodismo cultural *Silvestre Revueltas del otro lado*, que aborda la apreciación de la obra del compositor mexicano Silvestre Revueltas en la escena musical de Estados Unidos. El libro, apoyado por el Fondo Nacional para la Cultura y las Artes de México (FONCA), recibió mención honorífica y fue seleccionado finalista en la categoría 'Mejor Libro de Historia' de los International Latino Book Awards de 2019. Es también autor de dos premiados libros de poesía: *Pequeñanatomía*, publicado en México (UAM-X, colección 'Mantícora', y *Variaciones de la Creación*, finalista del primer concurso Poet in New York Poetry en 2020. Es coautor de *Liber Rotavi*, un libro de poesía interactiva incluido en *LiteLat*, antología de poesía digital de Latinoamérica y el Caribe.

Durante su gestión como editor y director de periódicos hispanos en Estados Unidos, Del Toro y sus equipos han recibido varios premios de periodismo concedidos por la Asociación Nacional de Publicaciones Hispanas (NAHP), la revista Editor & Publisher y los editores de la agencia Prensa Asociada (AP) de Texas; y *La Raza* ha ganado recientemente apoyos y subvenciones de la Fundación Field de Illinois, el Fideicomiso Comunitario de Chicago (Chicago

Community Trust), el Proyecto de Periodismo de Facebook, la Fundación Robert R. McCormick y la Iniciativa de Noticias de Google. La Raza ha participado en proyectos colaborativos del Instituto de Medios No Lucrativos (Institute of Nonprofit News), la Alianza de Medios Independientes de Chicago (Chicago Independent Media Alliance) y la Asociación de Medios Locales (Local Media Association).

En México, antes de llegar a Estados Unidos, Del Toro fue editorialista del diario *La Jornada* y editor del suplemento sobre cibercultura *Virtualia* de ese mismo periódico. Fue director editorial de los medios digitales *Ciberoamérica* y *Cibersivo* y editor fundador de la revista literaria *Péndulo*.

Del Toro nació y creció en México, y ha vivido en la Ciudad de México, Madrid (España), San Antonio, Houston y Chicago.

BELHÚ SANABRIA

Belhú Sanabria es una periodista multimedia con más de 10 años de experiencia cubriendo temas de inmigración y asuntos locales que impactan a la creciente comunidad latina de Chicago. Sanabria ha reporteado y escrito para el periódico *La Raza* desde 2007.

Sanabria ha cubierto extensamente el tema del covid-19 y los problemas que ha causado desde que la pandemia empezó en Estados Unidos.

Ella ha sido también redactora *web* para Impremedia.

Su trabajo ha recibido varios premios de la Asociación Nacional de Publicaciones Hispanas, entre ellos sus historias 'Extorsiones contra migrantes acampan a este lado de la frontera', 'Deportan a veteranos', 'Jóvenes beneficiados con la acción diferida (DACA)' y 'Carteles y el tráfico de drogas'. Ella ha sido nominada a los Premios GLAAD por su artículo 'Transgéneros discriminados tres veces'.

Sanabria es originaria de Lima, Perú, y vive en Chicago desde 2006.

Sanabria inició su carrera como reportera cubriendo asuntos de interés social, noticias locales y de negocios para diferentes periódicos y revistas en Perú de 1995 a 2005, para luego continuar su carrera periodística en Estados Unidos.

Su trabajo ha sido publicado en varios periódicos, entre ellos *La Raza*, *La Opinión*, *El Diario*, *La Prensa* y *El Heraldo*.

Cuando no está escribiendo, Belhú disfruta tomando café, leyendo un buen libro o practicando zumba.

MARCELA CARTAGENA

Marcela Cartagena es una periodista y profesional de la comunicación con años de experiencia en periódicos y relaciones públicas. Su carrera en periódicos empezó en 2000 cuando se unió a *The Greenwood Commonwealth* en el delta del Mississippi como editora de vida y estilo. Años después, se sumó al segundo periódico más grande del estado, *The Northeast Mississippi Daily Journal*, en Tupelo, Miss., y se convirtió en jefa de la mesa de redacción.

En 2006, Cartagena se mudó a Jackson, Miss., para unirse a *The Clarion-Ledger*, periódico ganador del Premio Pulitzer, donde fue redactora. Unos años después volvió a su natal Chile para convertirse en editora técnica en temas de aviación para un subcontratista de GE.

En 2014, Cartagena se mudó a Chicago y se unió al periódico *La Raza* como editora y reportera. Su trabajo con *La Raza* fue reconocido con el Premio José Martí de la Asociación Nacional de Publicaciones Hispanas por sus destacados artículos de servicio comunitario.

Tras su labor en *La Raza*, Cartagena fue nombrada directora de comunicación para la entonces vicegobernadora Evelyn Sanguinetti.

Hoy, Cartagena es consultora.

Es una orgullosa graduada de la Universidad Estatal de Mississippi, donde fue la primera editora de origen hispano del prestigiado periódico estudiantil *The Reflector*. Ella nació y se crió en Santiago, Chile.

IRENE TOSTADO

Irene Tostado es una reportera, locutora y profesional de relaciones públicas en los medios impresos y electrónicos de comunicación, que cuenta con más de 15 años de experiencia. Tostado comenzó su carrera como reportera del periódico *La Raza*, en Chicago, cubriendo al equipo de fútbol Chicago Fire. Posteriormente, escribió sobre temas de entretenimiento, inmigración y eventos culturales para el periódico *Extra* y la revista *Café Magazine*. Fue editora de entretenimiento de *La Raza*.

Tostado se desempeñó como directora del programa de entrenamiento de locución y radiodifusión para la radiodifusora comunitaria Radio Arte WRTE 90.5 FM y fue después locutora para Univision por más de 10 años. Para esa empresa Tostado desarrolló el programa radial de alcance nacional sobre asuntos sociales 'Estereotipos' y fue la productora del primer programa matutino en español que se transmitió simultáneamente a través de la radiodifusora La Tremenda 1200 AM y la estación de televisión Univision Chicago. Durante su tiempo como locutora, Tostado entrevistó a políticos locales y extranjeros, artistas y músicos populares, atletas profesionales y emprendedores de negocios locales. Además, fue presentadora durante conciertos y desfiles culturales de la radiodifusora LatinoMix 93.5 FM (anteriormente, La Kalle 93.5 FM).

En su más reciente empleo, como gerente de comunicaciones para una agencia municipal de Chicago, Tostado emprendió una serie de iniciativas destinadas a reforzar su compromiso de conectar al público a servicios y recursos a través del desarrollo capsulas informativas y estrategias de mercadotecnia en las redes sociales.

Tostado estudió Planificación y Política Urbana en la Universidad de Illinois en Chicago y Comunicaciones y Sociología en la Universidad Loyola Chicago.

ANTONIO ZAVALA

Antonio Zavala es un escritor y periodista de Chicago nacido en México. Es autor de *Pale Yellow Moon*, un libro de cuentos cortos, y *Memorias de Pilsen*, un libro de memorias, ambos disponibles en Amazon.com.

Asistió a la Universidad de Iowa en Iowa City, donde fundó la Unión de Estudiantes Chicanos y un Centro Chicano Indígena Americano, que permanece abierto hasta la fecha. Participó en el Movimiento Chicano y fundó Compañía Trucha, un teatro chicano activo en la década de 1970. También es danzante con el grupo Coyolxauhqui Danza Azteca.

Zavala comenzó su carrera periodística con *El Mañana*, el primer diario latino de Chicago. También ha trabajado con *The Lawndale News*, un semanario. Estudió periodismo en la Universidad de California en Berkeley y tomó más clases en la Universidad Roosevelt y en Columbia College de Chicago.

Desde 2013 escribe una columna para *La Raza* y ha trabajado para la agencia de noticias Efe de España desde 2008 enfocándose en historias sobre temas de justicia social para mexicanos, latinos e inmigrantes en Estados Unidos.

Zavala, escritor y periodista, fue traído a este país por su familia cuando tenía solo 10 años de edad y creció en el barrio de Little Italy de Chicago. Nació en Coeneo, Michoacán, México.

Acerca de su artículo en este libro, Zavala dijo: "Me encantan los murales desde que aparecieron por primera vez en Pilsen a fines de la década de 1960 y principios de la de 1970; los murales son una expresión de nuestra conciencia mexicana/latina y reflejan nuestra identidad y nuestra presencia en esta sociedad".

STEVEN ARROYO

Steven Arroyo es gerente de Comunicación de Latino Policy Forum, en doonde sirve como contacto para los medios de comunicación, escribe contenido y desarrolla estrategias para promover la inclusión de los latinos en el discurso de las políticas públicas.

Antes de unirse al Forum, él vivió en Madrid, España, donde enseñó inglés a personas de todas las edades. Antes, trabajó como editor para varias revistas de negocios, entre ellas *Hispanic Executive*.

Ha reportado para varias publicaciones de salud sobre temas como barreras de acceso y discriminación en el trabajo y ha escrito también para la revista *Time*, CBS Chicago y Pitchfork.

Steven Arroyo nació en Chicago y obtuvo la licenciatura en Periodismo en la Universidad de Indiana.

About the authors

JESÚS DEL TORO

Jesús Del Toro is the Director and General Manager of La Raza newspaper (Chicago), the Editorial Director of the newspaper La Opinión de la Bahía (San Francisco), and formerly the Editorial Director of Rumbo (Houston), and La Prensa (Orlando). He is an award winning political columnist, music journalist and poet. He is also a blogger/columnist for Yahoo! en Español.

Del Toro has a Bachelor's in Communications (Universidad Iberoamericana, México) and is a PhD Candidate in Journalism (Universidad Complutense, Spain). He was a fellow of the National Endowment for the Arts Journalism Institute in Classical Music and Opera at Columbia University (New York City), has served as panelist and mentor for the Maynard Institute Journalism Fellowship and is a member of the Chicago Community, Media & Research Partnership Task Force (ARCC/Northwestern University-Public Narrative-PCORI), and of the Chicago Symphony Orchestra Latino Alliance Advisory Board.

Del Toro recently published the arts journalism book *Silvestre Revueltas del otro lado*, addressing the reception of Mexican composer Silvestre Revueltas' music in the USA. The book received an Honorable Mention and was selected Finalist in the 'Best History Book' category by the 2019 International Latino Book Awards. He is also the author of two award winning Spanish poetry books: *Pequeñanatomía*, published in México (UAM-X, 'Mantícora' collection), and *Variaciones de la Creación*, finalist in the first Poet in New York Poetry Award in 2020. He is co-author of *Liber Rotavi*, an interactive poetry book, included in *LiteLat*, an anthology of Latin American and Caribbean digital poetry.

During his tenure as editor and director of Hispanic newspapers in the USA he and his teams have received several journalism awards from the National Association of Hispanic Publications, Editor & Publisher Magazine, and the Associated Press Texas Managing Editors; and La Raza recently received several grants in support of its community journalism by the Field Foundation of Illinois, the Chicago Community Trust, the Facebook Journalism Project, the Robert R. McCormick Foundation, and the Google Journalism Initiative. *La Raza* is also participating in collaborative projects led by the Institute of Nonprofit News, the Chicago Independent Media Alliance, and the Local Media Association.

In México, prior to coming to the USA, Del Toro was an editorialist for the newspaper *La Jornada* and editor of its cyberculture supplement *Virtualia*. He was Editorial Director of the webzines *Ciberoamérica* and *Cibersivo*, and Founding Editor of the literary magazine *Péndulo*.

Del Toro was born and raised in México, and has lived in Mexico City, Madrid (Spain), San Antonio, Houston, and Chicago.

BELHÚ SANABRIA

Belhú Sanabria is a multimedia journalist with over 10 years of experience covering immigration and local issues impacting Chicago's growing Latino community. Sanabria started writing for La Raza Newspaper in 2007.

Sanabria has covered the COVID-19 pandemic and its issues extensively since it began in the United States.

She also has been a web editor for Impremedia.

Her work has received several awards from the National Association of Hispanic Publications. Some of her award-winning stories are 'Extorsiones contra migrantes acampan a este lado de la frontera', 'Deportan a veteranos', 'Jóvenes beneficiados con la acción diferida (DACA)', and 'Carteles y el tráfico de drogas'. She was also nominated for the GLAAD Awards for the piece: 'Transgéneros discriminados tres veces'.

Sanabria is a native of Lima, Perú and has lived in Chicago since 2006.

Sanabria began her career as a reporter, covering topics of social interest, local news and business in different newspapers and magazines in Perú from 1995 until 2005, when she continued her career as a journalist in the United States.

Her work has appeared in newspapers such as *La Raza, La Opinión, El Diario, La Prensa,* and *El Heraldo* among others.

When she is not writing, Belhú is enjoying a coffee, reading a good book or practicing Zumba.

About the authors

MARCELA CARTAGENA

Marcela Cartagena is a journalist and communications professional with years of experience in newspapers and public relations. Her career in newspapers began in 2000 when she joined *The Greenwood Commonwealth* in the Mississippi Delta as a lifestyle editor. Years later, she transitioned into the state's second-largest newspaper, *The Northeast Mississippi Daily Journal* in Tupelo, Miss., and became copy desk chief.

In 2006, Cartagena moved to Jackson, Miss., to join the Pulitzer-prize winning newspaper *The Clarion-Ledger*, where she was a copy editor. A few years later, Cartagena returned to her native country, Chile, to become an aviation technical editor for a GE subcontractor.

In 2014, Cartagena relocated to Chicago and joined *La Raza* newspaper as editor and reporter. While working at *La Raza*, she was recognized by the National Association of Hispanic Publications' José Martí Awards for outstanding community service articles.

Following her service at *La Raza*, Cartagena was named Communications Director for the former Illinois Lieutenant Governor Evelyn Sanguinetti.

Today, Cartagena is a consultant.

She is a proud graduate of Mississippi State University. At MSU, she became the first editor of Hispanic origin for the prestigious student newspaper, *The Reflector*. She was born and raised in Santiago, Chile.

IRENE TOSTADO

Irene Tostado is a reporter, radio announcer and public relations professional with 15 years of experience working for print and electronic media.

Tostado started her career as reporter for *La Raza* newspaper in Chicago, covering the Chicago Fire soccer team. Later, she wrote articles about topics such as entertainment, immigration and cultural events for *Extra* newspaper and *Café Magazine*. She was the entertainment editor for *La Raza*.

Tostado was the director of the announcing and broadcasting training program for the community radio station Radio Arte WRTE 90.5 FM, and later, for more than 10 years, she was an announcer for Univision. At Univision she developed the nationwide broadcast radio show 'Estereotipos', and she was the producer of the first morning show to be simultaneously broadcasted by La Tremenda 1200 AM radio station and the Univision Chicago TV station.

During her times as radio announcer, Tostado interviewed local and foreign politicians, artists and popular musicians, local professionals and business entrepreneurs. Also, she was a radio host for concerts and cultural parades for the LatinoMix 93.5 FM radio station (formerly, La Kalle 93.5 FM).

At her most recent position, as Communication Manager for a Chicago municipal agency, Tostado launched several initiatives aimed to strength her community commitment by connecting the public to services and resources through informative capsules and social media marketing strategies.

Tostado studied Urban Planning and Policy at the University of Illinois at Chicago, and Communications and Sociology at Loyola University Chicago.

ANTONIO ZAVALA

Antonio Zavala is a Chicago writer and journalist born in Mexico. He is the author of *Pale Yellow Moon*, a book of short stories and *Memorias de Pilsen*, a memoir, both of which are available at Amazon.com.

He attended the University of Iowa at Iowa City where he founded the Chicano Indian American Student Union and a Chicano Native American Center, which remains open to this day. He was active in the Chicano Movement and founded Compañía Trucha, a Chicano theater active in the 1970s. He is also an Aztec dancer with the group Coyolxauhqui Danza Azteca.

Zavala began his journalism career with *El Mañana*, Chicago's first Latino daily newspaper. He has also worked with *The Lawndale News*, a weekly. He studied journalism at the University of California at Berkeley and took more classes at Roosevelt University and Columbia College in Chicago.

Since the year 2013 he writes a column for *La Raza* and has worked for Spain's Efe News Service since 2008 focusing on stories dealing with social justice issues for Mexicans, Latinos and immigrants in the US.

Zavala, a writer and journalist, was brought to this country by his family when he was only 10-years-old and grew up in the Little Italy neighborhood in Chicago. He was born in Coeneo, Michoacán, Mexico.

About his article in this book, Zavala said "I have loved murals since they first appeared in Pilsen in the late 1960s and early 1970s; murals are an expression of our Mexican/Latino consciousness and they are a reflection of our identity and our presence in this society."

STEVEN ARROYO

Steven Arroyo is the Communications Manager for the Latino Policy Forum, where he serves as the organization's media liaison, writes content and develops communications strategies to promote Latino inclusion in public policy discourse.

Prior to joining the Forum, he lived in Madrid, Spain, where he taught English Second Language classes to all ages. Before that, he worked as an editor for several trade magazines based in Chicago, including *Hispanic Executive*.

He has reported for various healthcare publications on issues including barriers to access and workplace discrimination, and he has also written for *Time* magazine, CBS Chicago, and Pitchfork. Steven Arroyo was born in Chicago and earned his Bachelors of Arts in journalism from Indiana University.

La investigación, reportería, escritura, edición, producción, publicación y difusión de este libro han sido posibles gracias al apoyo de la Fundación Field de Illinois a través de su programa Medios y Narrativas. / The research, reporting, writing, edition, production, publication and dissemination of this book have been possible thanks to a grant from the Field Foundation of Illinois through its Media and Storytelling program.

CLAMOR CHICAGO

Reportajes publicados por *La Raza* en Chicago en 2020
Features published by *La Raza* in Chicago in 2020

Chicago, USA
La Raza
2020-2021

www.LaRaza.com
@LaRaza Chicago